¡EXPLOREMOS! 4

MARY ANN BLITT
College of Charleston

MARGARITA CASAS
Linn-Benton Community College

MARY T. COPPLE
Kansas State University—Manhattan

Australia • Brazil • Mexico • Singapore • United Kingdom • United States

¡EXPLOREMOS! Nivel 4
Mary Ann Blitt | Margarita Casas
Mary T. Copple

Senior Product Director: Monica Eckman

Senior Product Team Manager:
  Heather Bradley Cole

Senior Product Manager: Martine Edwards

Senior Content Development Manager:
  Katie Wade

Associate Content Developer: Katie Noftz

Associate Content Developer: Kayla Warter

Media Producer: Elyssa Healy

Product Assistant: Angie P. Rubino

Senior Product Marketing Manager:
  Andrea Kingman

Director Product Marketing: Ellen S. Lees

Senior Content Project Manager:
  Esther Marshall

Art Director: Brenda Carmichael

Manufacturing Planner: Betsy Donaghey

IP Analyst: Christina A. Ciaramella

IP Project Manager: Betsy Hathaway

Production Service: Lumina Datamatics, Inc.

Compositor: Lumina Datamatics, Inc.

Cover and Text Designer: Brenda Carmichael

Cover Image: Alena Stalmashonak/Shutterstock

For product information and technology assistance, contact us at
Customer & Sales Support, 888-915-3276

For permission to use material from this text or product,
submit all requests online at **www.cengage.com/permissions.**
Further permissions questions can be emailed to
permissionrequest@cengage.com.

National Geographic Learning | Cengage Learning
20 Channel Center Street
Boston, MA 02210
USA

Cengage Learning is a leading provider of customized learning solutions with office locations around the globe, including Singapore, the United Kingdom, Australia, Mexico, Brazil and Japan. Locate your local office at **www.cengage.com/global.**

Visit National Georgraphic Learning online at **NGL.Cengage.com**
Visit our corporate website at **www.cengage.com**

Library of Congress Control Number: 2016952196

Student Edition:
ISBN: 978-1-305-96945-2

Printed in the United States of America
Print Number: 02   Print Year: 2017

DEDICATORIA

To my parents and closest friends, I am forever grateful for your unconditional love and support

Para los estudiantes de español, que aprendan a apreciar el idioma y sus culturas
(Mary Ann)

A mi queridísima familia: A Gordon, a mis padres, a mis hermanos Luis, Alfonso y Fer, a Paty y a mis sobrinos. Gracias por su apoyo y cariño incondicional.

To all our Spanish students!
(Margarita)

CAPÍTULO 4
Sigue el ritmo

At the end of the chapter, you will be able to:

- Discuss music preferences
- Change the focus of a sentence using a passive structure

Exploraciones léxicas
Music and musical instruments 104

CAPÍTULO 5
El mundo literario

At the end of the chapter, you will be able to:

- Discuss literary texts
- Build interpretation and analysis skills
- Develop longer, complex sentences

Exploraciones léxicas
Literature, writing, and reading 138

¡**Exploremos!** is a Spanish word meaning **Let's explore!** We hope that studying Spanish will take you on a lifelong adventure.

Learning Spanish prepares you to communicate with millions of people—about 450 million people speak Spanish as their first language. It also allows you to appreciate new music, movies, food, and literature. In addition, learning another language opens your mind and makes you think about your first language and culture from a new perspective. In our modern, globalized world, speaking Spanish gives you an advantage throughout your education and in your future profession.

¡Exploremos! welcomes you to the vast Spanish-speaking world. We hope that you will enjoy the trip and that it opens many doors for you within your own community and in the world beyond.

Mary Ann Blitt
Margarita Casas

Acknowledgments

We would like to express our most sincere gratitude and appreciation to everybody who has supported us on this first edition of *¡Exploremos!* and played a role in the creation of this series. We are so grateful to all who contributed in order to improve it.

We wish to thank everybody who has worked so hard at Cengage to make this project a success. In particular we would like to give a big thank you to our content development team: Martine Edwards, Katie Wade, Katie Noftz, and Kayla Warter. It was a pleasure to work with you all. We also want to thank Beth Kramer. A huge thank you goes to Esther Marshall—we do not know how the project would have been completed without her. Our thanks also go to Mayanne Wright and Andrew Tabor for all their input; to Andrea Kingman, Brenda Carmichael, Christina Ciaramella and the text/image permissions team including Venkat Narayanan from Lumina Datamatics, Aravinda Kulasekar Doss and the production team from Lumina Datamatics for their dedicated work and professional contribution, media producers Carolyn Nichols and Nick Garza, Karin Fajardo, Lupe Ortiz and Margaret Hines, the proofreaders.

Reviewers List

The following teachers have participated in one or several reviews, attended focus groups, have participated in research activities, or belong to the advisory board for *¡Exploremos!*

Mary Ilu Altman Corgan *Central Catholic High School*
Victor Arcenio *Youngstown East High School*
Tim Armstrong *Pomona High School*
Luz Ayre *Frassati Catholic High School*
Josefa Baez *Forest Ridge School of the Sacred Heart*
Samantha Becker *Indian Trail and Bradford High Schools*
Daniel J. Bee *Archbishop Hoban High School*
Bonnie Block *CATS Academy*
Caryn Charles *Hawthorne High School*
Ruvisela Combs *Fairview High School*
Amy Cote *Chandler School*
Nicole Cuello La O *De La Salle Collegiate High School*
Pat Dailey *Malden High School*
Joseph D'Annibale *Avenues: The World School*
Fatima De Granda-Lyle *Classical High School*
Samantha Dodson *Morris School District*
Kelsie Dominguez *Knightdale High School of Collaborative Design*
Paul Dowling *South High School*
Emily Edwards *Corinth Holders High School*
Rachel Fallon *Plymouth North High School*
Gerardo Flores *Cherokee Trail High School*
Rene Frazee *George Washington High School*
Dana Furbush *Tenny Grammar School*
Bridget Galindo *Rangeview High School*
Michael Garcia *Azle High School*
Anne Gaspers *Thornton High School*
Stacy Gery *Manitou Springs High School*
Denise Gleason *Bosque School*
Mirna Goldberger *Brimmer and May School*
Marianne Green *Durham Academy*
Rachel Hazen *Alden High School*
Karen Heist *Woodside High School*
Heidi Hewitt *Montachusett Regional Vocational Technical School*
Christopher Holownia *The Rivers School*
Sheila Jafarzadeh *Quincy High School*

LaMont Johnson   *Maryvale High School*
Michelle Jolley   *Hanford High School*
Michelle Josey   *Crystal River High School*
Kathy Keffeler   *Douglas High School*
Amy Krausz   *Lyons Township High School*
Cynthia Lamas-Oldenburg   *Truman High School*
Evelyn A Ledezma   *Bethlehem Central High School*
Joshua LeGreve   *Green Lake School District*
Tracey Lonn   *Englewood High School*
Rashaun J. Martin   *Haverhill High School*
Toni McRoberts   *Cibola High School*
Laura Méndez Barletta   *Stanford Online High School*
Nancy Mirra   *Masconomet Regional High School*
Margaret Motz   *Rock Canyon High School*
Saybel Núñez   *Avenues: The World School*
Alba Ortiz   *Cottonwood Classical Preparatory School*
Alba Ortiz   *V. Sue Cleveland High School*
Marcelino Palacios   *Channelview High School*
Marne Patana   *Middle Creek High School*
Michelle Perez   *Lebanon High School*
Amelia Perry   *McGill-Toolen Catholic High School*
Kristin Pritchard   *Grand View High School*
Karry Putzy   *Solon High School*
Jocelyn Raught   *Cactus Shadows High School*
Sally Rae Riner   *Green Bay West High School*
Erin Robbins   *Hollis Brookline High School*
José Rodrigo   *West Windsor-Plainsboro High School*
Lisandra Rojas   *Las Vegas Academy of Arts*
Gregory M. Rusk   *V. Sue Cleveland High School*
Leroy Salazar   *Heritage High School*
Kathleen Santiago   *Alden High School and Middle School*
Kelleen Santoianni   *McHenry East High School*
Claudia Seabold Marchbanks   *Crystal River High School*
Rachel Seay   *Corinth Holders High School*
Ann Shanda   *Bucyrus Secondary School*
Ellen Shrager   *Abington Junior High School*
Ryan Smith   *Washoe County School District*
Krista Steiner   *Clinton Middle School*
Adrienne Stewart   *Robbinsville High School*
Andrew Thomas   *Wyoming East High School*
Robert Topor   *Downers Grove South High School*
Anthony Troche   *Las Vegas Academy of Arts*
Karen Trower   *Romeoville High School*
Zora Turnbull Lynch   *Tabor Academy*
Laura VanKammen   *Kenosha eSchool*
Michael Anthony Verderaime   *Doherty High School*
Jessica Verrault   *West Windsor-Plainsboro High School North*
Patricia Villegas   *Aurora Central High School*
Ashley Warren   *West Windsor-Plainsboro High School North*
Nicole Weaver   *Denver South High School*
Jonathan Weir   *North Andover High School*
Michael Whitworth   *Watson Chapel High School*
Nancy Wysard   *Mid-Pacific Institute*

Advisory Board Members

Sue Adames *Chaparral High School*
Santiago Azpúrua-Borrás *Hammond School*
Laura Blancq *Mid-Pacific Institute*
Anne Chalupka *Revere High School*
Diana Cruz *Excel Academy Charter School*
Melissa Duplechin *Monarch High School*
Linda Egnatz *Lincoln-Way High School*
JoEllen Gregie *Lyons Township High School*
Lorena Richins Layser *Weber School District*
Dana Webber *State College Area High School*
Tracy Zarodnansky *West Windsor-Plainsboro High School North*
Jenna Ziegler *Alden High School and Middle School*

Learning Strategy

Estrategia para avanzar

Welcome back! You have come a long way in your Spanish studies and are hopefully feeling more confident in your use of the language. Remember that it is always important to review the concepts you learned in previous classes. Be sure to review the vocabulary and the grammar from *Exploremos* Nivel 3.

¡Qué gusto verte de nuevo!

PhotoAlto/Sigrid Olsson/Getty Images

Estudiar un idioma abre una puerta al mundo.

El pretérito y el imperfecto

1. When narrating in the past, the preterite is used to express an action that is *beginning* or *ending* while the imperfect is used to express an action *in progress (middle)*.

El pretérito

a. A past action or series of actions that are completed as of the moment of reference or within a time frame
Lucía y Alfredo **se enamoraron** y **se casaron**. **Vivieron** en Nicaragua por tres años.

b. An action that is beginning or ending
La boda **comenzó** a las dos y **terminó** a las tres.

c. A change of condition or emotion
Me puse feliz cuando me propuso matrimonio.

El imperfecto

a. An action in progress with no emphasis on the beginning or end of the action
Llovía y **hacía** viento.

b. A habitual action
Siempre **peleaba** con sus hermanos.

c. Description of a physical or mental condition
Estaban contentos de ver a sus nietos.

d. Other descriptions, such as time, date, and age
Tenía sesenta años.

---

2. To talk about how long ago something happened, use the preterite with the following structure:

hace + period of time (+ **que**)

Se casaron **hace dos años.**
*They got married **two years ago.***

Hace una hora (que) salió la pareja.
An hour ago the couple left.

3. The imperfect of the periphrastic future (**ir** + **a** + infinitive) is used to express past plans or intentions that were not completed.
Iba a asistir a la boda, pero tuve que trabajar.
I was going to attend the wedding, but I had to work.

4. The verbs **conocer, saber, haber, poder, querer,** and **tener que** change their meaning, depending on whether they are used in the preterite or the imperfect.

	El pretérito	El imperfecto
conocer	to meet (for the first time)	to know, to be acquainted with
saber	to find out	to know (about)
haber	there was/were (occurred)	there was/were (descriptive)
poder	succeeded in (completed successfully)	was able to (circumstances)
no poder	failed to (do something)	was not able to (circumstances)
querer	tried to (do something)	wanted (mental state)
no querer	refused to (and did not do something)	didn't want (mental state)
tener que	had to do something (and did it)	was supposed to (but didn't necessarily) do something

R1.1 Definiciones Trabaja con un compañero. Túrnense para explicar las palabras de la lista sin decir cuál es.

Modelo   Estudiante 1: *Es un sentimiento que describe cuando una persona empieza a querer a otra persona con un interés romántico.*
Estudiante 2: *enamorarse*

adopción	crecer	madrastra	pareja
amistad	cuñado	matrimonio	yerno
casado	envejecer	nacer	vejez

R1.2 El gran baile Manuel y Raquel fueron al baile del fin de año de su escuela. Completa el párrafo con las formas apropiadas del pretérito o del imperfecto del verbo indicado.

(1) _____ (ser) las seis de la tarde cuando Manuel (2) _____ (llegar) a la casa de Raquel para llevarla al baile. Sus padres (3) _____ (abrir) la puerta y lo (4) _____ (invitar) a entrar. Él _____ (sentarse) en el sofá para esperar a Raquel porque ella todavía (5) _____ (estar) arreglándose. Cuando Raquel (6) _____ (salir) de su habitación, (7) _____ (verse) hermosa con su vestido elegante. Los padres de Raquel (8) _____ (querer) fotos de la pareja y les (9) _____ (pedir) posar.

Antes de ir al baile los dos (10) _____ (ir) a un restaurante para cenar. (11) _____ (Haber) mucha gente pero no (12) _____ (tener) que esperar porque (13) _____ (tener) una reservación. Después de cenar (14) _____ (reunirse) con algunos amigos para ir al baile.

R1.3 Una relación Con un compañero túrnense para contar la historia de Yesica y Alfredo. Deben dar muchos detalles. Atención al uso del pretérito y del imperfecto.

Verbos pronominales

1. Pronominal verbs are verbs that are conjugated with a reflexive pronoun. Reflexive pronouns are often used when the subject performing the action also receives the action of the verb. In other words, they are used with verbs to describe actions we do to ourselves.

Ella **se pone** un vestido azul.	*She **puts on** (herself) a blue dress.*
Yo **me levanto** temprano.	*I **get** (myself) **up** early.*

2. The reflexive pronoun is placed in front of a conjugated verb or attached to the end of an infinitive. The pronoun can also be attached to the present participle, but you must add an accent to maintain the original stress. The reflexive pronoun always agrees with the subject of the verb, regardless of whether or not the verb is conjugated.

Nos estamos divirtiendo. / Estamos divirtiéndo**nos**.	*We are having fun.*
Cuidado, vas a meter**te** en problemas.	*Careful, you're going to get into trouble.*

3. Some Spanish verbs need reflexive pronouns, although they do not necessarily indicate that the action is performed on the subject. In some cases, the reflexive pronoun changes the meaning of the verb, for example, **ir** *(to go)* and **irse** *(to leave, to go away).*

4. Reflexive pronouns can also be used with verbs to indicate the process of physical, emotional, or mental changes. In English, this is often expressed with the verbs *to become* or *to get.*

Se enojó cuando supo la verdad.	*He became angry when he learned the true.*

Verbos recíprocos

1. The plural reflexive forms (**nos, os,** and **se**) are used to express reciprocal actions.

Ellos **se miraron** con amor.	*They **looked at each other** with love.*
Nos comprendemos.	***We understand each other.***

2. It is usually evident by context whether the verb is reflexive or reciprocal. However, if there is need for clarification, a form of the phrase **el uno al otro** can be used.

Se cortan el pelo **la una a la otra.**	*They cut **each other's** hair.*
Todos se respetan **los unos a los otros.**	*They all respect **each other.***

3. With infinitives, the reflexive pronoun may be placed before the conjugated verb or be attached to the infinitive.

Nos vamos a **amar** para siempre.	*We will love each other forever.*
Quieren **conocerse.**	*They want **to meet each other.***

R1.4 **¿Quién?** Explícale a tu compañero quién hace las siguientes actividades.

 Modelo enojarse cuando conduce

        Estudiante 1: *Mi hermana se enoja cuando conduce.*

        Estudiante 2: *Nadie se enoja cuando conduce.*

1. quejarse de todo
2. reírse muy fuerte
3. dormirse en clases
4. asustarse mucho durante las películas de terror
5. vestirse siempre muy bien
6. levantarse muy temprano
7. preferir sentarse al frente de la clase
8. nunca enfermarse

R1.5 **En busca de...** Busca a un compañero que haya hecho una de estas actividades. Después debes hacerle la segunda pregunta. **¡OJO!** Necesitan usar el pretérito.

1. ponerse nervioso recientemente (¿Por qué?)

2. mudarse durante las vacaciones (¿Adónde?)

3. despedirse de alguien recientemente (¿De quién?)

4. acostarse tarde anoche (¿A qué hora?)

5. enfermarse durante las vacaciones (¿Por cuánto tiempo?)

6. divertirse el fin de semana pasado (¿Qué hizo?)

R1.6 **Relaciones** Mira los dibujos y explica lo que pasa. Usa la forma recíproca de los verbos indicados en el presente del indicativo. Incluye muchos detalles en tu descripción.

1.

amar, extrañar, escribir

2.

conocer, dar la mano, besar

3.

dar, decir

R1.7 **Una historia** Trabajen en grupos de 3-4 estudiantes para crear una historia de una relación entre dos o más personas. Puede ser una amistad, un romance o cualquier otra relación. Túrnense para aportar detalles de la historia. Atención al uso del pretérito y del imperfecto.

Modelo

     Estudiante 1: *Miguel iba a una preparatoria pequeña.*
     Estudiante 2: *El primer día de clases Miguel conoció a Gina, una nueva estudiante, pero no se hablaron.*

Repaso 2

El imperativo

1. When you tell someone to do something, you use commands known as **imperativos** or **mandatos**. To form formal commands (for people you would address with **usted** and **ustedes**) drop the **-o** from the present tense first person (**yo** form) and add the opposite ending (**-e(n)** for **-ar** verbs and **-a(n)** for **-er** and **-ir** verbs). As in English, personal pronouns (**tú, usted, ustedes, nosotros**) are omitted when using commands in Spanish.

   Decore la sala.
   Decorate the room.

   No encienda las velas ahora.
   Don't light the candles now.

2. Verbs that are irregular in the first person present indicative have the same stem in the present subjunctive.

   Pongan las flores en el altar.
   Put the flowers on the altar.

   Recuerde que es un día importante.
   Remember that it's an important day.

3. Infinitives that end in **-car** and **-gar** have spelling changes in order to maintain the same sound as the infinitive. Infinitives that end in **-zar** also have a spelling change.

-car	buscar → bus**que**(n)
-gar	llegar → lle**gue**(n)
-zar	empezar → empie**ce**(n)

4. Informal commands (for people you would address with **tú**) have two forms. For negative informal commands, use the formal **usted** command and add an **-s**. To form the affirmative informal (**tú**) commands, use the third person singular (**él/ella**) of the present indicative.

   No llegues tarde.
   Don't arrive late.

   Llega temprano y **trae** las flores.
   Arrive early and bring the flowers.

5. When using affirmative commands, the pronoun is attached to the end. For negative commands, the pronoun is placed in front of the verb.

   No la pongas allí, **ponla** en la mesa.
   Don't put it there; put it on the table.

R2.1 **Explicaciones** Laura le está explicando algunas tradiciones y expresiones culturales a su amiga Christa. Relaciona los conceptos de la lista con las explicaciones.

el asado   las artesanías   el Carnaval   los desfiles   el folclor   los gauchos   la ofrenda

1. Son los vaqueros de la Argentina. Trabajan en el campo con el ganado *(cattle)*.
2. Es una celebración que se hace en muchos países. Empieza en febrero o marzo.
3. Son objetos tradicionales que se hicieron a mano.
4. Es tradicional del Día de los Muertos, y generalmente incluye comida, flores y velas.
5. Es el conjunto *(combination)* de la cultura y las tradiciones populares.
6. Es la tradición de reunirse afuera con amigos o familia para preparar carne y comerla.

R2.2 **El Año Nuevo** Juliana está planeando una cena especial para el fin del año, pero necesita la ayuda de su familia. Completa las oraciones con las formas apropiadas de los mandatos.

A su esposo (**tú**):

1. _____ (Ir) al supermercado
2. No _____ (olvidarse) de comprar las uvas.
3. _____ (Venir) a la cocina.
4. _____ (Sacar) el pescado del horno.

A sus hijos (**ustedes**):

5. _____ (Recoger) sus cosas de la sala.
6. _____ (Poner) la mesa.
7. _____ (Traer) más sillas.
8. _____ (Vestirse) ahora.

R2.3 **Reacciones** Imagínate que escuchas los siguientes comentarios de tus amigos. Haz una recomendación usando los mandatos informales.

Modelo   No tengo un regalo para mi novio para el Día de San Valentín.
Busca un regalo pronto o invítalo al cine.

1. No tengo un disfraz para la Noche de Brujas.
2. Quiero celebrar mi cumpleaños con mis amigos.
3. Siempre como demasiado el Día de Acción de Gracias.
4. Mis amigos y yo tenemos fuegos artificiales para celebrar el Día de la Independencia.
5. Hoy es 28 de diciembre, el Día de los Inocentes.
6. Mis padres no quieren hacer nada para despedir el año el 31 de diciembre.

R2.4 **Peticiones** Trabaja con un compañero. Cada uno va a inventar un mandato para cada situación. Un mandato debe ser positivo y otro negativo. **¡OJO!** Necesitan decidir entre usar mandatos formales o informales.

Modelo   El Día del Padre (una madre a su hijo)
Estudiante 1: *Busca un regalo para tu padre.*
Estudiante 2: *No le compres otra corbata.*

1. el Día de los Reyes Magos (un niño a los Reyes)
2. el Día de San Valentín (una novia a su novio)
3. la Noche de Brujas (los padres a su hijo)
4. el Día de Acción de Gracias (un hijo a su madre)
5. el cumpleaños (el cumpleañero a sus amigos)
6. el Día de la Madre (una madre a sus hijos)

Corpus Christi en Cuzco

Ser, estar y haber

1. **Hay,** a form of the verb **haber,** is used to mean *there is* or *there are*. It indicates the existence of something.

   Hay varias celebraciones este mes.
   ***There are** a number of celebrations this month.*

2. The verb **ser** is used in the following ways:
   a. to describe general characteristics of people, places, and things
   b. to identify something or someone
   c. to identify a relationship or occupation
   d. to express origin and nationality
   e. to express possession
   f. to give time and dates
   g. to tell where or when an event is taking place

3. The verb **estar** is used in the following ways:
   a. to indicate location
   b. to express an emotional, mental, or physical condition
   c. to form the present progressive

4. It is important to remember that the use of **ser** and **estar** with some adjectives can change the meaning of the adjective. The use of **ser** indicates a characteristic or a trait, while the use of **estar** indicates a condition. Some common adjectives that change meaning are **aburrido, alegre, feliz, bueno, malo, guapo, listo,** and **rico.**

   La familia Díaz **es rica.**
   *The Díaz family **is rich.***

   El pavo **está rico.**
   *The turkey **tastes good.***

R2.5 **El Carnaval** Completa el siguiente párrafo sobre el Carnaval con la forma apropiada del verbo **ser, estar** o **haber.** Usa el presente.

Yo (1) _____ muy emocionado porque (2) _____ febrero y

va a empezar el Carnaval. (Yo) (3) _____ en Barranquilla, Colombia.

(4) _____ las diez de la mañana y (5) _____ mucha gente en la calle.

Ellos (6) _____ esperando el gran desfile que empieza a las diez y media.

En el desfile siempre (7) _____ personas bailando con ropa muy colorida

y disfraces. También (8) _____ bandas que tocan música muy alegre. La

celebración (9) _____ una combinación de tradiciones indígenas, africanas

y europeas. ¡(10) _____ muy divertida!

R2.6 **Preferencias** Trabajo con un compañero. Uno de ustedes va a escoger el verbo correcto para completar la primera pregunta, y el otro va a contestar las preguntas.

1. ¿Cuál (es / está) tu celebración favorita? ¿Por qué?
2. ¿De qué país (es / está) la celebración?
3. ¿Qué (está / hay) para comer ese día?
4. ¿Qué (es / está) tradicional hacer?
5. ¿(Están / hay) fuegos artificiales?
6. ¿Dónde (eres / estás) pensando celebrar este año?

R2.7 **Escenas** Trabaja con un compañero. Cada uno va a describir una ilustración diferente. Expliquen quiénes son, dónde están, cómo están, qué hay en la escena que están celebrando y lo que está pasando.

1

2

R2.8 **La mentira** Escribe cuatro oraciones acerca de ti. Dos deben usar el verbo **ser,** y dos el verbo **estar.** Tres oraciones deben ser verdad y una mentira. Circula por la clase y comparte *(share)* las oraciones con tus compañeros. Ellos deben escuchar y decidir cuál es la mentira y después compartir sus oraciones contigo.

El subjuntivo con expresiones impersonales

1. The present subjunctive verb forms are very similar to formal commands.

   hablar: hable, hables, hable, hablemos, habléis, hablen
   comer: coma, comas, coma, comamos, comáis, coman
   vivir: viva, vivas, viva, vivamos, viváis, vivan

2. In the present subjunctive, stem-changing -**ar** and -**er** verbs follow the same pattern as in the present indicative, changing in all forms except the **nosotros** and **vosotros** forms.

   Es bueno que **quieran** preservar sus tradiciones.

3. Stem-changing -**ir** verbs follow the same pattern as in the present indicative, but there is a change in the **nosotros** and **vosotros** forms, similar to that in the third person preterite (**e → i** and **o → u**).

   Es probable que no **durmamos** mucho esta noche, pero quiero que mis hijos se **duerman** a las doce.

4. These verbs are irregular in the present subjunctive: **dar (dé), estar (esté), haber (haya), ir (vaya), saber (sepa),** and **ser (sea).** Notice that once again the subjunctive forms are similar to the formal command forms.

5. Impersonal expressions, such as **es bueno, es difícil, es importante, es triste,** etc., do not have a specific subject. They can be negative or affirmative.

6. When using an impersonal expression to convey an opinion or an emotional reaction, it is necessary to use the subjunctive with it. While in English the conjunction *that* is often optional, in Spanish it is necessary to use the conjunction **que** between the clauses.

   Es una lástima que no **puedas** participar.
   It is a shame (that) you can't participate.

7. When a specific subject is not mentioned, the infinitive is used after the impersonal expression.

   No es necesario sacar tantas fotos.
   It isn't necessary to take so many pictures.

R3.1 **La característica principal** Observa la lista de alimentos y túrnense para decir algo sobre cada alimento usando las palabras de la lista.

Modelo comida chatarra + la dieta
   La comida chatarra es mala para la dieta de una persona si se come en exceso.

| calorías | carbohidratos | colesterol | fibra | grasa |
| legumbres | merienda | proteínas | sodio | vitaminas |

1. el helado
2. los huevos
3. la pizza
4. el jamón
5. las quesadillas

6. las ensaladas
7. el asado
8. la fruta fresca
9. la pasta
10. los frijoles negros

R3.2 **Es difícil** Un amigo hace los siguientes comentarios. Completa cada oración con la forma apropiada del presente del subjuntivo o el infinitivo.

1. Es difícil que yo _____ (eliminar) la sal por completo.

2. No es recomendable que nosotros _____ (engordar) mucho.

3. Es importante que ustedes _____ (evitar) la comida chatarra.

4. No es necesario _____ (freír) las papas.

5. Es mala idea que tú _____ (adelgazar).

6. Es típico _____ (asar) la carne en Argentina.

R3.3 **Opiniones** Con un compañero expresen sus opiniones sobre los siguientes temas usando una expresión impersonal de la lista y el subjuntivo.

Modelo la comida en casa
Estudiante 1: *Es importante que las familias coman en casa porque es más saludable.*
Estudiante 2: *Es raro que yo coma en casa porque tengo actividades después de la escuela todos los días.*

es buena/mala idea   es importante   es increíble   es necesario
es posible   es raro

1. la comida chatarra
2. la comida orgánica
3. los restaurantes
4. la comida de la cafetería
5. los supermercados
6. una dieta vegetariana

R3.4 **Nuestros hábitos** A continuación hay una descripción de lo que comen típicamente tres personas. Trabaja con un compañero para comentar las dietas usando expresiones impersonales y el subjuntivo.

Modelo *Es malo que Mercedes no desayune.*

Mercedes
Desayuno: nada
Comida: una hamburguesa y papas fritas
Merienda: pastelitos dulces
Cena: quesadillas

Emanuel
Desayuno: huevos revueltos, pan, leche
Comida: carne, arroz, papas
Merienda: barra de chocolate
cena: empanada de carne

Alberto
Desayuno: cereales, jugo, café
Comida: sopa de vegetales, pollo o pescado
Merienda: nueces o yogur
Cena: emparedados de jamón

Anton_Ivanov/Shutterstock.com

El subjuntivo con expresiones de deseo e influencia

1. When expressing the desire to do something, it is necessary to use a verb of desire or influence such as **querer** or **preferir** followed by an infinitive.

> **Prefiero ir** al restaurante cubano.
> *I prefer to go to the Cuban restaurant.*

> **Él quiere evitar** la grasa.
> *He wants to avoid fat.*

2. When expressing the desire for someone else to do something, use a verb of influence plus **que** followed by the subjunctive. You will notice that when there are two different subjects, the verb in the main clause is in the indicative, and the verb in the second clause (the dependent clause) is in the subjunctive.

> **Prefiero**   **que**   **vayamos** al restaurante cubano.
> *I prefer*   *(that)*   *we go to the Cuban restaurant.*

> **Él quiere**   **que**   **su paciente evite** la grasa.
> *He wants*   *his patient to avoid fat.*

3. The following verbs express desire or influence and require the use of the subjunctive when there are different subjects in the two clauses.

aconsejar	*to advise*	**mandar**	*to order*	**prohibir**	*to prohibit, to forbid*
dejar	*to allow*	**necesitar**	*to need*	**querer**	*to want*
desear	*to desire*	**pedir**	*to ask for, to request*	**recomendar**	*to recommend*
esperar	*to hope, to wish*	**permitir**	*to permit, to allow*	**sugerir**	*to suggest*
insistir (en)	*to insist*	**preferir**	*to prefer*		

4. **Ojalá** is another way to express hope. It always requires the use of the subjunctive in the dependent clause; however, the use of **que** is optional.

> **Ojalá (que) tengan** comida saludable.
> *Hopefully they have healthy food.*

R3.5 **Recomendaciones** Pedro quiere tener una dieta más saludable y todos tienen una opinión. Completa las oraciones con la forma apropiada del subjuntivo de los verbos entre paréntesis.

1. Sus padres recomiendan que _____ (comer) más frutas y verduras.

2. Su hermana sugiere que _____ (evitar) el azúcar.

3. Su entrenador de fútbol no quiere que _____ (adelgazar) mucho.

4. Su novia espera que ellos _____ (poder) salir a comer de vez en cuando *(occasionally)*.

5. Su hermanito le pide que le _____ (dar) todos sus dulces.

6. Su médico desea que _____ (eliminar) la comida procesada.

R3.6 **Oraciones incompletas** Paulina está preparando el almuerzo del Día de Acción de Gracias. Conjuga el verbo en la forma apropiada del presente del subjuntivo y completa la oración de forma lógica.

Modelo   Paulina prefiere que sus hermanos (preparar)...
        Paulina prefiere que sus hermanos preparen los postres.

1. La receta del pavo aconseja que el horno (estar)...

2. Paulina quiere que nosotros (traer)...

3. Le recomiendo a Paulina que (empezar)...

4. No me pidas que (poner)...

5. Paulina espera que los invitados (venir)...

6. Ojalá el almuerzo (ser)...

R3.7 **Situaciones** Imagina que tu compañero y tú se encuentran en las siguientes situaciones. Túrnense para responder las preguntas. Usen el presente del subjuntivo en sus respuestas.

> Modelo Tu compañero olvidó traer el almuerzo a la escuela. ¿Qué le recomiendas?
> Estudiante 1: *Te sugiero que comas en la cafetería.*
> Estudiante 2: *Te aconsejo que salgas a comer a un restaurante.*

1. Tu compañero y tú quieren aprender a cocinar. ¿Qué recomiendas?

2. Tu compañero ha decidido ser vegetariano. ¿Qué le aconsejas?

3. A tu compañero y a sus amigos les gusta mucho la comida chatarra. ¿Qué les sugieres?

4. Tu compañero y tú van a salir juntos a comer a un restaurante. ¿Qué recomiendas?

5. Tu compañero tiene alergia a los lácteos. ¿Qué le aconsejas?

6. Tu compañero y sus amigos van a organizar una cena. ¿Qué esperas que hagan?

R3.8 **¿Qué quiere?** Con un compañero túrnense para crear un diálogo para cada escena. **¡OJO!** Usen expresiones de deseo e influencia y el subjuntivo.

Repaso 4

El subjuntivo con expresiones de emoción

1. When expressing an emotional reaction or a feeling about something, it is necessary to use the subjunctive if the subject in the first clause is different from the subject in the second clause. As with the other uses of the subjunctive you have learned, the verb in the main clause is in the indicative, and the verb in the second (dependent) clause is in the subjunctive.

   El candidato teme   que   la gente no **vote** por él.
   *The candidate fears (that)   people will not **vote** for him.*

2. The following are some common ways to express emotions:

estar contento (triste, frustrado, preocupado, etc.) de (que)
to be pleased; to be content (sad, frustrated, worried, etc.) (that)
sentir (que)   *to be sorry, to regret*
temer / tener miedo de (que)   *to fear*

   Siento que no haya más justicia en el mundo.
   *I **regret** that there isn't more justice in the world.*

3. The following verbs are used with an indirect object pronoun to express an emotion or a reaction:

alegrar	enojar	parecer bien/mal
asustar	frustrar	preocupar
disgustar	gustar	sorprender
emocionar	importar	
encantar	molestar	

   A la gente **le encanta** que el nuevo gobierno **tenga** más transparencia.
   *People **love** that the new government **has** more transparency.*

4. If there is only one subject, the **que** is not necessary and the infinitive is used with the expression of emotion rather than the subjunctive.

   Me sorprende ver cuántos héroes lucharon por la libertad.
   *It **surprises me to see** how many heroes have fought for freedom.*

El subjuntivo con expresiones de duda

1. When expressing doubt or uncertainty, you must use the subjunctive. The following are some common expressions of doubt that require the use of the subjunctive. **¡OJO!** The expressions **negar** *(to deny)* and **dudar** *(to doubt)* always require the subjunctive; however, there is some variation in the use of **no negar** and **no dudar.** With these expressions, most speakers will use the subjunctive (indicating a margin of doubt), but some will use the indicative (indicating certainty), depending upon their intention.

(no) dudar que	**no pensar que**
(no) negar que	**no suponer que**
no creer que	**no estar seguro(a) que**
no parecer que	**no ser cierto/verdad/ obvio/evidente que**

   No pienso que sea una buena idea.
   *I **don't think that** it **is** a good idea.*

2. When using the following expressions to affirm a belief or to express certainty, you must use the indicative:

constar que	**pensar que**	**ser cierto/verdad/**
creer que	**suponer que**	**obvio/evidente que**
parecer que	**estar seguro(a) de que**	

   Creo que el villano **es** cobarde.   *I **believe that** the villain **is** a coward.*

3. When using the verbs **pensar**, **creer**, and **parecer** in a question, it is possible to use the subjunctive in the dependent clause, as you are not affirming a belief.

> ¿**Crees que sea** muy justo?
> *Do you think it is very fair?*

4. The following words and phrases are used to express possibility. Because they express doubt rather than an affirmation, they should be followed by a verb in the subjunctive.

posiblemente	**quizá(s)**
puede (ser) que	**tal vez**

> **Tal vez** mi padre **deba** gobernar.
> *Maybe my father should govern.*

R4.1 **Los opuestos** Entre todas las palabras de la lista hay cinco pares de palabras que significan más o menos lo opuesto. Encuéntralas.

altruista	la derecha	injusto	el líder
cobarde	egoísta	justo	traidor
la defensa	el ejército	leal	valiente
la democracia	el héroe	la ley	el villano

R4.2 **Mi maestra, mi heroína** Verónica habla de su maestra favorita. Completa sus oraciones con la forma apropiada del indicativo o del subjuntivo de los verbos entre paréntesis.

1. La señora Díaz está segura de que nosotros _____ (aprender) mucho en su clase.

2. A ella le preocupa que todos sus estudiantes _____ (tener) éxito.

3. A ella le gusta que nosotros _____ (trabajar) duro.

4. Le encanta que nosotros _____ (divertirse) mientras aprendemos.

5. No creo que _____ (haber) mejor maestra que la señora Díaz.

6. Es evidente que a todos les _____ (gustar) su clase.

R4.3 **Historias** En parejas van a describir las emociones de cada persona en las historias de la lista. Usen estos verbos: **alegrar, asustar, enojar, disgustar, encantar, frustrar, gustar, importar, molestar, parecer bien/mal, preocupar, sorprender.**

Modelo Cenicienta/ las hermanastras de Cenicienta
         Estudiante 1: *A Cenicienta le alegra ir al baile.*
         Estudiante 2: *A las hermanastras de Cenicienta les disgusta que Cenicienta vaya al baile.*

1. Caperucita Roja (*Little Red Riding Hood*)/la mamá de Caperucita Roja/ el lobo

2. Ricitos de Oro / los tres osos

3. el lobo feroz / los tres cerditos

4. Harry Potter / los tíos de Harry Potter

5. los personajes de tu película favorita

6. los personajes de tu libro favorito

R4.4 El villano Con un compañero inventen la historia de la ilustración en el tiempo presente. Usen las preguntas como guía. Después cuéntenle su historia a la clase. Atención al uso del subjuntivo.

1. ¿Cuál creen que sea la relación entre las personas?

2. ¿Qué piensa el villano que la princesa quiere?

3. ¿Qué le molesta al villano?

4. ¿Hay algo que le alegre al villano?

5. ¿Qué teme la princesa?

6. ¿Qué pasa al final?

El subjuntivo con cláusulas adjetivales

1. Adjective clauses are dependent clauses used to describe a noun. They often begin with **que** or **quien.** When using an adjective clause to describe something that the speaker knows exists, the indicative is used.

   > Tenemos un gobierno que **es** corrupto.
   > *We have a government that is corrupt.*

2. However, when using an adjective clause to describe something that the speaker does not know exists or believes does not exist, the subjunctive is used. The subjunctive is also used when the speaker does not have something specific in mind.

   > Quiero tener un gobierno que **sea** justo.
   > *I want a government that is fair.*

3. Some common verbs used with adjective clauses that can require either the subjunctive or the indicative are **buscar, necesitar,** and **querer.**

   > Queremos un candidato que **sea** honesto.
   > *We want a candidate who is honest.*

   > Queremos al candidato que **es** honesto.
   > *We want the candidate who is honest.*

   In the first sentence the person does not have a specific person in mind and does not necessarily know if one exists (note the use of the indefinite article **un**), while in the second sentence he/she has a specific person in mind (using the definite article **el**).

4. When asking about the existence of something or someone, it is necessary to use the subjunctive, as you do not know whether or not it exists.

   > ¿Conoces a alguien que **sea** un criminal?
   > *Do you know anyone who is a criminal?*

   > ¿Hay dictaduras que **sean** necesarias?
   > *Are there dictatorships that are necessary?*

5. When using a negative statement in the main clause to express the belief that something does not exist, it is also necessary to use the subjunctive in the adjective clause.

   > No conozco a nadie que **sea** un criminal.
   > *I don't know anyone who is a criminal.*

   > No hay ninguna dictadura que **sea** necesaria.
   > *There is no dictatorship that is necessary.*

6. When you do not have a specific person in mind or do not know if someone exists, it is not necessary to use the personal **a** in the main clause, except with **alguien** or **nadie.**

   > La gente busca un líder que **sea** honesto.
   > *The people are looking for a leader who is honest.*

   > No pueden encontrar **a** nadie que **pueda** ayudar.
   > *They can't find anyone who can help.*

R4.5 **Los turistas** ¿Qué pasa en la siguiente ilustración? Completa las oraciones con el indicativo o el subjuntivo de los verbos entre paréntesis.

1. Los turistas quieren ir al museo que _____ (estar) en la calle Bolívar.

2. Ellos no ven ninguna calle que _____ (llamarse) Bolívar en el mapa.

3. La señora espera encontrar a alguien que los _____ (ayudar).

4. Ella necesita encontrar a una persona que _____ (hablar) inglés.

5. El señor que _____ (caminar) por la calle no habla inglés.

6. Los turistas necesitan un teléfono inteligente que les _____ (dar) instrucciones de cómo llegar.

R4.6 **Mis gustos** Completa las siguientes oraciones con tus preferencias. Después busca a un compañero que esté de acuerdo contigo.

1. Prefiero tomar clases que (ser)...

2. Me gusta tener un maestro que (enseñar)...

3. Quiero estudiar en una universidad que (tener)...

4. En el futuro quiero tener un trabajo que (ofrecer)...

5. Prefiero vivir en una ciudad que (estar)...

6. Quiero viajar a una ciudad que (ser)...

R4.7 **¿A quién conoces?** Con un compañero túrnense para hacer y contestar las preguntas. Si respondes positivamente, identifica a la persona a quién conoces y añade un poco de información.

Modelo   ser cobarde
          Estudiante 1: *¿Conoces a alguien que sea cobarde?*
          Estudiante 2: *Sí, mi hermanita es cobarde. Ella tiene miedo de todo. / No conozco a*
                         nadie que sea cobarde.

¿Conoces a alguien que...?

1. poder votar

2. ser egoísta

3. ayudar mucho a otras personas

4. ver las noticias *(news)* todos los días

5. trabajar como voluntario

6. querer ser político

7. no tener miedo de nada

8. conocer otros países

El subjuntivo con cláusulas adverbiales

1. The following adverbial conjunctions always require the subjunctive because the outcome is dependent upon a condition being met, and therefore unknown:

a fin de que	**mientras que**
a menos que	**para que**
antes (de) que	**siempre y cuando**
con tal (de) que	**sin que**
en caso de que	

La situación va a empeorar **a menos que hagamos** algo.
*The situation is going to get worse **unless** we **do** something.*

2. The following temporal (time-related) adverbial conjunctions require the subjunctive when referring to future events or actions that have not yet occurred: When referring to actions that already took place or that are habitual, they require the indicative.

cuando	**hasta que**
después (de) que	**tan pronto (como)**
en cuanto	

Indicative

Tan pronto como llega a casa, mi hermano prende su computadora.
As soon as he arrives home, my brother turns on his computer.

Subjunctive

En cuanto llegues a casa, puedes mirar tu correo.
As soon as you arrive home, you can check your e-mail.

3. The adverbial conjunctions **aunque, como,** and **(a)donde** require the indicative when referring to something that is known or definite. However, when referring to something that is unknown or indefinite, they require the subjunctive.

Quiero ir **aunque es** peligroso.
*I want to go **even though** it **is** dangerous.*

Quiero ir **aunque sea** peligroso.
*I want to go **even if** it **may be** dangerous.*

R5.1 **¿Qué es?** Trabaja con un compañero y túrnense para explicar las palabras de la lista sin decirlas.

blog	contraseña	firmar	involucrarse
cárcel	convencional	globalización	libertad
clase media	empleo	grabar	modernidad
chatear	feminismo	guerra	progreso

R5.2 **Los retos de la sociedad** Lee las oraciones y decide cuál es la palabra que completa lógicamente cada idea.

1. Un gobierno usa (la muchedumbre / el empleo / los impuestos) para pagar los servicios a los ciudadanos.

2. Los manifestantes firmaron una (huelga / petición / revolución) exigiendo sus derechos.

3. Lo que la gente piensa en general se llama (las redes sociales /la opinión pública/ la guerra).

4. ¿Cuál es la (causa / evolución / contraseña) de esta huelga?

5. Es bueno que gracias a la tecnología podamos (adjuntar / chatear / ejercer) archivos a un mensaje electrónico.

6. Si la situación no (empeora / consigue / mejora) voy a votar por el otro partido político.

R5.3 **La situación mundial** Completa las oraciones con la expresión más lógica y conjuga el verbo en la forma apropiada del presente del subjuntivo.

1. El presidente no quiere aprobar la nueva ley...
   a. (a fin de que / sin que) sus ministros le _____ (dar) consejos.
   b. (antes de que / para que) el Congreso la _____ (ver) primero.

2. Cada persona debe votar...
   a. (para que / a menos que) se _____ (escuchar) su voz (*voice*).
   b. (sin que / a fin de que) su voto _____ (poder) ayudar a mejorar la situación.

3. Los soldados irán a la guerra...
   a. (con tal de que / mientras que) _____ (haber) justicia en el país.
   b. (a menos que / siempre y cuando) los presidentes _____ (llegar) a un acuerdo primero.

R5.4 **La candidata** ¿Qué dice la candidata a gobernadora? Conjuga el verbo y completa la oración lógicamente.

1. Tan pronto como yo (ser)...

2. Cuando (haber) una recesión...

3. No dejaré de luchar hasta que nosotros (tener)...

4. No habrá *(there will not be)* cambios a menos que todos ustedes (votar)....

5. Vamos a ganar aunque la oposición (decir)...

R5.5 **¿Cuándo?** Con un compañero completen las oraciones usando una de las siguientes expresiones adverbiales: **antes de (que), cuando, después de (que), en cuanto, hasta (que), tan pronto como.** ¡OJO! Presten atención al uso del indicativo y del subjuntivo.

Modelo   Esta noche voy a acostarme...
         Estudiante 1: *Esta noche voy a acostarme después de que termine mi programa favorito.*
         Estudiante 2: *¿De veras? Yo voy a acostarme tan pronto como pueda.*

1. a. Siempre estudio...   **b.** Hoy pienso estudiar...
2. a. Normalmente me levanto...   **b.** Mañana me levantaré...
3. a. Me gusta cenar...   **b.** Esta noche voy a cenar...
4. a. Prefiero hacer mi tarea...   **b.** Hoy voy a hacer la tarea...

El imperfecto del subjuntivo

1. When using the subjunctive in the present tense, the verb in the main clause is in the present indicative and the verb in the dependent clause is in the present subjunctive.

Main clause		Dependent clause
Espero	que	Villalba **gane** las elecciones.
Es posible	que	la situación del país **cambie.**

2. When the verb in the main clause is in the past (preterite or imperfect), the verb in the dependent clause must be in the imperfect subjunctive.

Main clause		Dependent clause
El presidente les **pidió**	que	**llegaran** a un acuerdo.
Era necesario	que	el ejército **entrara.**

3. The imperfect subjunctive is formed using the third person plural (**ellos, ellas, ustedes**) of the preterite. Eliminate the **-on** and add the endings. The endings are the same, regardless of whether the verb ends in **-ar, -er,** or **-ir.** Verbs that are irregular in the preterite are also irregular in the imperfect subjunctive.

> **hablar:** hablara, hablaras, hablara, habláramos, hablarais, hablaran
>
> **tener:** tuviera, tuvieras, tuviera, tuviéramos, tuvierais, tuvieran

4. In general, the same rules that apply to the usage of the present subjunctive also apply to the imperfect subjunctive. Remember that, except with expressions of doubt, there must be two subjects.

To express an opinion using impersonal expressions:

> **Era importante** que **habláramos** con la gente.
> *It was important that we talk with the people.*

To express desire:

> Él **esperaba** que el líder **lograra** un cambio.
> *He hoped that the leader would achieve a change.*

To express doubt:

> Yo **dudaba** que muchos **llegaran** a votar.
> *I doubted many would arrive to vote.*

To express an emotional reaction:

> Me **gustó** que al final el bueno **triunfara.**
> *I liked that in the end good triumphed.*

To describe something one does not know exists or believes does not exist:

> **No conocía** a nadie que la **apoyara**.
> *I didn't know anyone that supported her.*

R5.6 **El primer día** ¿Recuerdas tu primer día de escuela? Explica lo que fue necesario que hicieras.

Modelo levantarse temprano
> *Fue necesario que me levantara temprano.*

1. llegar a tiempo
2. encontrar el casillero (*locker*)
3. comprar lápices y cuadernos
4. aprender los nombres de los compañeros
5. sacar una foto
6. prestar atención a los maestros

R5.7 Tu último cumpleaños Completa las siguientes preguntas con el imperfecto del subjuntivo. Después entrevista a un compañero.

1. En tu último cumpleaños ¿qué querías que tus padres te _____ (dar)?
2. ¿Qué esperabas que tu mejor amigo te _____ (decir)?
3. ¿Querías que alguien _____ (ir) a visitarte? ¿Quién?
4. ¿Deseabas qué tu familia _____ (tener) un pastel para ti? ¿Qué tipo?
5. ¿Te sorprendió que alguien te _____ (llamar) por teléfono para felicitarte? ¿Quién?

R5.8 La tecnología Imagina que un amigo te hace los siguientes comentarios. Lee las oraciones y hazle una pregunta sobre su reacción.

Modelo Mis padres entraron en mi cuenta en las redes sociales.
¿Te enojó que tus padres entraran en tu cuenta?

1. Perdí mi composición para la clase de inglés porque mi computadora se descompuso.
2. Llegué a la última etapa de mi videojuego.
3. Gasté mucho dinero bajando música de Internet.
4. Un amigo subió una foto fea de mí en Internet.
5. Mis padres me regalaron una computadora portátil.
6. Mi gato se comió el ratón de mi computadora.

ADALBERTO ROQUE/Getty Images

Stanisic Vladimir/Shutterstock.com

R5.9 Mis padres Habla con un compañero sobre cuando eran niños. Completen las oraciones para explicar el papel de sus padres durante su niñez.

Cuando era niño...

1. mis padres no me permitían...
2. me recomendaban que...
3. querían que yo...
4. era importante que mis padres...
5. no creían que yo...
6. a mis padres les gustaba que...

Repaso 1

La familia y las relaciones personales
la adopción *adoption*
la amistad *friendship*
el (la) bisabuelo(a) *great grandparent*
la cita *date, appointment*
el compromiso *engagement, commitment*
(la) madrastra *stepmother*
el matrimonio *marriage*
el reto *challenge*
el (la) suegro(a) *father/mother in-law*
unido(a) *united*
la vejez *old age*

Adjetivos
casado(a) *married*
divorciado(a) *divorced*
separado(a) *separated*
soltero(a) *single*
viudo(a) *widower/widow*

Verbs
abrazar *to hug, to embrace*
asustarse *to get scared*
criar *to raise, to bring up*
despedirse *to say good-bye*
mudarse *to move*
quejarse *to complain*
reírse *to laugh*

Repaso 2

Costumbres, tradiciones y valores
el asado *barbacue*
las artesanías *handicrafts*
el Carnaval *Carnival*
la creencia *belief*
la costumbre *habit, custom, tradition*
el desfile *parade*
el folclor *folklore*
el gaucho *cowboy from Argentina and Uruguay*

la herencia cultural *cultural heritage*
el lenguaje *language*
los lazos *bonds*
la Noche de Brujas *Halloween*
la ofrenda *offering (altar)*
la práctica *practice*
las relaciones *relationships*
las velas *candles*

Los verbos
aconsejar *to advise*
conmemorar *to commemorate*
disfrazarse *to disguise, to dress up for a mascarade*
festejar *to celebrate*
heredar *to inherit*

Repaso 3

A la mesa
las calorías *calories*
los carbohidratos *carbohydrates*
el colesterol *cholesterol*
la comida chatarra *junk food*
la fibra *fiber*
la grasa *fat*
las harinas *flour*
las legumbres *legumes*
los mariscos *seafood*
las proteínas *proteins*
el sodio *sodium*
las vitaminas *vitamins*

Adjetivos
congelado(a) *frozen*
descremado(a) *skimmed*
dulce *sweet*
picante *spicy*
saludable *healthy*

Verbs
adelgazar *to lose weight*
asar *to grill*
disfrutar *to enjoy*
eliminar *to eliminate*

engordar *to gain weight*
evitar *to avoid*
freír *to fry*
negar (ie) *to deny*
parecer (bien/mal) *to seem (good/bad)*
sugerir (ie) *to suggest*
suponer *to suppose*

Expresiones adicionales
tal vez *maybe*
ojalá (que) *hopefully*

Repaso 4

Héroes y villanos
la democracia *democracy*
el derecho *(legal) right*
el ejército *army*
el héroe *heroe*
la ley *law*
el líder *leader*
el (la) villano(a) *villain*

Adjetivos
altruista *selfless*
cobarde *cowardly*
justo(a) *fair*
leal *loyal*
traidor *traitorous*
valiente *brave*

Verbos
apoyar *to support*
derrocar *to overthrow*
durar *to last*
elegir *to elect*
lograr *to achieve*
luchar *to struggle, to work hard in order to achieve something*
vencer *to defeat*
votar *to vote*

Repaso 5

Sociedades en transición

el archivo   *file*
el blog / la bitácora   *blog*
la cárcel   *jail*
la causa   *cause*
la contraseña   *password*
convencional   *conventional*
el empleo   *job, employment*
el feminismo   *feminism*
la globalización   *globalization*
la guerra   *war*
la huelga   *strike*

los impuestos   *taxes*
la libertad   *freedom*
la manifestación   *demonstration*
la modernidad   *modernity*
la opinión pública   *public opinion*
la petición   *petition*
el progreso   *progress*
las redes sociales   *social networks*

Verbos

adjuntar   *to attach*
chatear   *to chat*
descargar   *to download*
firmar   *to sign*

grabar   *to record/ to burn (a DVD/CD)*
ejercer   *to exercise (a right, an influence, a profession)*
involucrarse (en)   *to get involved (in)*

Adverbs

a fin de que   *to order that*
a menos que   *unless*
con tal de que   *as long as*
en cuanto   *as soon as*
siempre y cuando   *as long as*
sin (que)   *without*
tan pronto como   *as soon as*

CAPÍTULO 1

Estrategia para avanzar

Movies provide an opportunity for you to observe and analyze narration without feeling pressure to respond. When characters discuss past events, listen for how they intertwine the preterite, imperfect, imperfect subjunctive, and other past forms. You can rewatch scenes as many times as you need, and you can turn on subtitles if necessary.

In this chapter you will learn how to:

- Narrate and report past actions
- Express and support opinions about films and other forms of entertainment

Entretenimiento... ¡de película!

El Teatro Nacional Rubén Darío, Managua, Nicaragua

Explorando con... Jaime Incer Barquero

Puede decirse que Jaime Incer Barquero fue la persona que despertó la conciencia ambiental de su país, Nicaragua. Estudió farmacología en la ciudad de León, pero no quería pasar el resto de su vida "vendiendo medicinas detrás de un mostrador". Por eso decidió ir a estudiar biología a los Estados Unidos, convirtiéndose así en el primer biólogo de Nicaragua. Además de participar en la creación de leyes para proteger la naturaleza, Incer también ha creado recursos para educar a las nuevas generaciones, y ha inspirado a toda la región a seguir su ejemplo para lograr la conservación sustentable.

Vocabulario útil

el cambio climático   *climate change*
desarrollar   *to develop*
la organización no-gubernamental (ONG)
          non-governmental organization (NGO)
los recursos   *resources*
sustentable   *sustainable*

Una de las primeras acciones de Jaime después de completar sus estudios, en 1963, fue desarrollar un currículum para enseñar ecología en la universidad donde trabajaba. En 1970 creó la primera Escuela de Recursos Naturales en la Universidad Centroamericana y en 1975 ayudó a establecer el primer parque nacional de Nicaragua, el Parque Nacional Volcán Masaya.

Posteriormente, Incer también ayudó a conceptualizar e implementar el Corredor Biológico Mesoamericano (CBM). Creado en 1997, esta iniciativa define los enlaces *(links)* entre las zonas protegidas de los países de Centroamérica y tiene el objetivo de mantener la diversidad biológica, mejorar la conectividad de los ecosistemas y promover la sustentabilidad. Estos objetivos deben resultar también en una mejor calidad de vida de las poblaciones humanas involucradas en la conservación. El CBM incluye Belice, Costa Rica, El Salvador, Guatemala, Honduras, Nicaragua, Panamá y el sureste de México. En el caso de Nicaragua, aproximadamente el 18% del territorio ha sido protegido gracias al CBM.

Otros proyectos de Incer Barquero han sido la creación de dos organizaciones no gubernamentales para manejar las zonas protegidas más importantes de Nicaragua. Estas organizaciones son La Fundación Nicaragüense para la Conservación de la Naturaleza (dedicada a la protección del Volcán Mombacho), y la Fundación Nicaragüense para el Desarrollo Sostenible (responsable del Cerro Musún). Las estrategias desarrolladas para el mantenimiento de las dos reservas han sido muy exitosas y se consideran modelos a seguir para la conservación sustentable.

Por si fuera poco, el legado de Incer también incluye más de 12 libros sobre ciencias naturales.

Sources: http://www.laprensa.com.ni/2006/12/31/politica/1477171-que-la-naturaleza-rinda-beneficios-a-la-economia-2

Jaime Incer Barquero nació en Nicaragua en 1934. Estudió en la Universidad de León, y después completó sus estudios de postgrado en la Universidad de Michigan. Es uno de los científicos más reconocidos de Nicaragua. Entre algunos de sus logros está la fundación del Ministerio del Ambiente y los Recursos Naturales, y la fundación del primer parque nacional del país. A pesar de su edad (Despite his age), Incer sigue trabajando muy duro para conservar los recursos naturales de Nicaragua.

EN SUS PALABRAS

"El área de conservación es la que más apoyo internacional puede recibir, todo el mundo está preocupado por lo que está pasando, los cambios climáticos, la contaminación de los mares, la destrucción de los bosques, pero Nicaragua no ha sabido capitalizar esos entusiasmos."

1.1 Comprensión

Decide si las afirmaciones son ciertas o falsas, de acuerdo a la información del texto. Corrige las falsas.

1. Incer Barquero se considera el primer biólogo de Nicaragua.
2. El primer parque nacional de Nicaragua lleva el nombre de Incer Barquero.
3. El Corredor Biológico Mesoamericano incluye todos los países de Sudamérica.
4. Uno de los objetivos de CBM es la sustentabilidad.
5. Incer Barquero ha publicado diez libros.

1.2 A profundizar Investiga más acerca de las fundaciones que ayudó a crear Incer Barquero. ¿Cuál es uno de los proyectos que tienen?

1.3 ¡A explorar más! Investiga más sobre el Parque Nacional Volcán Masaya y las atracciones que ofrece.

Parque Nacional Volcán Masaya, en Nicaragua

KAREN KASMAUSK/National Geographic Creative

¿Cuál de los eventos te parece "de película"?

El entretenimiento

el acto act
la actuación performance
el (la) aficionado(a) fan
el (la) aguafiestas party pooper
el anfitrión / la anfitriona host
el baile dance
la balada ballad
la banda sonora soundtrack
la butaca seat (at a theater or movie theater)
la canción song
el (la) cantante singer
la cartelera billboard
el chiste joke
el circo circus
el (la) comediante comedian
la crítica film review
el (la) crítico(a) critic
el (la) director(a) director
los efectos especiales special effects
la escena scene
el espectáculo show, performance
el estreno premiere
el éxito success
el final ending

el fracaso failure
la función show
las golosinas sweets, snacks
el intermedio intermission
el medio tiempo halftime
las palomitas (de maíz) popcorn
la pantalla screen
el parque de diversiones amusement park
el partido game (sport), match
el payaso clown
el personaje character
el premio prize, award
el (la) protagonista protagonist
el público audience
el salón de baile ballroom
el talento talent
la taquilla box office, ticket office
la trama plot

Adjetivos

emocionante exciting, thrilling
gracioso(a) funny

Verbos

actuar to act
comentar to comment

conmover (ue) to move (emotionally)
entretener to entertain
estrenar to premiere, to show (or use something) for the first time
exhibir to show (a movie)
filmar to film
pasársela bien/mal to have a good/bad time
producir to produce

Clasificación de películas

la película... movie, film
 animada / de animación animated
 clásica classic
 cómica funny, comedy
 de acción action
 de aventuras adventure
 de ciencia ficción science fiction
 de horror horror
 de misterio mystery
 de suspenso suspense
 documental documentary
 dramática drama
 romántica romantic

INVESTIGUEMOS EL VOCABULARIO

The expression "two thumbs up" doesn't exist in Spanish. It is possible to express the same idea saying that it is recommendable (**es muy recomendable**), or that it is worth it (**vale la pena**). Likewise, one would use the word **emocionante** to say that something is exciting. **¡De película!** is used colloquially in Mexico to express that an event such as a party, vacation, trip, or romantic date was very good.

seis | **Capítulo 1**

A practicar

1.4 🔊 **Escucha y responde** Observa la ilustración y decide si las oraciones que vas a escuchar son ciertas, falsas o si no se sabe.

1. ...   2. ...   3. ...   4. ...   5. ...

1.5 **¿Qué es?** Completa las oraciones con una palabra del vocabulario que sea lógica.

1. El asiento en donde nos sentamos cuando vamos al cine o al teatro se llama _____.

2. En el cine se usan los _____ para ser realistas. Algunos ejemplos son las explosiones, o los superhéroes que vuelan.

3. Las películas de aventuras generalmente son muy _____ porque hay mucha acción.

4. Escribir _____ de cine debe de ser un trabajo muy divertido.

5. Una película que no tiene éxito de taquilla y no les gusta a las personas es una película que _____.

6. Las obras de teatro generalmente se dividen en _____.

7. Para triunfar como actor se debe tener _____.

8. En una película _____ la trama es sobre el amor.

9. Los _____ son parte del entretenimiento de un circo, y a veces de las plazas y las fiestas para niños.

10. Una persona que no sabe divertirse y arruina las fiestas es un _____.

1.6 **Relaciones** En parejas túrnense para explicar la relación entre cada par de palabras.

1. película de horror   película de misterio
2. personaje   protagonista
3. éxito   fracaso
4. intermedio   medio tiempo
5. golosinas   palomitas
6. canción   cantante
7. comentar   criticar

Expandamos el vocabulario

The following words are listed in the vocabulary. They are nouns, verbs, or adjectives. Complete the table using the roots of the words to convert them to the different categories.

Verbo	Sustantivo	Adjetivo
actuar		
	estreno	
	final	
filmar		
entretener		

1.7 **El entretenimiento desde tu perspectiva** Comenta con un compañero sus respuestas a las preguntas. Recuerden que el objetivo es tener una pequeña conversación, dando información adicional cuando sea posible.

1. ¿Cuál de los espectáculos en las ilustraciones es más popular entre tus amigos? ¿Cuál de estos tipos de entretenimiento prefieres tú?

2. En una de las ilustraciones unos jóvenes están en un concierto en una plaza. ¿Qué tipo de música piensas que escuchan? ¿Por qué? ¿Has asistido a un concierto al aire libre? ¿De quién?

3. Una de las ilustraciones muestra al público en un cine. ¿Crees que se están divirtiendo? ¿Qué comen? ¿Hay personas mayores en el público? ¿Por qué? ¿A ti te gusta ir al cine?

4. ¿Quién crees que está jugando en el partido de fútbol que se muestra en la ilustración? ¿Por qué lo crees? ¿Has asistido a algún partido de fútbol? ¿Sabes qué hace la gente para entretenerse durante el medio tiempo?

5. En una de las escenas unos amigos están reunidos en la casa de uno de ellos. ¿De qué crees que hablan? ¿Qué haces tú con tus amigos cuando se reúnen?

1.8 **Ideas incompletas** En parejas túrnense para completar las siguientes oraciones con sus opiniones personales.

1. Las mejores películas son...

2. La peor película que he visto...

3. Un actor / actriz muy talentoso(a) es...

4. Un actor / actriz que me cae mal es...

5. Pienso que los críticos...

6. Un éxito de taquilla reciente fue...

7. Este mes en la cartelera hay...

8. Una película muy emocionante es...

1.9 **Tus experiencias** En grupos de tres hablen sobre sus experiencias con el entretenimiento.

1. ¿Qué tipo de entretenimiento es tu favorito? ¿Por qué?

2. ¿Has ido a alguna obra de teatro o a algún otro espectáculo en un teatro? ¿Cómo fue?

3. ¿Has visto películas de España o Hispanoamérica? ¿Cuáles?

4. ¿Conoces actores o actrices de España o Hispanoamérica? ¿Quiénes? ¿Qué opinas de ellos?

5. ¿Qué tipo de películas prefieres y por qué? ¿Puedes recomendar una?

6. ¿Cuál fue la última película que viste? ¿Dónde la viste? ¿Te gustó? ¿Por qué?

7. ¿Quiénes son tus cantantes favoritos? ¿Has asistido a algún concierto? Explica.

8. ¿Te gustan los circos? Explica.

1.10 **El sentido del humor** En las reuniones de amigos es común contar chistes, pero el sentido del humor es diferente en cada cultura. ¿Te parecen graciosos los chistes y acertijos *(riddles)* que aparecen a continuación? Después de leerlos, trabaja con un compañero y cuéntale un chiste en español.

1. — ¿Qué le dijo un pez a otro pez?

   — Nada.

2. — ¿Cuál es el único país que se puede comer?

   — Chile.

3. —Jaimito, ¿tú no rezas *(pray)* antes de comer?

   — No, mi madre es buena cocinera.

1.11 **Citas** ¿Están de acuerdo con las siguientes citas acerca del entretenimiento? Expliquen lo que piensan que significan las citas, y después digan si están de acuerdo o no y por qué.

- El entretenimiento es la felicidad de los que no saben pensar. (anónimo)
- En los cines, lo último *(the last thing)* que queda de buen gusto *(good taste)*, son las palomitas. (Mike Barfield, artista estadounidense, 1978–)
- La televisión ha acabado con el cine, el teatro, las tertulias *(literary gatherings)* y la lectura. Ahora tantos canales terminan con la unidad familiar. (Antonio Mingote, dibujante y humorista español, 1919–2012)

1.12 **Un día en la vida de...** En parejas imaginen que son una de las personas de la ilustración y que llegan a casa después de un día difícil. Cuéntenle a su familia lo que les ocurrió durante el día.

1
Zhernosek_FFMstudio.com/Shutterstock.com

2
Pressmaster/Shutterstock.com

3
Ollyy/Shutterstock.com

4
Raffaele Franco/Shutterstock.com

A perfeccionar

A analizar

Marcos explica que preparar una obra de teatro requiere mucho trabajo. Después de ver el video, lee el párrafo y observa los verbos en negrita y en letra cursiva. Luego contesta las preguntas que siguen.

> **¿Cómo ayudaste al grupo de teatro para preparar la obra?**
>
> Cuando *fui* a verlos, ellos ya **habían hecho** mucho del trabajo. Ya **habían escogido** el vestuario, ya **habían practicado** sus parlamentos *(lines)*. También **habían investigado** el contexto socio-histórico, político y hasta **habían tomado** decisiones con respecto a la decoración del escenario. Todas esas cosas ya estaban listas. Entonces, solo *tuve* que hacer un par de cosas. En primer lugar, les *di* sugerencias sobre la música, y también les *propuse* un nuevo juego de luces *(lighting plan)* para ayudarlos a que la escena estuviera preparada.
>
> —Marcos, Argentina

1. How are the verbs in bold formed? What other verb form do they look like?
2. All of the events are in the past, but which events occurred first: those in bold or italicized?

A comprobar

El pluscuamperfecto

1. Similar to the present perfect, the past perfect (also known as the pluperfect, or **el pluscuamperfecto** in Spanish) combines the imperfect form of the verb **haber** with the past participle (such as **cantado**, **comido**, **vivido**).

haber	
yo	**había**
tú	**habías**
él, ella, usted	**había**
nosotros(as)	**habíamos**
vosotros(as)	**habíais**
ellos, ellas, ustedes	**habían**

+ participle

La actriz **había trabajado** por muchos años cuando por fin recibió un premio.

*The actress **had worked** for many years before she finally received an award.*

¿**Habías visto** la película antes?
Had you seen the movie before?

2. The past perfect is used to express a past action that was completed before another past action.

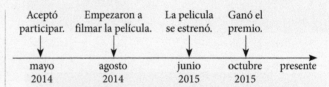

Aceptó participar.	Empezaron a filmar la película.	La película se estrenó.	Ganó el premio.	
mayo 2014	agosto 2014	junio 2015	octubre 2015	presente

Camilo ya **había aceptado** participar en la película cuando empezaron a filmar.
*Camilo **had** already **accepted** to participate in the film when they began filming.*

Antes de ganar el premio, la película se **había estrenado**.
*Before winning the award, the movie **had premiered**.*

3. Here are the irregular past participles you have already learned.

abrir	**abierto**
decir	**dicho**
devolver	**devuelto**
escribir	**escrito**
hacer	**hecho**
morir	**muerto**
poner	**puesto**
romper	**roto**
ver	**visto**
volver	**vuelto**

4. As done with the present perfect, direct object, indirect object, and reflexive pronouns are placed in front of the conjugated form of **haber.**

No **se** habían ido cuando llegué.
They hadn't left when I arrived.

Ya **lo** habíamos visto.
We had already seen it.

A practicar

1.13 **Conclusiones lógicas** Relaciona las dos columnas para encontrar la conclusión lógica a cada situación.

1. El director no recibió ningún premio porque...
2. Le dieron un trofeo porque...
3. Todos se rieron porque...
4. Yo estaba contento durante la película porque...
5. El aficionado se enojó porque...
6. Los padres de Fonchito lo llevaron al circo porque...

a. había comprado golosinas antes de entrar.
b. ella había contado un chiste muy gracioso.
c. se lo habían prometido.
d. su equipo había perdido el partido.
e. su equipo había ganado todos los partidos.
f. la película había fracasado.

1.14 **¿Y antes?** Todas estas personas lograron la fama, ¿pero qué habían hecho antes?

| Lorena García | Enrique Iglesias | Jennifer López | Shakira |
| Penélope Cruz | Eva Longoria | Marc Anthony | Sofía Vergara |

Logró la fama, pero antes...

1. ganar el título de Miss Corpus Cristi
2. competir en atletismo *(track)* a nivel nacional
3. ser estudiante de negocios en la Universidad de Miami
4. trabajar en el hotel Ritz-Carlton en París
5. casarse
6. estudiar el baile clásico por 9 años
7. ser rechazada *(rejected)* para el coro *(choir)* de la escuela
8. cantar como corista *(back-up)* para el grupo Menudo

1.15 **¿Qué habías hecho?** Habla con un compañero sobre lo que habías hecho antes de los diferentes momentos en tus estudios.

Modelo Cuando cumplí diez años ya...
Estudiante 1: *Cuando cumplí diez años, ya había vivido en dos estados diferentes.*
Estudiante 2: *Cuando cumplí diez años, ya había viajado en avión.*

1. Cuando comencé la escuela primaria, ya...
2. Cuando terminé la escuela primaria, ya...
3. Cuando entré en la escuela secundaria, ya...
4. Cuando empecé a estudiar español, ya...
5. Cuando empezó el año, ya...
6. Cuando llegué a clase esta mañana, ya...

1.16 **Problemas en el escenario** Filiberto es productor y está trabajando en una nueva película. Tuvo una filmación ayer, pero no fue un buen día. Explica lo que había ocurrido.

Modelo   Varios actores no llegaron. —→ *Habían decidido no trabajar en la película.*

1. La actriz principal llegó tarde para la filmación.
2. La maquillista no pudo maquillar a los actores.
3. El actor principal no tenía voz *(voice)*.
4. El camarógrafo *(cameraman)* tuvo que ir al hospital.
5. Se apagaron las luces *(lights)* durante la filmación.
6. Uno de los actores no sabía lo que tenía que decir.
7. La directora tuvo que irse temprano.
8. Descubrieron que no se grabó la escena.

1.17 **En busca de...** Circula por la clase para buscar a compañeros que hayan hecho las siguientes actividades durante el último año. Cuando encuentres a alguien que responda que sí, averigua *(find out)* si había hecho la otra actividad antes.

Modelo   filmar una película (encontrar a los actores antes de la filmación)
Estudiante 1: *¿Filmaste una película durante el último año?*
Estudiante 2: *Sí, filmé una película con mis amigos.*
Estudiante 1: *¿Habías encontrado a los actores antes de la filmación?*
Estudiante 2: *No, pero un amigo lo había escrito.*

1. ir a un concierto (asistir antes a otro concierto de este artista)
2. hacer una fiesta en casa (hacer muchas preparaciones antes de la fiesta)
3. asistir a un evento deportivo (tener un picnic en el estacionamiento antes del partido)
4. ver una película basada en un libro (leer el libro antes)
5. ir al teatro (cenar en un restaurante antes de la función)
6. ir a bailar (tomar lecciones de baile antes)
7. ver una película en casa de amigos (hacer palomitas antes)
8. hacer una presentación (de canto, baile, teatro, etcétera) (practicar mucho antes de la presentación)

¿Hiciste una presentación durante el último año?

Igor Bulgarin/Shutterstock.com

1.18 En preparación Con un compañero mencionen 4 o 5 actividades que hicieron para prepararse para las siguientes actividades. Después repórtenle a la clase las actividades que los dos hicieron.

1. antes de cenar ayer
2. antes de acostarse anoche
3. antes de salir para la escuela
4. antes de tomar el último examen de español
5. antes de salir en tu último viaje
6. antes de asistir a una fiesta

1.19 Avancemos Los siguientes dibujos son escenas de diferentes películas. Con un compañero túrnense para usar el pretérito y el imperfecto para explicar lo que pasó en las situaciones. Usen el pluscuamperfecto para decir lo que había pasado antes. Den muchos detalles.

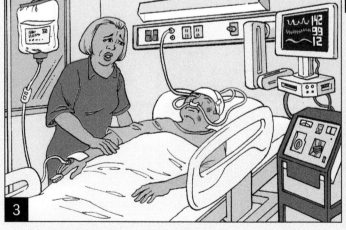

Cultura

En los últimos años algunos de los directores mexicanos más destacados *(prominent)* han traído su talento a los Estados Unidos, en donde han creado películas originales muy exitosas. Quizás no sea casualidad que los tres directores mexicanos más destacados sean amigos desde hace muchos años. Se trata de Guillermo del Toro, Alfonso Cuarón y Alejandro González Iñárritu.

Los "tres amigos", como los han llamado, también se han apoyado mutuamente. Además siguen produciendo películas en México y apoyando a otros directores talentosos de su país.

Busca en Internet algunas de las películas más conocidas de estos tres grandes directores. ¿Has visto alguna?

Guillermo del Toro es uno de los directores mexicanos más conocidos.

Conexiones ... a la economía

Los deportes son uno de los entretenimientos más populares en el mundo, y también son una de las industrias más lucrativas del planeta. Los aficionados a los deportes generan grandes ganancias *(earnings)* de las entradas a los eventos deportivos y la venta de productos con logotipos de los equipos.

Un deporte que genera pasión entre millones de personas es el fútbol. Según un informe de la Federación Internacional de Fútbol Asociado (FIFA), más de 265 millones de personas practican este deporte de manera federada *(federated)*, incluyendo fútbol masculino, femenil y juvenil. Además, la popularidad de este deporte sigue en aumento.

Aunque es cierto que los clubes de fútbol alrededor del mundo y la FIFA dejan una derrama económica *(economic benefits)* muy importante, también es cierto que la FIFA y algunos clubes devuelven algo a la sociedad. Desde 1999 la FIFA

El fútbol es una pasión mundial. Aquí, Ecuador juega contra México.

trabaja con la UNICEF con propósitos benéficos, aportando *(providing)* dinero para el desarrollo *(development)* del deporte en zonas pobres. Además, organiza partidos amistosos para recaudar *(to collect)* fondos de beneficencia. Muchos clubes deportivos realizan también sus propios eventos para ayudar a su comunidad. Así, todos ganan con el deporte.

¿Asistes a eventos deportivos? ¿Compras ropa con logotipos de clubes deportivos? ¿Es el fútbol popular en tu comunidad?

Comparaciones

Las actividades que una persona elige para su entretenimiento varían significativamente, dependiendo de su edad *(age)*, su nivel socioeconómico, su educación y sus intereses personales. Hay más semejanzas *(similarities)* en el entretenimiento de personas de una misma generación, que entre dos personas del mismo país pero de edad diferente.

Las computadoras y los teléfonos celulares son fuentes de entretenimiento para la juventud hispana.

Las actividades más populares entre los adolescentes de hoy en día son la música, el cine y los videojuegos. Un dato interesante de un estudio reciente realizado en México indica que el 74% de los jóvenes encuestados usa Internet para escuchar música, y un 55% lo utiliza para jugar videojuegos. Según el mismo estudio, la televisión ya no es el principal medio de entretenimiento de las nuevas generaciones: solo el 35% de los niños de 6 a 9 años la prefirió, contra un 40% que prefirió Internet. Los videojuegos ocuparon el puesto más alto de popularidad. Los teléfonos celulares también ocuparon un lugar preponderante *(top)* como fuente *(source)* de entretenimiento. En España, según otro estudio, el 22% de los jóvenes pasa más tiempo entreteniéndose con la computadora que con la televisión.

En un estudio similar en los Estados Unidos las cifras *(numbers)* indican las mismas tendencias. En promedio *(On average)* las personas mayores ven casi cinco horas de televisión diariamente. Esta cifra es de solo 2.2 horas para jóvenes entre 15 y 19 años, quienes pasan su tiempo jugando en sus computadoras. Los mayores de 75 años dedican diez veces más tiempo a la lectura que los jóvenes de 15 a 19 años. ¿La conclusión? Dime cuántos años tienes y te diré cómo te entretienes.

Sources: ¿Cómo utilizan los jóvenes mexicanos la tecnología? www.vanguardia.com.mx, Bureau of Labor Statistics, American Time Use Survey

> Investiga entre tus compañeros cuánto tiempo le dedican a los entretenimientos mencionados: leer, jugar videojuegos, ver televisión, entretenerse con un teléfono celular.

Comunidad

¿Qué películas y programas de televisión se producen en los países hispanos? Busca programas en español en Internet, u otro sistema de cable o antena al que tengas acceso. Encuentra un programa que te parezca interesante y prepara un resumen para la clase.

¿Qué están viendo?

A analizar ▶

Como forma de entretenimiento, la televisión ha cambiado con los años. Elena compara las experiencias de su familia con la televisión. Después de ver el video, lee el párrafo y observa los verbos en negrita y las expresiones en letra cursiva. Luego contesta las preguntas que siguen.

¿Cómo ha cambiado la experiencia de ver la televisión?

Me acuerdo que cuando era niña teníamos un televisor enorme en la sala de la casa. Era muy pesado *(heavy)* y no se veía muy bien. Mi abuela me contó que cuando ella era adolescente su familia compró un televisor de 20 pulgadas *(inches)* y que veían televisión en blanco y negro. Yo *no le creía* que su familia **hubiera comprado** un televisor tan pequeño y que **hubieran tenido** que ver la televisión en blanco y negro. También *me parecía* imposible que las películas **hubieran sido producidas** sin sonido, pero mi abuela dice que eran mudas. Mi abuela dice que *ojalá* ella **hubiera sido** artista de cine en esa época porque los actores no tenían que memorizar ningún diálogo.

—Elena, Colombia

1. In what form is the verb **haber** in the verbs in bold?

2. Do the phrases in italics refer to the past, present, or future?

3. Do the verbs in bold refer to events that happened before or after the expressions in italics?

A comprobar

El pluscuamperfecto del subjuntivo

1. You have learned the present perfect form of the subjunctive. There is also a past perfect, or pluperfect, form of the subjunctive. It consists of the imperfect subjunctive form of the verb **haber** and the past participle.

haber	
yo	**hubiera**
tú	**hubieras**
él, ella, usted	**hubiera**
nosotros(as)	**hubiéramos**
vosotros(as)	**hubierais**
ellos, ellas, ustedes	**hubieran**

} + participle

Me alegré de que él **hubiera aceptado** ayudarnos.
*I was happy that he **had accepted/agreed** to help us.*

No creía que lo **hubieran hecho.**
*I didn't believe that they **had done** it.*

Era posible que **se hubieran quedado.**
*It was possible that they **had stayed.***

2. You have learned to use the subjunctive to indicate a lack of certainty or doubt about an event, as well as to indicate that something is indefinite or is dependent on a condition. The imperfect subjunctive is used to refer to an action that takes place in the past, but at the same time or after the action in the main clause.

Me molestaba que ella siempre **llegara** tarde.
*It bothered me that she always **arrived** late.*

Dudábamos que **entendieran** la película.
*We doubted that they **understood** the movie.*

Era posible que nos **dieran** el premio.
*It was possible that they **would give** us the award.*

The past perfect subjunctive or pluperfect subjunctive is used in these same circumstances when talking about something that occurred prior to the action in the main clause. Notice that the verb in the main clause is in the preterite or the imperfect indicative.

Me molestó que **hubiera llegado** tarde.
*It bothered me that she **had arrived** late.*

Dudábamos que **les hubiera gustado** la película.
*We doubted that they **had liked** the movie.*

Era posible que **hubieran ido** a ver otra película.
*It was possible that they **had gone** to see another movie.*

3. **Ojalá** is used with the past perfect subjunctive to express a wish that something had happened differently (contrary to fact) in the past.

Ojalá nuestro equipo **hubiera ganado**.
*I wish our team **had won**.*

Ojalá **hubieras ido** al partido conmigo.
*I wish you **had gone** to the game with me.*

A practicar

1.20 **Clasificación** Las siguientes descripciones son escenas de diferentes películas. Léelas y decide qué tipo de película es.

1. Víctor dudaba que los extraterrestres hubieran llegado en son de paz *(peace)*.
2. Isabel empezó a creer que era posible que Héctor no le hubiera sido infiel *(unfaithful)* y que realmente la amara.
3. Rafael tenía miedo de que el monstruo hubiera matado a su amigo.
4. A los siete enanos les enojó que la madrastra de Blanca Nieves le hubiera dado una manzana envenenada *(poisoned)*.
5. El detective no creía que Leo hubiera cometido el crimen, pero tenía que buscar evidencia.
6. Antes de investigar, los científicos dudaban que los virus hubieran sido la causa de la contaminación del agua.

1.21 **Ojalá** Con un compañero compartan sus arrepentimientos *(regrets)* y completen las oraciones. Elijan el verbo para la última frase.

Modelo Ojalá que (yo) (tener)
Ojalá que (yo) *hubiera tenido un hermanito.*

1. Ojalá que (yo) (tomar una clase de…)…
2. Ojalá que (poder)…
3. Ojalá que (saber)…
4. Ojalá que (asistir)…
5. Ojalá que (ver)…
6. Ojalá que (ir)…
7. Ojalá que (conocer)…
8. Ojalá que (¿?)…

Ojalá hubiéramos adoptado un perrito.

1.22 Un mal fin de semana Vanesa y su marido Bruno tuvieron un fin de semana muy decepcionante *(disappointing)*. El lunes ella habla con una amiga y le cuenta de su fin de semana. Expresa lo que le habría gustado *(she would have liked)* que hubiera pasado usando **ojalá**.

Modelo El viernes salí del trabajo tarde.
Ojalá no hubiera tenido una reunión al final del día y hubiera salido del trabajo más temprano.

1. El viernes Bruno y yo fuimos a un restaurante italiano y descubrimos una cucaracha en la sopa.
2. Teníamos entradas para una obra de teatro. Llegamos tarde y perdimos el primer acto.
3. El sábado por la mañana quería dormir hasta tarde, pero alguien me llamó a las ocho.
4. Por la tarde el equipo de Bruno jugó un partido de fútbol muy importante y perdieron.
5. El sábado por la noche fuimos a ver una película de horror y no me gustó para nada.
6. En el cine compramos palomitas, pero estaban muy saladas.
7. El domingo Bruno fue a una cena en casa de unos amigos, pero no pude ir porque estaba enferma.

1.23 Películas de niños Las siguientes descripciones son de escenas de películas para niños. Completa las oraciones de una forma original usando el pluscuamperfecto del subjuntivo.

Modelo A la gente del pueblo le sorprendió que…
A la gente del pueblo le sorprendió que el dragón hubiera destruido el castillo.

1. A la princesa Rapunzel no le gustó que su madre…
2. A la bruja *(witch)* le molestó que la Bella Durmiente…
3. Los animales del bosque *(forest)* tenían miedo de que Blancanieves…
4. A la Bestia le enojó que la Bella…
5. El príncipe *(prince)* dudaba que la princesa…
6. Al hada madrina *(fairy godmother)* le alegró que Cenicienta *(Cinderella)*…
7. Al lobo *(wolf)* le gustó que Caperucita Roja…
8. A los osos les sorprendió que alguien…

1.24 El fin de semana Con un compañero túrnense para explicar lo que pasó usando el pretérito y el imperfecto, y luego hablen sobre la reacción de las personas usando el pluscuamperfecto del subjuntivo.

Modelo *Era el cumpleaños de Jorge y su madre le dio una fiesta para festejarlo. En la fiesta había una piñata y todos tuvieron la oportunidad de romperla. Carlitos, un amigo de Jorge, tenía muchas ganas de romper la piñata y corría por todas partes. Desfortunadamente le pegó en el brazo a una niña y ella empezó a llorar. A la madre de Jorge le preocupaba que Carlitos le hubiera hecho mucho daño. Afortunadamente la niña se alegró cuando fue su turno de pegarle a la piñata.*

1.25 **Avancemos** Habla con un compañero sobre los siguientes temas. Explícale algo que hiciste. Luego, usando la expresión **ojalá**, dile lo que te habría gustado *(you would have liked)* que hubiera pasado.

Modelo una clase
> *El semestre pasado tomé una clase de literatura inglesa. Fue muy difícil y saqué una C. Ojalá hubiera tomado una clase de arte.*

1. una película
2. un concierto
3. una comida
4. un deporte
5. unas vacaciones
6. un examen
7. ¿?

▶ Video-viaje a...
Nicaragua

Antes de ver

Nicaragua es un país de gran belleza natural. En este país hay lagos, volcanes, playas y hermosos paisajes. También hay bellas ciudades coloniales como León, y ciudades modernas con todo lo que ofrece un área metropolitana. Nicaragua tiene mucho que ofrecer a su gente y a sus visitantes.

1.26 ¿Ya sabes?

1. Nicaragua está en _____.
   - ☐ Norteamérica
   - ☐ Sudamérica
   - ☐ Centroamérica
   - ☐ El Caribe

2. ¿Cierto o falso?
   - **a.** Nicaragua tiene costas en el Golfo de México y el Mar Caribe.
   - **b.** Managua es la capital de Nicaragua.

3. ¿Qué tradición, imagen o persona asocias con Nicaragua?

1.27 Estrategia

Sometimes it helps to watch a segment first without the sound. As you watch, focus on the images of important sites. List five places you saw that you think might be discussed in the audio.

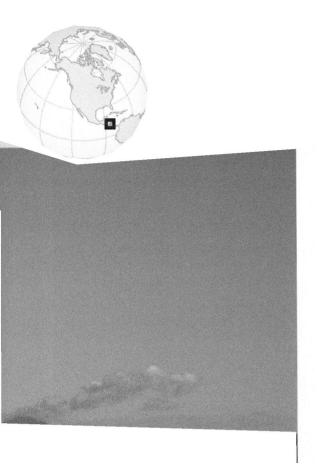

Al ver

1.28 **Escoge** Mira el video y escoge la respuesta correcta.

1. Nicaragua es el país más _____ de Centroamérica.
   a. poblado   **b.** viejo   **c.** grande
2. En León nació el _____ Rubén Darío.
   a. poeta   **b.** político   **c.** actor
3. La catedral de León es una construcción _____.
   a. colonial   **b.** moderna   **c.** tradicional
4. En el mercado de León se venden _____ para hacer sopas.
   a. ranas   **b.** iguanas   **c.** conejos

1.29 **Escribe** Completa las oraciones con las respuestas correctas.

1. Rubén Darío es el padre del _____.
2. La catedral de León fue establecida en el año _____.
3. Nicaragua tiene mucha belleza natural como playas, montañas y _____.
4. Managua es la _____ ciudad más poblada de Centroamérica.
5. En los años setenta una _____ dividió al país.

Vocabulario útil

al anochecer *at nightfall*
bailable *danceable*
barroco(a) *baroque*
el caballo *horse*
de venta *for sale*
la diócesis *diocese*
la etapa *stage, phase*
la guerra civil *civil war*
el paisaje *landscape, scenery*

Después de ver

1.30 **Expansión**

Paso 1 Mira la sección sobre Nicaragua en **Exploraciones del mundo hispano** y lee **Investiga en Internet.** Escoge uno de los temas que te interese.

Paso 2 Busca información en Internet. Debes usar dos o tres fuentes (*sources*).

Paso 3 Usando la información que encontraste en Internet, escribe un resumen de 3–5 oraciones en español. Comparte la información con tus compañeros.

A analizar ▶

A todo el mundo le gusta recomendarles películas a sus amigos después de ir al cine. Marcos habla de una recomendación que le hizo una amiga. Después de ver el video, lee el párrafo y observa los verbos en negrita y en letra cursiva. Luego contesta las preguntas que siguen.

¿Qué película les recomiendas a tus amigos?

Bueno, estaba hablando con Sandra porque (ella) quería recomendaciones de películas para una exhibición. Yo **le dije** que *tenía* que poner *Un cuento chino*. Ella **me respondió** que no la *había visto*. Entonces la invité y la vimos juntos ella, yo y otros amigos. A ella le gustó mucho y **me dijo** que la *iba* a poner como una de las películas que se iban a ofrecer. Lo que a ella le gustó más que nada fue el humor. **Me comentó** que no se lo *esperaba*. Es una película bárbara *(terrific)* y me gustó mucho.

—Marcos, Argentina

1. What do the verbs in bold have in common?

2. In which tenses are the verbs in italics? Why do you think these forms are used?

A comprobar

Estilo indirecto

1. Reporting what someone said is known as indirect speech or reported speech.

    Direct speech Efraín: Consuelo, voy a ver la nueva película de Cuarón. ¿Quieres ir conmigo? Ha recibido muy buenas críticas.

    Indirect speech Consuelo: Efraín me dijo que iba a ver la nueva película de Cuarón y me preguntó si quería ir con él. Me dijo que había recibido muy buenas críticas.

2. These are some of the more common reporting verbs.

añadir que	*to add that*
comentar que	*to comment that*
contar que	*to tell that*
contestar que	*to answer that*
decir que	*to say that*
explicar que	*to explain that*
mencionar que	*to mention that*
pedir que	*to ask that*
preguntar si (cuándo, dónde, qué, etc.)	*to ask if (when, where, what, etc.)*
responder que	*to respond that*

3. When the reporting verb is in the present, the verb tense of the action or state being reported does not change.

    "No puedo ir porque estoy enfermo." ⟶ **Dice que** no puede ir porque está enfermo.
    "I can't go because I am sick." ⟶ **He says** *he can't go because he is sick.*

    "Fui a un baile." ⟶ **Dice que** fue a un baile.
    "I went to a dance." ⟶ **He says** *he went to a dance.*

4. It is more common to use the reporting verb in the preterite. The verb tense of the reported action depends upon when it took place.

    a. Use the present when the event in the narration is still going on or use the future (**ir** + **a** + infinitive) if the event has not yet happened at the time of reporting.

        "**Me gustan** las películas de terror."
        Me dijo que **le gustan** las películas de terror.

        "**Vamos a ir** al circo el próximo viernes."
        Mencionó que **van a ir** al circo el próximo viernes.

b. Use the imperfect when the narration is in the present, the future, or the imperfect.

"Ulises **canta** en el club los viernes."
Mencionó que Ulises **cantaba** en el club los viernes.

"Mi hermana **va a estar** en el teatro el sábado."
Me dijo que su hermana **iba a estar** en el teatro el sábado.

"Los niños **tenían** miedo del payaso."
Explicó que los niños **tenían** miedo del payaso.

c. Use the past perfect when the narration is in the preterite, the present perfect, or the past perfect.

"Sí, los **vi** el año pasado."
Respondió que los **había visto** el año pasado.

"¿**Has asistido** a un concierto de Maná?"
Me preguntó si **había asistido** a un concierto de Maná.

"Nunca **había estado** en ese teatro."
Comentó que nunca **había estado** en ese teatro.

5. When using indirect speech, time references will often change.

hoy ⟶ ese día, el lunes, el martes, etc.
mañana ⟶ el día siguiente

"Voy al cine **hoy**." ⟶ Dijo que iba al cine **ese día.**
"Hay un concierto **mañana**." ⟶ Mencionó que iba a haber un concierto el día siguiente.

> **INVESTIGUEMOS EL VOCABULARIO**
>
> Just as in English, speakers sometimes use the present when narrating a past conversation or event; this is known as the historical present. This is generally done to create an effect of immediacy or vividness.

A practicar

1.31 🔊 **¿Cierto o falso?** Escucha la información y decide si las oraciones son ciertas o falsas.

1. Dijo que le gustan mucho las películas de horror.
2. Comentó que un amigo le había recomendado la película "Los 33".
3. Mencionó que había ido a ver una película con su hija.
4. Explicó que había sido una película sobre una mujer que buscaba a su esposo.
5. Comentó que la película era muy triste.
6. Añadió que creía que la película iba a recibir un premio.

1.32 **Chismoso** Lee la siguiente conversación. Imagina que vas a contarle a alguien lo que dijeron Leandro y Gustavo. Cambia la conversación al estilo indirecto.

Leandro: ¿Vas a ir a la fiesta de Lupe el sábado?

Gustavo: No, no puedo porque tengo que trabajar.

Leandro: ¿Alguna vez has ido a una fiesta en su casa?

Gustavo: Sí, fui a la fiesta de su cumpleaños y me la pasé muy bien.

Leandro: No pude ir a su fiesta de cumpleaños porque estaba enfermo.

Gustavo: ¡Lupe tuvo un grupo de música fantástico!

Leandro: ¡No quiero perderme la fiesta el sábado!

Gustavo: Espero poder ir a su próxima fiesta.

1.33 **¿Qué dijo?** Miguel recibió un correo electrónico de su amigo Jacinto. Él le cuenta a su novia todo lo que Jacinto le dijo en el correo. ¿Qué le dijo a su novia?

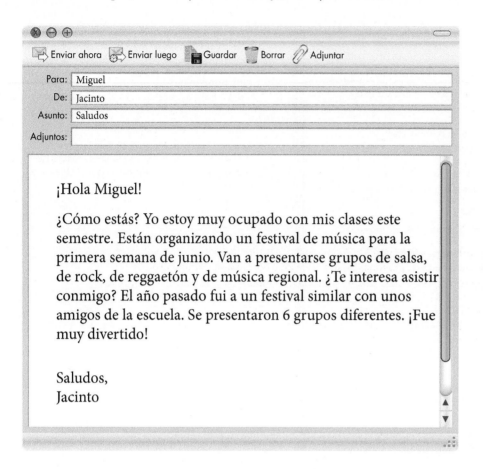

Enviar ahora   Enviar luego   Guardar   Borrar   Adjuntar

Para: Miguel
De: Jacinto
Asunto: Saludos
Adjuntos:

¡Hola Miguel!

¿Cómo estás? Yo estoy muy ocupado con mis clases este semestre. Están organizando un festival de música para la primera semana de junio. Van a presentarse grupos de salsa, de rock, de reggaetón y de música regional. ¿Te interesa asistir conmigo? El año pasado fui a un festival similar con unos amigos de la escuela. Se presentaron 6 grupos diferentes. ¡Fue muy divertido!

Saludos,
Jacinto

1.34 **A reportar** Entrevista a un compañero con las siguientes preguntas. Luego cambia de pareja y con el estilo indirecto repórtale lo que te dijo el primer compañero.

1. ¿Prefieres ir al cine o ver películas en casa?
2. ¿Qué tipo de películas te gusta ver?
3. ¿Tienes un actor o actriz favorito? ¿Quién es?
4. ¿Tienes una película favorita? ¿Cuál es?
5. ¿Cuándo fue la última vez que viste una película?
6. ¿Qué película viste?
7. ¿Dónde la viste?
8. ¿Te gustó?

Patricia Riggen, directora mexicana

AP Images/Chris Pizzello

1.35 **Comentarios** Lee los siguientes comentarios y explica quién lo dijo, a quién y por qué.

Modelo ¿Puedes abrir la boca?
Un dentista le preguntó a su paciente si podía abrir la boca porque quería ver sus dientes.

1. No estuve en clase porque estaba enferma.
2. El actor principal fue lo único bueno *(the only good thing)* de la película.
3. ¿El coche es para mí?
4. Necesito ver su licencia de conducir.
5. ¿No te gustó la comida?
6. Sí, quiero ir al baile.
7. No lo hice, soy inocente.
8. ¡Corte! Vamos a repetir la escena.

1.36 **Avancemos** Trabaja con un compañero. Cada uno va a elegir una de las tiras cómicas y a decidir lo que dice cada persona. Después le van a contar a su compañero lo que pasó y lo que dijeron en la escena. Usen el pretérito, el imperfecto y el estilo indirecto.

Historia A

Historia B

Reading Strategy: Distinguishing fact from opinion

Most texts contain not only factual information but also the opinions of the author. It is not wrong for an author to include his or her opinion, but it is important for you to be able to determine whether a statement is a fact or an opinion. For example, in the reading below, the author cites a study that tells the percentage of people that watch at least one movie a week. This is factual. However, in the last paragraph, the author expresses an opinion on the effect of technology on the accessibility of films. What expression tells you that the author is expressing an opinion?

Antes de leer

¿Te gusta ver películas? ¿Por qué? ¿Has visto alguna película producida en Latinoamérica o España? ¿Cuál?

A leer

El nuevo cine latinoamericano

Algunas formas de entretenimiento han sido populares en los países hispanos por mucho tiempo, como es el caso de los deportes, la música y el cine. En una lista de los países donde más se va al cine, México aparece en el cuarto lugar mundial (en el tercer lugar está los Estados Unidos). Un **estudio** en

Brasil, Argentina y México producen 90% de las películas filmadas en Latinoamérica.

survey

surveyed

rent

México encontró que más de un 60% de **los encuestados** ve al menos una película a la semana. Un 73% del público ve películas en televisión, un 63% las ve en el cine, un 33% las **alquila** y un 34% las compra (en formatos DVD o blu-ray), mientras que un 16% las descarga por Internet. Es evidente que el acceso a las películas ha mejorado gracias a la tecnología.

Durante muchos años Brasil, Argentina y México han dominado la producción cinematográfica, produciendo casi el 90% de las películas filmadas en Latinoamérica. Además estos países producen un número importante de filmes co-producidos con España, otro país muy activo en la creación de películas.

Para entender la explosión que ha tenido este medio artístico en Hispanoamérica, se puede citar el caso de Argentina, en donde en la actualidad hay más de 12 000 estudiantes de cine —una cantidad mayor al número de estudiantes que hay en toda la Unión Europea (Pablo Gasparini, *The Century Review*, 2012). De acuerdo a Gasparini, en Argentina se producen entre 50 y 60 películas al año con menos dinero del que a Hollywood le cuesta hacer solamente una película. **A pesar del** bajo costo, un número importante de estas películas argentinas ha recibido **reconocimientos** en los premios internacionales.

Despite

recognition

Así como la tecnología ha influenciado la manera en que el público accede a las películas, es muy probable que el Internet también tenga un efecto profundo en **la difusión** y en las oportunidades de darse a conocer en todo el mundo. Hoy en día se puede filmar **un corto** hasta con una cámara fotográfica y subirlo fácilmente a Internet para su difusión. Si bien se seguirá necesitando de las salas cinematográficas para disfrutar al máximo de esta forma de entretenimiento, es muy probable que sea gracias a Internet que se descrubran los nuevos directores y talentos del porvenir, de Latinoamérica y de todo el mundo.

broadcast
short film

Si te gusta el cine internacional, busca algunas de las películas más populares producidas en Latinoamérica. Aquí hay algunos títulos para ayudarte.

Un cuento chino	*Diarios de motocicleta*	*La Nana*
El ratón Pérez	*Bajo la misma luna*	*Mi abuelo, mi papá y yo*
El hijo de la novia	*Historias mínimas*	
El laberinto del Fauno	*Valentín*	

Comprensión

1. En México la mayoría de los espectadores prefiere ver películas en el cine.

2. Los países latinoamericanos que dominan la producción de películas son Argentina, Brasil y México.

3. Cuesta más producir una película en Argentina que en los Estados Unidos.

4. Un número importante de películas argentinas recibe reconocimientos.

5. El Internet ayuda a descubrir nuevo talento.

Después de leer

1. ¿Con qué frecuencia vas al cine? ¿Es tu forma favorita de entretenimiento?

2. ¿Por qué crees que el cine sea popular en tantos países?

3. ¿Has visto películas o cortos en Internet? ¿Has creado videos para compartir mediante Internet?

4. ¿Por qué crees que en Argentina haya tanto interés en producir cine?

1.37 **Razones** Antonia pasó sus vacaciones viendo películas y le está comentando a una amiga lo que pasó en varias de las películas que vio. Completa cada idea de forma original explicando lo que había pasado. Usa el pluscuamperfecto.

1. La muchacha rompió con su novio porque...
2. La policía arrestó al hombre porque...
3. El protagonista estuvo muy feliz porque...
4. El equipo salió a celebrar porque...
5. Los niños empezaron a llorar porque...
6. Llamaron al superhéroe porque...

1.38 **Hablando de películas** Algunos amigos están hablando de las películas que vieron durante el fin de semana. Completa sus oraciones con la forma apropiada del pluscuamperfecto (indicativo o subjuntivo) del verbo entre paréntesis.

1. Lorenzo: Yo dudaba que el vampiro _____ (morir).
2. Patricia: Yo creía que los protagonistas _____ (ver) al hombre entrar en la casa.
3. Lucas: Tenía miedo de que la policía no _____ (llegar) a tiempo.
4. Juana: Al protagonista le enojó que su madre no le _____ (decir) la verdad sobre su padre.
5. Silvio: El detective pensaba que Leo _____ (escribir) la nota, pero no tenía pruebas (*proof*).
6. Nadia: Después de examinarlo, el médico no creía que el jugador _____ (romperse) la pierna.
7. Cintia: Ojalá que la mujer no _____ (abrir) la puerta.
8. Daniel: Era obvio que la muchacha no _____ (hacer) nada y que el culpable (*culprit*) _____ (ser) su hermano.

1.39 **La "crítica" de *El secreto*** Miguel te hizo varios comentarios sobre una obra de teatro. Usa el verbo entre paréntesis para reportar lo que dijo Miguel.

Modelo Este teatro es un lugar demasiado pequeño. (decir)
        Miguel dijo que el teatro era demasiado pequeño.

1. Obviamente los otros actores no se prepararon tanto como Jorge. (comentar)
2. El director ha ganado varios premios por otras obras. (explicar)
3. *El secreto* va a ser una obra clásica en unos años. (decir)
4. El vestuario de los personajes era increíble. (mencionar)
5. La música todavía necesita un poco de atención. (decir)
6. Creo que van a subir los precios de los boletos después de tan buen resultado. (añadir)

1.40 Tabú Con un compañero túrnense para describir una de las siguientes palabras. Tu compañero va a determinar cuál es la palabra que se describe.

la balada	la butaca	el circo	el comediante
el documental	el estreno	el fracaso	gracioso
el intermedio	las palomitas de maíz	la pantalla	el payaso
el personaje	el premio	el público	la taquilla
la trama			

1.41 En el cine Trabaja con un compañero. Escojan una escena de una película diferente y describan lo que pasó. Incluye una reacción emocional de un personaje a lo que había pasado. Usen el pluscuamperfecto del subjuntivo. **¡OJO!** Presten atención al uso del pretérito y del imperfecto.

Vocabulario útil

el dragón *dragon*   **el príncipe** *prince*
engañar *to cheat on*   **la princesa** *princess*
el extraterrestre *extraterrestrial*

Modelo *Raúl necesitaba ganar para cambiar su vida. Respondió todas sus preguntas correctamente y solamente había una pregunta más. Cuando él dijo la respuesta, le alegró mucho que la pregunta hubiera sido muy fácil. Se emocionó mucho, pero a la mujer le enojó que él hubiera ganado.*

1.42 Vamos al cine Imagínate que vas a ir a ver una película con unos compañeros de clase y tienen que decidir qué película van a ver.

Paso 1 Escribe una lista de tres o cuatro películas que te gusten. No es necesario que estén en el cine ahora.

Paso 2 En un grupo de tres o cuatro estudiantes, cada uno va a seleccionar una película de su lista e intentar convencer a los otros de ver esa película. Deben mencionar qué tipo de película es, dar una descripción corta y explicar por qué deben verla. Luego, entre todos, elijan *(choose)* una película para ver.

Paso 3 Explíquenle a la clase qué película van a ver y por qué la eligieron.

††† Entrando en materia

Con tus compañeros de clase hablen de lo siguiente:

1. ¿Qué es la censura? ¿Qué métodos puede usar un gobierno para censurar?
2. ¿Es posible que el cine de un país tenga influencia a nivel social o político?

🔊 La censura española y el cine estadounidense

Salvador va a describir la censura en España durante la dictadura de Franco (1936–1975) y la reacción de la gente hacia el cine norteamericano. Antes de escuchar consulta el **Vocabulario útil** y lee la información en **Investiguemos la cultura**.

INVESTIGUEMOS LA CULTURA

Film noir was popular in the 1940s and 1950s in the United States. Films in this genre used low-key lighting and unbalanced compositions to create a distinctive atmosphere. They often featured private eyes and *femme fatales*, women characters who were dangerous or went against convention, making these films quite risqué for the time.

Vocabulario útil

aparecer	*to appear*	**fumar**	*to smoke*
el auge	*peak*	**imponer**	*to impose*
el canal	*(TV) channel*	**la mujer fatal**	*femme fatale*
la censura	*censorship*	**rebelde**	*rebellious*
el cine negro	*film noir*		

Comprensión

1. ¿Cómo era la televisión cuando Salvador era niño?
2. ¿Por qué fueron importantes las películas del cine negro? ¿Por qué les gustaban a los españoles?
3. ¿Cómo influyeron las películas de Doris Day?

Más allá

1. ¿Por qué piensas que durante la dictadura la televisión y el cine eran tan populares en España, a pesar de que *(even though)* estuvieran censurados?
2. ¿Es bueno que se exporten "mensajes culturales" cuando se estrenan películas estadounidenses en otros países? ¿Cuáles son los efectos positivos? ¿y los negativos?

Las películas en blanco y negro de los Estados Unidos eran muy populares en España durante la época de la dictadura.

Arman Zhenikeyev/Shutterstock.com

El entretenimiento

el acto	*act*	el estreno	*premiere*
la actuación	*performance*	el éxito	*success*
el (la) aficionado(a)	*fan*	el final	*ending*
el (la) aguafiestas	*party pooper*	el fracaso	*failure*
el anfitrión / la anfitriona	*host*	la función	*show*
el baile	*dance*	las golosinas	*sweets, snacks*
la balada	*ballad*	el intermedio	*intermission*
la banda sonora	*soundtrack*	el medio tiempo	*half time*
la butaca	*seat (at a theater or movie theater)*	las palomitas (de maíz)	*popcorn*
		la pantalla	*screen*
la canción	*song*	el parque de diversiones	*amusement park*
el (la) cantante	*singer*	el partido	*game (sport), match*
la cartelera	*billboard*	el payaso	*clown*
el chiste	*joke*	el personaje	*character*
el circo	*circus*	el premio	*prize, award*
el (la) comediante	*comedian*	el (la) protagonista	*protagonist*
la crítica	*film review*	el público	*audience*
el (la) crítico(a)	*critic*	el salón de baile	*ballroom*
el (la) director(a)	*director*	el talento	*talent*
los efectos especiales	*special effects*	la taquilla	*box office, ticket office*
la escena	*scene*	la trama	*plot*
el espectáculo	*show, performance*		

Adjetivos

emocionante	*exciting, thrilling*	gracioso(a)	*funny*

Verbos

actuar	*to act*	exhibir	*to show (a movie)*
añadir (que)	*to add (that)*	explicar (que)	*to explain (that)*
comentar (que)	*to comment (that)*	filmar	*to film*
conmover (ue)	*to move (emotionally)*	mencionar (que)	*to mention (that)*
contar (ue) (que)	*to tell (someone) (that)*	pasársela bien/mal	*to have a good/bad time*
contestar (que)	*to answer (that)*	pedir que	*to ask that*
decir (que)	*to say (that)*	preguntar si (cuándo, dónde, qué, etc.)	*to ask if (when, where, what, etc.)*
entretener	*to entertain*	producir	*to produce*
estrenar	*to premiere, to show (or use something) for the first time*	responder (que)	*to respond (that)*

Clasificación de películas

la película...	*movie, film*	de horror	*horror*
animada / de animación	*animated*	de misterio	*mystery*
clásica	*classic*	de suspenso	*suspense*
cómica	*funny*	documental	*documentary*
de acción	*action*	dramática	*drama*
de aventuras	*adventure*	romántica	*romantic*
de ciencia ficción	*science fiction*		

Sergio Vodanovic

Biografía

Sergio Vodanovic (1926–2001) nació en Split, Croacia, y poco después su familia se mudó a Chile. Más tarde se fue a los Estados Unidos donde estudió técnica teatral en las universidades de Columbia y Yale. Regresó a Chile y se estableció como profesor en la Universidad Católica y la Universidad de Concepción. Comenzó a trabajar con los teatros universitarios, que en esa época tenían una gran influencia en el teatro chileno. En 1959 recibió el Premio Municipal de Drama en Chile por su obra "Deja que los perros ladren" y en 1964 por la obra "Viña" (subtitulada "Tres comedias en traje de baño", de la cual forma parte "El delantal blanco"). La obra es una sátira que crítica a la clase alta. En 1982 empezó a escribir para la televisión y dos años después se hizo un guionista conocido cuando se transmitió su primera telenovela "Los títeres", con personajes complejos y una crítica sutil de la sociedad contemporánea. Murió a la edad de 75 años en Croacia.

Investiguemos la literatura: La caracterización

The process that an author goes through to introduce and describe a character is known as characterization. This can be done directly through the author's description or indirectly through the character's actions or words.

Antes de leer

 Con un compañero comenten las siguientes preguntas.

1. Imagina que otra persona y tú intercambian vidas. ¿Con quién te gustaría intercambiar de vida? ¿Por qué?

2. En español hay una expresión que dice: Como te ven, te tratan. Es similar a la expresión en inglés: *The clothes make the man.* ¿Piensas que es cierto? ¿Por qué?

El delantal blanco

The white apron

tent
loose shirt
skin

*La playa. Al fondo, una **carpa**. Frente a ella, sentadas a su sombra, LA SEÑORA Y LA EMPLEADA. LA SEÑORA está en traje de baño y, sobre él, usa un **blusón** de toalla blanca que le cubre hasta las caderas. Su **tez** está tostada por un largo veraneo. LA EMPLEADA viste su uniforme blanco... LA EMPLEADA tiene veinte años, tez blanca, pelo negro, rostro plácido y*
5 *agradable. [...]*

se levanta

*LA EMPLEADA deja la revista y **se incorpora** para ir donde está Alvarito.*

LA SEÑORA: ¡No! Lo puedes vigilar desde aquí. Quédate a mi lado, pero observa al niño. ¿Sabes? Me gusta venir contigo a la playa.

LA EMPLEADA: ¿Por qué?

10 LA SEÑORA: Bueno... no sé... Será por lo mismo que me gusta venir en el auto, aunque la casa esté a dos cuadras. Me gusta que vean el auto. Todos los días, hay alguien que se para al lado de él y lo mira y comenta. No cualquiera tiene un auto como el de nosotros... Dime... ¿Cómo es tu casa?

LA EMPLEADA: Yo no tengo casa.

countryside

15 LA SEÑORA: No habrás nacido empleada, supongo. Tienes que haberte criado en alguna parte, debes haber tenido padres... ¿Eres del **campo**? ¿Por qué viniste, entonces?

LA EMPLEADA: Tenía que trabajar. [...]

LA SEÑORA: Sin la plata no somos nada. Yo tengo plata, tú no tienes. Ésa es toda la diferencia entre nosotras. ¿No te parece?

20 LA EMPLEADA: Sí, pero...

LA SEÑORA: Hay algo que es más importante que la plata: la clase. Eso no se compra. Se tiene o no se tiene. Álvaro no tiene clase. Yo sí la tengo. Y podría vivir en una **pocilga** y todos se darían cuenta de que soy alguien. No una cualquiera. Alguien. Te das cuenta ¿verdad?

pigsty

25 LA EMPLEADA: Sí, señora. [...]

LA SEÑORA: ¿No te has puesto nunca traje de baño?

LA EMPLEADA: ¡Ah, sí!

LA SEÑORA: ¿Cuándo?

LA EMPLEADA: Antes de emplearme. A veces, los domingos, hacíamos excursiones a la
30 playa en el camión del tío de una amiga.

LA SEÑORA: ¿Y se bañaban?

LA EMPLEADA: En la playa grande de Cartagena. **Arrendábamos** trajes de baño y pasábamos todo el día en la playa. Llevábamos de comer y...

We rented

LA SEÑORA: *(Divertida.)* ¿Arrendaban trajes de baño?

35 LA EMPLEADA: Sí. Hay una señora que arrienda en la misma playa. [...]

LA SEÑORA: Debe ser curioso... Mirar el mundo desde un traje de baño arrendado o envuelta en un vestido barato... o con uniforme de empleada como el que usas tú... [...]¿Cómo se ve el mundo cuando se está vestida con un delantal blanco?

LA EMPLEADA: *(Tímidamente.)* Igual... La arena tiene el mismo color... las nubes son
40 iguales... Supongo.

LA SEÑORA: Pero no... Es diferente. Mira. Yo con este traje de baño, con este blusón de toalla, tendida sobre la arena, sé que estoy en "mi lugar", que esto me pertenece... En cambio tú, vestida como empleada sabes que la playa no es tu lugar, que eres diferente... Y eso, eso te debe hacer ver todo distinto.

45 LA EMPLEADA: No sé.

LA SEÑORA: Mira. Se me ha ocurrido algo. **Préstame** tu delantal.

Lend me

LA EMPLEADA: ¿Cómo?

LA SEÑORA: Préstame tu delantal.

LA EMPLEADA: Pero... ¿Para qué?

50 LA SEÑORA: Quiero ver cómo se ve el mundo, qué apariencia tiene la playa cuando se la ve encerrada en un delantal de empleada.

LA EMPLEADA: ¿Ahora?

LA SEÑORA: Sí, ahora. [...]

LA SEÑORA: *(Se levanta y obliga a levantarse a LA EMPLEADA.)* Ya. Métete en la carpa
55 y cámbiate. *Después de un instante sale LA EMPLEADA vestida con el blusón de toalla. Sale LA SEÑORA abotonándose aún su delantal blanco. Se va a sentar delante de LA EMPLEADA, pero vuelve un poco más atrás.*

LA SEÑORA: No. Adelante no. Una empleada en la playa se sienta siempre un poco más atrás que su **patrona.** *(Se sienta sobre sus pantorrillas y mira, divertida, en todas direcciones.)*

jefa

60 LA EMPLEADA, *con naturalidad, toma de la bolsa de playa de LA SEÑORA un frasco de aceite bronceador y* **principia** *a extenderlo con lentitud por sus piernas. LA SEÑORA la ve. Intenta una reacción reprobatoria, pero queda* **desconcertada.**

comienza

taken aback

Capricorn Studio/Shutterstock.com

LA SEÑORA: ¿Qué haces?

LA EMPLEADA no contesta. LA SEÑORA opta por seguir la lectura. Vigilando de vez en vez con
65 *la vista lo que hace LA EMPLEADA. Ésta ahora se ha sentado y se mira detenidamente*
las **uñas**.

nails

LA SEÑORA: ¿Por qué te miras las uñas?

LA EMPLEADA: Tengo que arreglármelas.

LA SEÑORA: Nunca te había visto antes mirarte las uñas.

70 LA EMPLEADA: No se me había ocurrido.

LA SEÑORA: Este delantal acalora.

LA EMPLEADA: Son los mejores y los más durables.

LA SEÑORA: Lo sé. Yo los compré. [...]

LA EMPLEADA: Alvarito se está metiendo muy adentro. Vaya a vigilarlo.

75 LA SEÑORA: *(Se levanta inmediatamente y se adelanta.)* ¡Alvarito! ¡Alvarito! No se vaya
tan adentro... Puede venir una ola. *(Recapacita de pronto y se vuelve desconcertada hacia*
LA EMPLEADA.) ¿Por qué no fuiste?

LA EMPLEADA: ¿Adónde?

LA SEÑORA: ¿Por qué me dijiste que yo fuera a vigilar a Alvarito?

80 LA EMPLEADA: *(Con naturalidad.)* Ud. lleva el delantal blanco.

LA SEÑORA: Te gusta el juego, ¿ah?

LA EMPLEADA busca en la bolsa de playa de LA SEÑORA y se pone sus anteojos para el sol.

LA SEÑORA: *(Molesta.)* ¿Quién te ha autorizado para que uses mis anteojos?

LA EMPLEADA: ¿Cómo se ve la playa vestida con un delantal blanco?

85 LA SEÑORA: Es gracioso. ¿Y tú? ¿Cómo ves la playa ahora?

LA EMPLEADA: Es gracioso.

LA SEÑORA: *(Molesta.)* ¿Dónde está la gracia?

LA EMPLEADA: En que no hay diferencia.

LA SEÑORA: ¿Cómo?

90 LA EMPLEADA: Ud. con el delantal blanco es la empleada, yo con este blusón y los
anteojos oscuros soy la señora. [...]

being rude

LA SEÑORA: *(Indignada.)* ¡Ud. **se está insolentando**!

LA EMPLEADA: ¡No me grites! ¡La insolente eres tú!

using the **tú** form

LA SEÑORA: ¿Qué significa eso? ¿Ud. me **está tuteando**?

95 LA EMPLEADA: ¿Y acaso tú no me tratas de tú?

LA SEÑORA: ¿Yo?

LA EMPLEADA: Sí.

It's over

LA SEÑORA: ¡Basta ya! **¡Se acabó** este juego!

LA EMPLEADA: ¡A mí me gusta!

100 LA SEÑORA: ¡Se acabó! *(Se acerca violentamente a LA EMPLEADA.)*

LA EMPLEADA: *(Firme.)* ¡Retírese!

LA SEÑORA se detiene sorprendida. [...]

LA SEÑORA: ¡Sácate esos anteojos! ¡Sácate el blusón! ¡Son míos! [...]

LA EMPLEADA: ¡Cuidado! No estamos solas en la playa.

105 LA SEÑORA: ¿Y qué hay con eso? ¿Crees que por estar vestida con un uniforme blanco no
van a reconocer quien es la empleada y quién la señora?

voice

LA EMPLEADA: *(Serena.)* No me levante **la voz**.

LA SEÑORA exasperada se lanza sobre LA EMPLEADA y trata de sacarle el blusón a viva fuerza.

Who do you think you are?

LA SEÑORA: *(Mientras forcejea)* ¡China! ¡Ya te voy a enseñar quién soy! **¿Qué te has creído?**

in jail
110 ¡Te voy a meter **presa**!

quarrel

*Un grupo de bañistas ha acudido a ver **la riña**. [...]*

UN JOVEN: ¿Qué **sucede**?	*pasa*
EL OTRO JOVEN: ¿Es un ataque?	
LA JOVENCITA: Se volvió loca.	
115 UN JOVEN: Puede que sea efecto de una **insolación**.	*too much sun*
EL OTRO JOVEN: ¿Podemos ayudarla?	
LA EMPLEADA: Sí. Por favor. Llévensela. Hay **una posta** por aquí cerca...	*medical center*
EL OTRO JOVEN: Yo soy estudiante de Medicina. Le pondremos una inyección para que se duerma por un buen tiempo.	
120 LA SEÑORA: ¡Imbéciles! ¡Yo soy **la patrona!** Me llamo Patricia Hurtado, mi marido es Álvaro Jiménez, el político...	
LA JOVENCITA: *(Riéndose.)* Cree ser la señora.	
UN JOVEN: Está loca.	
EL OTRO JOVEN: Un ataque de histeria.	
125 UN JOVEN: **Llevémosla**.	*Let's take her away*
LA EMPLEADA: Yo no los acompaño... Tengo que cuidar a mi hijito... Está ahí, bañándose... [...]	
EL CABALLERO DISTINGUIDO: ¿Está Ud. bien, señora? ¿Puedo serle útil en algo?	
LA EMPLEADA: *(Mira **inspectivamente** al SEÑOR DISTINGUIDO y sonríe con amabilidad.)* Gracias. Estoy bien.	*questioningly*
130 EL CABALLERO DISTINGUIDO: Es el símbolo de nuestro tiempo. Nadie parece darse cuenta, pero **a cada rato**, en cada momento sucede algo así.	*all the time*
LA EMPLEADA: ¿Qué?	
EL CABALLERO DISTINGUIDO: **La subversión** del orden establecido. Los viejos quieren ser jóvenes; los jóvenes quieren ser viejos; los pobres quieren ser ricos y los ricos quieren ser	*subversion, overthrowing authority*
135 pobres. [...] *(Tranquilizado.)* Pero **no nos inquietemos**. El orden está establecido. Al final, siempre el orden se establece... Es un hecho... Sobre eso no hay discusión... [...] *De pronto [LA EMPLEADA] se acuerda de Alvarito. Mira hacia donde él está.)*	*Let's not worry*
LA EMPLEADA: ¡Alvarito! ¡Cuidado con sentarse en esa roca! Se puede hacer **una nana** en el	*booboo*
140 pie... Eso es, corra por la arenita... Eso es, mi hijito... *(Y mientras LA EMPLEADA mira con **ternura** y delectación maternal cómo Alvarito juega a la orilla del mar se cierra lentamente **el Telón**.)*	*tenderness* *Curtain*

Después de leer

A. Comprensión

1. ¿Por qué a la señora le gusta ir a la playa en auto?
2. Para la señora, ¿qué es más importante que el dinero?
3. ¿Por qué sugiere la señora que cambien de ropa?
4. ¿Cómo cambia la empleada después de ponerse la ropa de la señora?
5. ¿Qué le pasa a la señora cuando llegan los otros bañistas?
6. Según el caballero distinguido, ¿cuál es el problema de esos tiempos?
7. En las líneas 23–24 la señora asegura que se puede ver la clase de la gente. Según esta obra de teatro ¿es cierto?
8. ¿Cuál es la crítica que le hace el autor a la clase alta?

Erin Patrice O'Brien/Getty Images

B. Conversemos

1. La señora piensa que el mundo se ve diferente cuando uno es de la clase baja que cuando es de la clase alta. ¿Qué opinas tú?
2. El caballero distinguido dice: "El orden está establecido. Al final, siempre el orden se establece." ¿Estás de acuerdo? ¿Por qué?
3. ¿Cómo se caracteriza a la señora? Explica tu respuesta con ejemplos de la obra.

CAPÍTULO 2

Estrategia para avanzar

Distinguishing register (the difference between formal and informal contexts) can be difficult. Advanced speakers convey register through many means beyond simple **tú / usted** use. As you work to become an advanced speaker, listen to how speakers convey politeness, respect, or social distance in different situations using other linguistic elements, such as the use of the conditional.

In this chapter you will learn how to:
- Discuss work and finances
- Talk about what might happen

Ganarse la vida

La Paz es el corazón económico de Bolivia.

¿Te imaginas un río capaz de matar todo lo que caiga *(falls)* en él? Cuando Andrés era un niño pequeño su abuelo le habló sobre este río por primera vez. Su abuelo le contó que en el Amazonas había un río con agua tan caliente que parecía que el fuego lo calentaba *(was heating it)*. Años después, mientras Andrés estudiaba su doctorado en geofísica, decidió ir a buscar este río de agua hirviente.

Vocabulario útil

el fuego   *fire*

geotérmico   *geothermic, related to the internal heat of the Earth*

hirviente   *boiling*

el poder   *power*

Ese río de agua hirviente que atrajo la atención de Andrés Ruzo resultó no ser una leyenda, sino un lugar real y con diversos significados. Para el chamán que lo cuidaba, era un sitio sagrado (sacred). Para un científico como Ruzo, era un fenómeno geotérmico único.

Independientemente del significado que cada persona le dé, el río de agua hirviente nos recuerda que aún quedan muchas maravillas por explorar en nuestro planeta.

Todo lo que hacen los seres humanos se relaciona con la energía: lo que comemos, la ropa que vestimos, la forma en que viajamos. Con la energía se puede transformar a un desierto en un valle fértil. Con energía se puede ayudar a la gente a vivir más y en mejores condiciones. Por estas y muchas otras razones, Andrés Ruzo siente una gran pasión por el tema, y le ha dedicado sus investigaciones a la energía geotérmica.

Resolver los problemas de energía puede resolver simultáneamente otros problemas: es una manera de luchar por el medio ambiente, la seguridad nacional, las relaciones internacionales y hasta los problemas económicos, por mencionar algunos. Por supuesto, para que la energía pueda ser una solución y no un problema, debe ser un tipo de energía sustentable, para que no dañe nuestra salud ni el medio ambiente. Andrés Ruzo está convencido de que la energía geotérmica tiene un gran potencial para ser esa solución.

Uno de los grandes proyectos de Andrés Ruzo ha sido crear un mapa de la energía geotérmica del Perú. En este país andino la energía geotérmica se ha usado por miles de años de forma medicinal en balnearios de agua termales, pero se ha usado para generar electricidad desde hace solo un siglo. De hecho, solo 24 países en el mundo usan energía geotérmica para generar electricidad.

Sources: http://www.minerandina.com/peru-inicia-el-desarrollo-de-la-energia-geotermica/ https://www.ted.com/talks/andres_ruzo_how_i_found_a_mythical_boiling_river_in_the_amazon?language=en

Cuando era niño, Andrés pasaba el verano en una casa que tenía su familia en Nicaragua. La casa estaba cerca de un volcán llamado Volcán Casita. Allí vio por primera vez el poder que tiene la energía de la Tierra. Estas experiencias lo llevaron a tomar una clase de volcanología en la Universidad Metodista del Sur (SMU) en Texas. Cuando abrió su libro de texto encontró una foto del Volcán Casita en la primera página. Esto creó una conexión personal y terminó apasionándose por la geología.

Courtesy of Andrés Ruzo

EN SUS PALABRAS

"La ciencia no es la historia que queremos escuchar: es la historia que los datos (facts) nos cuentan."

2.1 **Comprensión**

1. ¿Cuándo escuchó Ruzo por primera vez del río de agua hirviente?
2. ¿Por qué el Volcán Casita fue importante para él?
3. ¿Por qué le apasiona la energía a Andrés Ruzo?
4. ¿En cuántos países se usa la energía geotérmica para producir electricidad?

2.2 **A profundizar** Para aprender más sobre el río de agua hirviente en el Amazonas de Perú, investiga en Internet. ¿Cómo se llama el río y en qué región está? ¿Qué temperatura tiene el agua?

2.3 **¡A explorar más!** Investiga cuáles son algunos de los 24 países donde se usa la energía geotérmica. ¿Qué países hispanos hay en la lista? ¿Cómo se usa la energía?

Jurik Peter.Shutterstock.com

¿Qué días son los más ocupados en un banco?

En el trabajo

el bono *bonus*
el cheque *check*
el (la) cliente *client*
el contrato *contract*
el curriculum vitae *resumé*
el desempleo *unemployment*
el (la) empleado(a) *employee*
la empresa *company*
el (la) gerente *manager*
la jubilación *retirement*
los negocios *business*
el puesto *position, job*
la solicitud de trabajo *job application*
el sueldo *salary*
el trabajo de tiempo completo
    full-time job
el trabajo de tiempo parcial
    part-time job

Las finanzas

el billete *bill (money)*
la bolsa (de valores) *stock market*
la caja *service window*
el cajero *cashier*
el cajero automático *ATM*
el cambio de moneda extranjera
    foreign currency exchange
la cuenta *bill (statement showing
    amount owed)*
la cuenta corriente *checking account*
la cuenta de ahorros *savings
    account*
el depósito *deposit*
el dinero *money*
las ganancias *earnings*
la moneda *coin*
el pago *payment*
por ciento *percent*
el porcentaje *percentage*

el préstamo *loan*
el recibo *receipt*
la tarjeta de débito *debit card*

Verbos

cargar *to charge (to a credit/
    debit card)*
cobrar *to charge (for merchandise,
    for work, a fee, etc.)*
contratar *to hire*
depositar *to deposit*
despedir (i) *to fire*
firmar *to sign*
hacer fila/cola *to form a line*
invertir (ie) *to invest*
jubilarse *to retire*
renunciar *to quit*
retirar (fondos) *to withdraw (funds)*
solicitar *to apply, to request*

A practicar

2.4 🔊 **Escucha y responde** Observa la ilustración y decide si las ideas que vas a escuchar son ciertas o falsas.

1. ...   2. ...   3. ...   4. ...   5. ...

2.5 **La palabra lógica** Completa las ideas con una palabra lógica del vocabulario.

1. En el banco puedo abrir _____ y depositar dinero en ella.

2. Pedí _____ para comprar una casa.

3. Estoy buscando trabajo, por eso escribí mi _____ y completé _____ para trabajar en una tienda.

4. A mis padres les interesa _____ en la bolsa de valores.

5. _____ es un documento legal en el que se establecen condiciones para hacer un negocio.

6. Desafortunadamente hay _____ muy alto de desempleo.

7. Fui a cenar con mi novia, pero no aceptaban tarjetas. En mi cartera *(wallet)* tenía solamente _____ de cien pesos. Afortunadamente mi novia también llevaba dinero, porque _____ fue de casi 400 pesos.

2.6 **Diferencias y semejanzas** Túrnense para explicar las semejanzas y las diferencias entre cada grupo de palabras. Después elijan una de las palabras y úsenla en una oración.

1. tarjeta de crédito	tarjeta de débito	cheque
2. cobrar	pagar	cargar
3. cajero	cliente	gerente
4. retirar	depositar	invertir
5. dinero	billete	moneda

Expandamos el vocabulario

The following words are listed in the vocabulary. They are nouns, verbs, or adjectives. Complete the table using the roots of the words to convert them to the different categories.

Verbo	Sustantivo	Adjetivo
ahorrar		
	pago	
		despedido
depositar		

2.7 **Prioridades** Pon en orden de prioridad los diferentes aspectos de un trabajo: 1 es el más importante y 6 es el menos importante. Luego, en un grupo de tres o cuatro estudiantes, comparen sus listas y expliquen sus decisiones.

_____ el sueldo   _____ la oportunidad de aprender
_____ el horario   _____ las oportunidades de ascenso (*promotion*)
_____ los compañeros de trabajo
_____ la satisfacción

2.8 **¿Con qué frecuencia?** Habla con un compañero para decir con qué frecuencia alguien en su familia hace las actividades.

Modelo buscar trabajo
Yo busco trabajo todos los veranos. / Mi madre no busca trabajo frecuentemente, pero ahora está buscando uno.

1. pagar con una tarjeta de débito

2. usar un cajero automático

3. trabajar horas extras

4. escribir un cheque

5. actualizar *(update)* su curriculum vitae

6. pagar cuentas

7. depositar dinero en el banco

8. pagar con efectivo

2.9 **El banco desde tu perspectiva** Observa la ilustración inicial en **Exploraciones léxicas** y habla con un compañero de las siguientes preguntas.

1. ¿Se parece el banco de la ilustración a los bancos que hay en tu comunidad? ¿Observas alguna diferencia? ¿Cuál?

2. Hay un guardia en la illustración. ¿Crees que es común contratar a guardias de seguridad para los bancos?

3. En la escena hay muchas personas esperando usar un cajero automático. ¿Te parece lógico? ¿Por qué?

4. Hoy en día muchas personas acceden a los servicios del banco con sus teléfonos celulares. ¿Piensas que es una buena idea? ¿Qué desventajas puede tener?

2.10 **¿De acuerdo?** Con un compañero túrnense para decir si están de acuerdo o no con las siguientes afirmaciones. Expliquen por qué.

1. Es importante tener una tarjeta de crédito.

2. El dinero en efectivo va a desaparecer en el futuro cercano.

3. Las tarifas *(fees)* que cobran los bancos y las tarjetas de crédito son injustas.

4. La semana de trabajo de 40 horas debe reducirse.

5. El secreto para encontrar un trabajo es escribir un curriculum vitae excelente.

6. Lo peor de ir al banco es hacer fila.

Monedas de Panamá

Hernan H. Hernandez A./Shutterstock.com

2.11 Citas Habla con un compañero. ¿Están de acuerdo sobre las siguientes citas acerca del trabajo? Expliquen sus opiniones.

- Nunca la persona llega a tal grado de perfección como cuando rellena un impreso *(fill out a form)* de solicitud de trabajo. (Anónimo)
- Así como *(Just as)* no existen personas pequeñas ni vidas sin importancia, tampoco existe trabajo insignificante. (Elena Bonner, activista de derechos humanos soviética, 1923–2011)
- No sabe lo que es descanso *(rest)* quien no sabe lo que es trabajo. (Refrán)
- Lo que importa es cuanto amor ponemos en el trabajo que realizamos *(we do)*. (Madre Teresa de Calcuta, religiosa nacida en Albania, 1910–1997)
- Poderoso *(Powerful)* caballero es don Dinero. (Dicho popular)

2.12 ¿Quién soy? Las personas de las ilustraciones tienen diferentes situaciones financieras y laborales. Trabaja con un compañero para elegir a dos de las personas y escribir una pequeña biografía en primera persona. Escriban por lo menos cuatro ideas para cada una de las dos personas. Después léanle su descripción a la clase, que deberá adivinar quién lo dice.

Modelo   *Empecé a trabajar muy joven. Trabajaba muchas horas extras para ganar dinero e invertirlo en la bolsa de valores. Después abrí un negocio, pero no funcionó. Ahora quiero jubilarme, pero necesito trabajar.*

A analizar ▶

Salvador describe cómo cambiarán los trabajos en el futuro. Después de ver el video, lee el párrafo e identifica los verbos que expresan el futuro. Luego contesta las preguntas que siguen.

¿Cómo serán diferentes los trabajos del futuro?

Yo pienso que en el futuro todo será sistematizado. Se necesitarán menos personas para hacer el trabajo. Conseguir trabajo será mucho más complicado para la mayoría de las personas. Sin embargo, pienso que trabajos como limpiar la casa, construcción y los trabajos que no requieren demasiada educación siempre van a existir. Pero para los trabajos más calificados, los ordenadores y las máquinas seguirán reemplazándonos. Entonces, se va a necesitar gente que sea un poco más especializada. También pienso que en el futuro las personas van a poder trabajar más en casa gracias al Internet. Entonces, podrán trabajar más en casa, pero yo pienso que eso afectará las relaciones familiares porque la gente estará trabajando más y no podrá separar la casa del trabajo.

—Salvador, España

1. Identify the forms in the paragraph that express future actions. How are the two forms constructed?
2. Which verbs in the simple future in the paragraph are irregular?

A comprobar

El futuro

1. Advanced Spanish speakers clearly and consistently communicate the time (past, present, or future) of events. The future construction *ir + a + infinitive* is quite frequently used to express future actions. It is also common to use the present tense to express near future.

   Voy a retirar el dinero mañana.
   I'm going to withdraw the money tomorrow.

   Salgo para la oficina a las cuatro.
   I'm leaving for the office at four o'clock.

2. Another way to express what will happen is to use the simple future tense; however, it tends to be a little more formal and appears more frequently in writing. To form the future tense, add the following endings to the infinitive (rather than to the verb stem, as is done with most other verb tenses). Note that -**ar,** -**er,** and -**ir** verbs take the same endings.

volver	
yo	volver**é**
tú	volver**ás**
él, ella, usted	volver**á**
nosotros(as)	volver**emos**
vosotros(as)	volver**éis**
ellos, ellas, ustedes	volver**án**

ir	
yo	ir**é**
tú	ir**ás**
él, ella, usted	ir**á**
nosotros(as)	ir**emos**
vosotros(as)	ir**éis**
ellos, ellas, ustedes	ir**án**

hablar			
yo	hablar**é**	nosotros(as)	hablar**emos**
tú	hablar**ás**	vosotros(as)	hablar**éis**
él, ella, usted	hablar**á**	ellos, ellas, ustedes	hablar**án**

The following are irregular stems for the future tense:

decir	**dir-**
haber	**habr-**
hacer	**har-**
poder	**podr-**
poner	**pondr-**
querer	**querr-**
saber	**sabr-**
salir	**saldr-**
tener	**tendr-**
venir	**vendr-**

Al final del mes **tendré** el dinero en mi cuenta.
*At the end of the month, I **will have** the money in my account.*

Ricardo **se jubilará** después de veinte años.
*Ricardo **will retire** after twenty years.*

Los nuevos empleados **comenzarán** el lunes.
*The new employees **will begin** on Monday.*

3. The future form of **haber** is **habrá**. You will remember that there is only one form of the verb regardless of whether it is followed by a singular or a plural noun.

¿Habrá ganancias este mes?
***Will there be** earnings this month?*

4. The simple future form is also used to express probability or to speculate. In some cases, it serves as an equivalent for the English *might* or *I wonder*. When speculating about present conditions, it is common to use the verbs **ser, estar, haber,** and **tener.** When speculating about present actions, use the future tense of **estar** with the present participle.

Si Marta no está aquí, **estará** enferma.
*If Marta is not here, **she might be** sick.*

¿Cuántas personas **habrá**?
*How many people **might be** there?*

No contesta. **¿Estará** trabajando?
*He doesn't answer. **I wonder** if he **is** working.*

A practicar

2.13 **Predicciones** Se supone que habrá muchos cambios en los próximos cincuenta años. Lee las siguientes predicciones para el futuro y decide si estás de acuerdo o no. Explica tu respuesta.

1. Solo se usarán tarjetas de crédito o de débito y no habrá dinero en efectivo.
2. Muchos de los trabajos que hay ahora no existirán porque las computadoras y los robots harán el trabajo.
3. La gente podrá hacer su trabajo sin salir de casa gracias a la tecnología.
4. La mayoría de las compañías serán internacionales y los empleados tendrán que hablar otro idioma.
5. No habrá diferentes sistemas monetarios; todo el mundo usará el mismo dinero.
6. La gente se jubilará más tarde por los avances médicos.

2.14 **Un nuevo trabajo** Lucinda habla con un amigo sobre un nuevo trabajo. Lee las oraciones y complétalas con el futuro de los verbos indicados.

1. Yo _____ (trabajar) en una empresa grande y mis jefes me _____ (dar) muchas responsabilidades.
2. Nosotros _____ (poder) negociar el contrato el viernes y yo _____ (comenzar) a trabajar el próximo mes.
3. Estoy segura de que mis nuevos compañeros de trabajo _____ (ser) muy simpáticos y que (ellos) me _____ (ayudar) a conocer la empresa.
4. Mi jefe me _____ (permitir) trabajar horas extras y (yo) _____ (ganar) un buen sueldo.
5. Creo que me _____ (gustar) el nuevo puesto y que (yo) _____ (estar) muy feliz.
6. ¿Y tú? ¿Qué trabajo _____ (tener) en el futuro?

2.15 **¿Qué harás?** Habla con un compañero sobre sus planes para el futuro usando las preguntas como guía.

1. ¿Adónde vas a ir para divertirte este fin de semana? ¿Con quién vas a salir? ¿Qué harás?

2. ¿Adónde irás en tu próximo viaje? ¿Por qué viajarás? ¿Irás con alguien?

3. ¿Qué vas a hacer al final del año escolar? ¿Seguirás con tus estudios de español el próximo año? ¿Qué clases tendrás?

4. ¿Qué vas a hacer cuando termines de estudiar? ¿Buscarás un trabajo? ¿Qué tipo de trabajo te interesa?

2.16 **Después de la graduación** Entrevista a un compañero para saber si hará las siguientes actividades cuando se gradúe. Si tu compañero responde positivamente, pídele información adicional.

Modelo   seguir estudiando español (¿Dónde?)

Estudiante 1: *¿Seguirás estudiando español después de graduarte?*
Estudiante 2: *Sí, seguiré estudiando español.*
Estudiante 1: *¿Dónde?*
Estudiante 2: *En la universidad.*

1. buscar un trabajo (¿En qué área?)

2. mudarse (¿Adónde?)

3. empezar estudios en una universidad (¿En qué área?)

4. comprarse un regalo para celebrar (¿Qué?)

5. celebrar (¿Cómo?)

6. ir de viaje (¿Adónde?)

7. descansar (¿Qué harás?)

8. hacer otro cambio a su vida (¿Cuál?)

¿Qué harás después de la graduación?

Tom Wang/Shutterstock.com

2.17 **¿Qué pasará?** Mira los dibujos y trabaja con un compañero para hacer conjeturas sobre las circunstancias (quiénes serán, por qué estarán allí, cuál será la situación y cómo se sentirán). Luego digan lo que pasará después.

2.18 **Avancemos** Con un compañero van a hablar sobre cómo han cambiado los trabajos y sobre los cambios que habrá en el futuro.

Paso 1 Haz una lista de algunos trabajos que existen hoy y que no existían hace 30 años, y una lista de trabajos que existían hace 30 años pero que ya no existen. Después compara tu lista con la de un compañero. Hablen sobre las razones por las cuales han cambiado los trabajos.

Paso 2 Habla con tu compañero sobre los cambios que habrá en el futuro. Piensen en lo siguiente: ¿Qué trabajos dejarán de existir? ¿Qué tipo de nuevos trabajos habrá? ¿Cambiará la forma en que se hace el trabajo? ¿Por qué ocurrirán estos cambios?

Cultura

En el año 2015 un cuadro de Pablo Picasso se vendió por más de 176 millones de dólares. ¿Por qué algunas obras de arte son más valiosas que otras? Igual que en el mercado libre, el valor de una obra es la cantidad de dinero que alguien está dispuesto (*willing*) a pagar. Como es natural, el precio de las obras de un artista se asocia con su éxito, pero el valor artístico no es igual al valor económico.

Algunos factores que influyen en el valor económico de una obra son la reputación del autor, la demanda por su obra, la rareza de su obra y su historia. También intervienen factores como el coleccionismo, la organización de museos y hasta el lugar de la venta.

¿Coleccionas algo? ¿Qué? ¿Tiene valor económico? ¿Crees que coleccionar arte sea una buena inversión (*investment*) financiera? ¿Por qué?

El arte de Picasso atrae a millones de personas a los museos y galerías donde se exhibe su obra.

Conexiones... a los negocios

Con un poco de ingenio y creatividad es posible crear un buen negocio en cualquier lugar. Este es el caso de Ricardo Pérez, un ecuatoriano que alquila lavadoras a domicilio. Pérez transporta en su bicicleta sus lavadoras para llevarlas a viviendas donde se las alquilan por unas horas para hacer el trabajo de lavado más fácil. Los ingresos de Pérez por este trabajo son de entre 15 y 20 dólares (EE UU) diarios.

Ricardo Pérez inició su negocio con siete lavadoras, y tan solo unas semanas después compró tres más. El negocio ha ido creciendo, pero también la competencia, ya que otras personas han empezado a ofrecer el mismo servicio.

La familia Vélez es uno de esos competidores. Cuando empezaron el negocio, ganaban hasta 50 dólares diarios, pero ahora ganan entre 15 y 25 debido a la competencia. Cabe señalar que la familia Vélez comenzó con 20 lavadoras y tras poco tiempo aumentaron a 40, aunque muchas se han descompuesto.

Haz una lista de tres ventajas y tres desventajas de iniciar un negocio propio.

Source: El alquiler de lavadoras a domicilio genera ganancias
http://www.eluniverso.com/2005/12/14/0001/18/593365641EED4FAE870F295FB
B938C97.html

Para tener éxito en un negocio hay que ser emprendedor.

INVESTIGUEMOS LA CULTURA

El símbolo del peso es muy similar al símbolo del dólar estadounidense. Por eso, algunos países sudamericanos usan el símbolo U$A para referirse a dólares, y solamente $ para pesos.

Comparaciones

En los países donde se habla español se escucha hablar de los "ninis". Es una palabra para designar a los jóvenes que ni estudian ni trabajan. La palabra parece una broma (*joke*), pero las estadísticas muestran la seriedad del problema. Por ejemplo, en España un 17% de los jóvenes son "ninis". En España el desempleo entre los jóvenes ha llegado al 53%, la cifra (*figure*) más alta de toda la Unión Europea. De hecho, en el mundo entero el promedio (*average*) de desempleo juvenil es del 12.9%.

El desempleo continúa siendo una de las mayores preocupaciones de la juventud de hoy, y es también un factor de preocupación para los gobiernos de muchos países en el mundo. Hay varias causas que contribuyen al desempleo juvenil. Para empezar, es difícil conseguir trabajo sin experiencia, pero no se puede conseguir experiencia sin trabajar. Otro factor que ha contribuido al problema es que algunos jóvenes han estudiado carreras (*degrees*) en la universidad que no tienen demanda.

Los Indignados es un movimiento social que protesta contra el sistema político y bancario.

1. En tu opinión, ¿qué pueden hacer los jóvenes para estar más preparados para encontrar trabajos?

2. El artículo menciona que algunos jóvenes estudian carreras que no tienen demanda. En tu opinión ¿es mejor estudiar una carrera que no te guste pero que ofrezca oportunidades de trabajo?

Sources: http://www.elmundo.es/economia/2015/10/09/56178b3ce2704e69528b4641.html
http://www.forbes.com.mx/el-desempleo-juvenil-un-problema-global/

Comunidad

Investiga en Internet qué ventajas tiene hablar dos idiomas cuando una persona busca trabajo. Haz un cartel con todas las ventajas de hablar otro idioma, y comparte la información con la clase.

Ser bilingüe te hace un mejor candidato para un trabajo.

A analizar ▷

Marcos da algunos consejos para las personas que quieren trabajar en Latinoamérica. Después de ver el vídeo, lee el párrafo y observa los verbos en negrita. Luego contesta las preguntas que siguen.

¿Qué tendría que hacer una persona si quiere conseguir trabajo en Latinoamérica?

Yo pienso que lo primero que **tendría** que hacer **sería** decidir a qué país quiere ir. Si no está pensando en el país, **podría** también decidir con qué tipo de empresa quiere trabajar, o en qué tipo de circunstancias le **gustaría** trabajar. Siendo yo la persona que iba a hacer este trabajo en el extranjero **leería** información en Internet, y también **buscaría** información a través de conocidos porque establecer contactos personales funciona muy bien en Latinoamérica. **Escribiría** cartas de presentación y **tendría** mucho cuidado en el proceso de elaborar esas cartas de presentación para que dieran toda la información necesaria para este tipo de trabajo. Yo **haría** un estudio muy cuidadoso de cuáles son los objetivos de las empresas, en qué forma mis habilidades, mis talentos o mi educación **podrían** contribuir a esa empresa y tendría una visión muy clara de la manera en que mis estudios se relacionan con el trabajo que se hace en esa empresa.

—Marcos, Argentina

1. The bold verbs in the paragraph are in the conditional. What other verb form is similar to the conditional?
2. How is the conditional formed?

A comprobar

El condicional

1. The conditional allows speakers to express possible outcomes or actions in response to events. To form the conditional, add the following endings to the infinitive. Notice that all verbs take the same endings.

	hablar	volver	ir
yo	hablaría	volvería	iría
tú	hablarías	volverías	irías
él, ella, usted	hablaría	volvería	iría
nosotros(as)	hablaríamos	volveríamos	iríamos
vosotros(as)	hablaríais	volveríais	iríais
ellos, ellas, ustedes	hablarían	volverían	irían

2. The irregular stems for the conditional are the same as the irregular stems for the future tense. The endings for these verbs are the same as those for the regular forms.

decir	dir-
hacer	har-
poder	podr-
poner	pondr-
querer	querr-
saber	sabr-
salir	saldr-
tener	tendr-
venir	vendr-

3. The conditional is sometimes equivalent to the English construction *would* + verb. However, it does not communicate "habitual events" as *would* sometimes does in English. Habitual events are expressed with the imperfect.

Yo no **invertiría** en esa compañía.
*I **wouldn't invest** in that company.*

Me dijo que el gerente **estaría** en la oficina hoy.
*He told me the manager **would be** in the office today.*

4. The conditional form of **haber** is **habría.** You will remember that there is only one form of the verb regardless of whether it is followed by a singular or a plural noun.

Pensé que **habría** más clientes.
*I thought **there would be** more customers.*

5. The conditional is also used for conjecture about past activities. Past conjectures in English are sometimes expressed with *must have.*

¿Por qué **no firmaría** el contrato?
*Why **wouldn't he sign** the contract? (I **wonder** why **he didn't sign** the contract.)*

Tendría un préstamo.
*He **must have had** a loan.*

6. The conditional may also be used to demonstrate politeness or to soften a request.

Me gustaría depositar un cheque.
*I **would like** to deposit a check.*

¿**Irías** al banco conmigo?
Would you go to the bank with me?

A practicar

2.19 **Una encuesta** En grupos de cuatro o cinco hagan una encuesta para saber lo que harían los estudiantes en los siguientes casos. Luego repórtenle a la clase las respuestas más populares.

1. Tienes un trabajo que no te gusta pero que paga muy bien.
   a. Buscaría un nuevo trabajo.
   b. Me quedaría en el trabajo.

2. Tus amigos van a salir a divertirse el viernes, pero tú tienes que trabajar ese día.
   a. Llamaría al jefe para decirle que estoy enfermo.
   b. No saldría con mis amigos y trabajaría.

3. Recibes un bono de mil dólares en el trabajo.
   a. Pondría el dinero en una cuenta de ahorros.
   b. Iría de compras.

4. Un compañero de trabajo siempre llega tarde y sale temprano.
   a. Hablaría con el jefe.
   b. Estaría molesto pero no diría nada.

2.20 **Al perder el trabajo** Alicia habla de lo que haría si perdiera su trabajo. Completa las oraciones con la forma apropiada del condicional del verbo entre paréntesis.

1. Mis padres me _____ (apoyar) y yo _____ (mudarse) con ellos.

2. Mi hermana _____ (compartir) su cuarto conmigo; seguro que no _____ (estar) muy contenta.

3. Yo _____ (buscar) un nuevo trabajo y mis amigos me _____ (decir) si saben de un trabajo.

4. Yo no _____ (ir) de compras porque no _____ (poder) gastar mucho dinero.

5. Mis amigos y yo no _____ (salir) mucho porque yo no _____ (tener) dinero.

6. ¿Qué _____ (hacer) tú en esta situación?

2.21 **Por favor** Imagina que trabajas en una oficina y tienes mucho que hacer hoy. Usa el condicional para pedirle a tu asistente que te ayude.

Modelo   buscar el contrato del Sr. Gómez

¿Buscarías el contrato del Sr. Gómez?

1. depositar el cheque
2. cancelar la cita con la Sra. Martínez
3. mandarle el cheque al Sr. Pérez
4. hacer una fotocopia del contrato de la Srta. Castillo
5. llevarle la solicitud de trabajo al supervisor
6. devolverle la llamada al Sr. Hernández
7. confirmar la cita con la Sra. Núñez
8. contestar todas las llamadas

2.22 **En busca de...** Pregúntales a diferentes estudiantes si harían las siguientes cosas si fueran millonarios. Pídeles información adicional para reportársela a la clase después.

1. tener una mansión (¿Dónde?)
2. donar dinero (¿Para qué causas?)
3. conducir un auto muy caro (¿Cuál?)
4. hacer muchos viajes (¿Adónde?)
5. ir de compras mucho (¿Por qué?)
6. salir a comer en restaurantes muy caros (¿Cuáles?)
7. ser estudiante (¿Qué estudiarías?)
8. trabajar como voluntario (¿Dónde?)

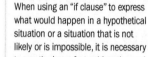

INVESTIGUEMOS LA GRAMÁTICA

When using an "if clause" to express what would happen in a hypothetical situation or a situation that is not likely or is impossible, it is necessary to use the imperfect subjunctive and the conditional. You will learn more about this concept in **Capítulo 3.**

Si yo **fuera** millonario, **estaría** muy feliz.
*If I **were** a millionaire, I **would be** happy.*

¿Qué harías si fueras millonario?

Minerva Studio/Shutterstock.com

2.23 **¿Qué harías?** Con un compañero hablen de lo que harían en las siguientes situaciones.

Modelo   Pierdes tu trabajo.

        Estudiante 1: *Iría a vivir con mis padres y buscaría un nuevo trabajo. ¿Qué harías tú?*
        Estudiante 2: *Yo vendería mi moto y buscaría a alguien para vivir conmigo.*

1. Cuando recibes el cambio en un restaurante te dan $20 más de lo debido *(than they should)*.

2. Ves a una persona robar un chocolate en una tienda.

3. Encuentras una billetera *(wallet)* sin identificación en el baño en la escuela.

4. Cuando sales de un estacionamiento dañas *(damage)* el auto de otra persona, pero no hay testigos.

5. No te gusta tu trabajo de verano pero recibes un buen sueldo.

6. Vas a vivir con tu abuela durante el verano en un pueblito muy remoto que no tiene Internet.

2.24 **Avancemos** Con un compañero túrnense para explicar lo que pasó en las siguientes escenas. Usen el pretérito y el imperfecto para narrar. Después usen el condicional para hacer conjeturas sobre cómo se sentirían las personas.

Antes de ver

El Parque Nacional Madidi en Bolivia es un paraíso lleno de pájaros, insectos, reptiles y "cerdos" asesinos. Los fotógrafos van a Madidi para captar las imágenes de algunos de los habitantes más bellos y se necesita mucha paciencia para sacar las fotos, pero vale la pena *(it is worth it)*.

2.25 **¿Ya sabes?**

1. Bolivia está en _____.
   - ☐ El Caribe
   - ☐ Sudamérica
   - ☐ Centroamérica
   - ☐ Norteamérica

2. ¿Cierto o falso?
   - **a.** Bolivia tiene dos capitales
   - **b.** Hay selvas tropicales en Bolivia.

3. ¿Qué tradición, imagen o persona asocias con Bolivia?

2.26 **Estrategia**

When watching a video in Spanish, it may sound very fast. Just remember that you don't have to understand everything and that you have the opportunity to replay. The first time you view the segment, listen for the general idea. The second time, listen for details. Based on the above introduction, guess what the segment is going to be about.

Al ver

2.27 **Escoge** Mira el video y escoge la respuesta correcta.

1. Parte del Parque Nacional Madidi en Bolivia es _____.
   a. una playa desierta   **b.** un bosque   **c.** una selva tropical
2. El Parque Nacional Madidi es del tamaño de _____.
   a. Nueva York   **b.** Nueva Jersey   **c.** Nueva Orleáns
3. Rosa María Ruiz se dedica a _____ del Parque Madidi.
   a. la protección   **b.** la dirección   **c.** la fotografía
4. A Joel le encanta fotografiar a _____.
   a. los insectos   **b.** los guacamayos   **c.** los reptiles

2.28 **Escribe** Completa las oraciones con las palabras correctas.

1. Madidi solo se puede ver en bote o _____.
2. El gobierno quiere construir una _____ en Madidi.
3. Rosa María Ruiz espera que con la fotografía de Joel la gente del mundo sienta una _____ emocional con Madidi.
4. Cuando llegan a la cima para fotografiar a los guacamayos, hay mucha _____.

Después de ver

2.29 **Expansión**

Paso 1 Mira la sección sobre Bolivia en **Exploraciones del mundo hispano** y lee **Investiga en Internet**. Escoge uno de los temas que te interese.

Paso 2 Busca información en Internet. Debes usar dos o tres fuentes.

Paso 3 Usando la información que encontraste en Internet, escribe un resumen de 3-5 oraciones en español. Comparte la información con tus compañeros.

Vocabulario útil

chévere *cool, awesome*
la cima *top, summit*
la conexión *connection*
darse por vencido *to give up*
empapado(a) de sudor *soaking with sweat*
matar *to kill*
la niebla *fog*
plano(a) *flat*
la presa *dam*
el tamaño *size*

Exploraciones gramaticales

A analizar ▶

Salvador intenta predecir *(predict)* cómo será su trabajo en el futuro. Después de ver el video, lee el párrafo y observa los verbos en negrita. Luego contesta las preguntas que siguen.

Para el año 2025, ¿cómo habrá cambiado tu trabajo?

Considerando que hay muchos cambios tecnológicos, yo creo que en mi trabajo **habremos hecho** todo más eficiente. Por ejemplo, pienso que habremos utilizado mucha nueva tecnología para modernizar las operaciones. Para el año 2025 yo ya **habré aprendido** a utilizar nuevos programas informáticos, especialmente en mi área, que es la economía. Es importante tomar en cuenta que para el 2025 el campo de la economía también **habrá cambiado** mucho.

—Salvador, España

1. Is Salvador referring to the past, present or future? When will these actions take place?

2. How is this form constructed?

A comprobar

El futuro perfecto y el condicional perfecto

Perfect tenses are used to communicate that an action has occurred or begun prior to a particular point in time that the speaker mentions. You will recall that each perfect tense consists of the verb **haber** (conjugated in different tenses) and a past participle, and that the past participle does not agree in number or gender with the subject because it is functioning as a verb, not as an adjective. To review the past participles, see **A perfeccionar** in **Capítulo 1**.

1. The future perfect is used to express an action that will be completed prior to a specific point in time in the future. The verb **haber** is conjugated in the simple future.

yo	habré	
tú	habrás	
él, ella, usted	habrá	+ participle
nosotros(as)	habremos	
vosotros(as)	habréis	
ellos, ellas, ustedes	habrán	

Cuando se jubile, mi padre **habrá trabajado** por 20 años en la compañía.
*When he retires, my father **will have worked** in the company for 20 years.*

Para el año 2025 **habrán eliminado** algunos trabajos.
*By the year 2025 they **will have eliminated** some jobs.*

2. The conditional perfect expresses actions that would have been completed prior to a point in time in the past had circumstances been different. The verb **haber** is conjugated in the conditional.

yo	habría	
tú	habrías	
él, ella, usted	habría	+ participle
nosotros(as)	habríamos	
vosotros(as)	habríais	
ellos, ellas, ustedes	habrían	

Habríamos depositado el cheque, pero no tuvimos tiempo para ir al banco.
*We **would have deposited** the check, but we didn't have time to go to the bank.*

Mi hermana gastó todo su dinero; yo lo **habría ahorrado**.
*My sister spent all her money; I **would have saved** it.*

3. Just as the simple future and the conditional can be used to express probability, so can the future and conditional perfect.

> ¿Qué **habrá dicho** para que su jefe reaccionara así?
> *What **do you suppose he said** for his boss to react that way?*

> **Habrían hecho** todo lo posible para evitar la bancarrota.
> ***They must have done** everything possible to avoid bankruptcy.*

A practicar

2.30 **La jubilación** Leonardo va a jubilarse este año. Mira la gráfica y decide si las oraciones son ciertas o falsas.

Antes de que se jubile...

1. Leonardo y su esposa habrán terminado de pagar su casa.
2. su hija se habrá graduado.
3. su esposa se habrá jubilado.
4. su hija se habrá casado.
5. habrá recibido su bono.

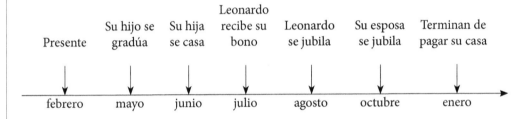

Presente	Su hijo se gradúa	Su hija se casa	Leonardo recibe su bono	Leonardo se jubila	Su esposa se jubila	Terminan de pagar su casa
febrero	mayo	junio	julio	agosto	octubre	enero

2.31 **En el futuro** Con un compañero hablen de lo que habrán hecho antes de los eventos indicados. Piensen en varios aspectos de su vida: la educación, el trabajo y lo personal.

Modelo casarse

> Estudiante 1: *¿Qué habrás hecho antes de casarte?*
> Estudiante 2: *Habré terminado mis estudios y habré conocido a la persona perfecta. ¿Y tú?*
> Estudiante 1: *Habré encontrado un trabajo y habré comprado una casa.*

1. acostarse esta noche
2. venir a la próxima clase de español
3. terminar el año
4. graduarse
5. ir de vacaciones
6. buscar un trabajo
7. conseguir un auto
8. cumplir veinte años

Antes de casarme habré viajado a Santiago de Chile.

2.32 **Para el año 2050** Habla con un compañero sobre los cambios que piensas que habrán ocurrido antes del año 2050.

Modelo   en el medio ambiente

Estudiante 1: *Para el año 2050 creo que habremos destruido mucha de la naturaleza.*
Estudiante 2: *Yo creo que para el año 2050 habremos encontrado nuevas soluciones para el problema de la energía.*

1. en tu vida personal
2. en el mundo del trabajo
3. en la tecnología
4. en la educación
5. en las ciencias
6. en las relaciones internacionales

2.33 **Excusas** Imagina que no cumpliste con algunas de tus obligaciones en el trabajo y tu jefe te pregunta por qué. Con un compañero túrnense para hacer el papel del empleado y explicar por qué no cumpliste con ellas. Usen el perfecto del condicional como en el modelo.

Modelo   ¿Por qué no llegó (usted) a tiempo? (haber mucho tráfico)

Estudiante 1: *¿Por qué no llegó a tiempo?*
Estudiante 2: *Habría llegado a tiempo, pero hubo mucho tráfico esta mañana.*

1. ¿Por qué no depositó el cheque? (perderlo)
2. ¿Por qué no llamó al cliente? (no poder encontrar su número de teléfono)
3. ¿Por qué no escribió el reporte? (no tener toda la información)
4. ¿Por qué no fue a la reunión? (estar enfermo)
5. ¿Por qué no hizo la presentación? (llegar tarde a la conferencia)
6. ¿Por qué no trabajó horas extras ayer? (tener una cita con mi médico)
7. ¿Por qué no despidió al señor Jiménez? (sentirse mal por él)
8. ¿Por qué no volvió a la oficina después del almuerzo ayer? (tener un accidente)

2.34 **A suponer** Usando el perfecto del condicional explica lo que crees que pasó en las diferentes situaciones laborales.

Modelo   *El jefe de Bruno le regañó (scolded).*
No habría hecho su trabajo.

1. Daniel no llegó al trabajo ayer.
2. Victoria recibió un bono del jefe.
3. Marcela despidió a su secretaria.
4. Francisco y Marisol no terminaron el proyecto.
5. Alicia renunció.
6. Adrián y Laura trabajaron horas extra la semana pasada.
7. Ronaldo aceptó un nuevo trabajo.
8. Florencia no recibió su cheque el viernes.

Ronaldo aceptó un nuevo trabajo.

2.35 Avancemos Con un compañero describan lo que pasó en los dibujos. Después comenten lo que habrían hecho ustedes en la misma situación.

Antes de leer

¿Qué puede hacer una persona que necesita dinero urgentemente? Haz una lista de tres ideas diferentes. ¿Cuáles son las ventajas y las desventajas de estas tres soluciones?

A leer

El Nacional Monte de Piedad

Hay muchas circunstancias que pueden hacer que una persona necesite dinero que no tiene **disponible** inmediatamente. Por ejemplo, puede perder su trabajo, tener un **gasto** inesperado, o tener un accidente.

available

expense

En 1775 se abrió en México una institución para ayudar a personas en esta situación: es el Nacional Monte de Piedad (NMP).

El Nacional Monte de Piedad fue creado para ayudar a las personas con necesidades económicas.

El fundador de la institución fue el Conde de Santa María de Regla, don Pedro Romero de Terreros. **En la actualidad** es la institución de **préstamo prendario** más grande de Latinoamérica.

Nowadays
pawn broking

Desde su fundación, su objetivo ha sido ayudar a personas que necesitan dinero. Las personas traen un objeto de su propiedad y el Nacional Monte de Piedad les da dinero en efectivo. Le regresan el objeto a su dueño después de que este ha pagado en **abonos mensuales** la cantidad prestada.

monthly payments

Por ejemplo, una persona trae una **joya** de su familia. Después de valuarla, un trabajador del Monte de Piedad le ofrece una cantidad, por ejemplo, mil pesos. La persona recibe el dinero y un plan para pagar. En este ejemplo podría pagar 50 pesos por mes hasta cubrir el préstamo original y una **tasa** de interés del 4%. Si una persona no puede pagar, el objeto pasa a ser propiedad del Monte de Piedad. El Monte de Piedad

piece of jewelry

rate

organiza **subastas** para vender estos objetos y conseguir dinero que *auctions*
vuelve a usarse para dar otros préstamos. Estas subastas son un lugar
popular para comprar joyas a precios muy accesibles.

Hoy en día, en una sociedad moderna y con muchas otras opciones
para conseguir préstamos, el Nacional Monte de Piedad continúa siendo
una institución importante. **En promedio** hace 9 millones de contratos *On average*
anuales y presta aproximadamente 11 mil millones de pesos al año. El
Monte de Piedad tiene 150 **sucursales** en todo México, y se calcula que *branches*
ayuda aproximadamente a 7 millones de familias cada año. La mayoría de
los clientes **empeñan** joyas y relojes, y el 95% de las personas que empeña *pawn*
prendas las recupera.

Los siguientes son algunos otros datos curiosos sobre el Monte de
Piedad:

- Algunas de sus sucursales aceptan tarjetas de crédito.
- Un objeto puede considerarse como **antigüedad** si tiene más de *antique*
  cien años.
- Entre los artículos que no se pueden empeñar figuran armas, arte
  sacro y teléfonos celulares.

El Nacional Monte de Piedad se ha adaptado a los nuevos tiempos y
es una **fuente** de trabajo para muchas personas. Además ha participado *source*
en campañas sociales como **dotar** de equipo de cómputo a las escuelas. *provide*

Comprensión

1. ¿Cuál es el objetivo del Nacional Monte de Piedad?
2. ¿Qué debe hacer una persona para recuperar el objeto que empeñó?
3. ¿Qué hace el Nacional Monte de Piedad con los objetos que no recuperan sus propietarios
   (owners)?
4. ¿Cuáles son los artículos que no se pueden empeñar?

Después de leer

1. ¿Existe alguna institución parecida al Nacional Monte de Piedad en tu comunidad?
2. ¿Comprarías objetos de NMP? ¿Por qué?

2.36 La meta Gilberto quiere comprar su primer coche, pero necesita conseguir el dinero para pagarlo. Completa sus afirmaciones con el futuro del verbo entre paréntesis.

1. (Yo) _____ (buscar) un trabajo para los fines de semana.
2. Mi madre me _____ (ayudar) con el depósito.
3. (Yo) no _____ (gastar) el dinero que tengo; lo _____ (poner) en mi cuenta de ahorros.
4. (Yo) _____ (poder) buscar trabajos pequeños en mi colonia (*neighborhood*).
5. Mis amigos y yo no _____ (salir) al cine los fines de semana; _____ (quedarse) en mi casa para ver películas.
6. Mis abuelos me _____ (dar) un cheque para mi cumpleaños en vez de (*instead of*) un regalo.

2.37 En su lugar Lee lo que hicieron las siguientes personas y explica lo que habrías hecho en su lugar.

Modelo Rafael no recibió un aumento porque nunca trabajó horas extras.

Yo habría trabajado horas extras. / Yo no habría trabajado horas extras tampoco.

1. El señor Martínez despidió a Mario porque siempre llegaba tarde al trabajo.
2. Marcela no pudo salir durante el fin de semana porque gastó todo su dinero durante la semana.
3. Inés recibió un cheque de $100 para su cumpleaños y lo depositó en el banco.
4. Mercedes fue de compras y compró todo con su tarjeta porque no tenía efectivo.
5. Jacobo escribió un cheque aunque sabía que no tenía dinero en su cuenta.
6. Leonora pidió prestado dinero de su amigo David y nunca se lo pagó.

2.38 ¿Qué habrán hecho? Contesta las siguientes preguntas. Usa el futuro perfecto.

1. ¿Qué habrás hecho antes de tu próximo cumpleaños?
2. ¿Qué habrán hecho tus compañeros y tú en la clase de español antes del final del semestre?
3. ¿Qué habrá hecho tu maestro antes del final del año escolar?
4. ¿Qué habrán hecho tus amigos y tú antes de graduarse?
5. ¿Qué habrás hecho antes de comenzar a trabajar?
6. ¿Qué habrán hecho tus padres antes de jubilarse?

2.39 Tabú Con un compañero túrnense para describir una de las siguientes palabras. Tu compañero va a determinar cuál es la palabra que se describe.

el billete	la caja	el cajero automático	el cliente	el desempleo
el depósito	el efectivo	el empleado	el gerente	hacer cola
jubilarse	el préstamo	renunciar	el sueldo	la tarjeta de crédito

2.40 Imaginemos ¿Qué harías si tu vida fuera diferente? Con un compañero hablen sobre lo que harían en las siguientes situaciones. Expliquen sus respuestas.

Modelo   Eres rico.

> Estudiante 1: *Tendría un apartamento en el Parque Central de Nueva York porque me encanta la ciudad. ¿Qué harías tú?*
> Estudiante 2: *Conduciría un Ferrari porque es un coche fantástico y es rápido.*

1. Eres un personaje en un libro o una película.
2. Puedes viajar en el tiempo.
3. Eres del sexo opuesto *(opposite).*
4. Vives en otro país.
5. Puedes convertirte en *(turn into)* un animal.
6. Estás en una isla desierta.
7. Eres presidente.
8. Puedes hacerte invisible.

2.41 El presupuesto Con un compañero hablen sobre lo que harían para recortar *(to cut)* su presupuesto *(budget).*

Paso 1 El costo de la vida es caro y todos tenemos gastos que son esenciales y otros que son lujos *(luxuries)* que nos damos. Habla con tu compañero sobre lo que consideran los gastos esenciales y hagan una lista.

Paso 2 Imagina que tu compañero y tú van a compartir un apartamento cuando vayan a la universidad. Necesitan cortar $350 del presupuesto. ¿Cómo lo harías? Antes de hablar con tu compañero toma un minuto para decidir cómo reducirías tus gastos.

Gastos por mes

el alquiler *(rent)* ($650)	la ropa ($50)
la comida ($200)	salir con amigos ($200)
comer en restaurantes ($140)	el seguro *(insurance)* del coche ($65)
el corte de pelo ($20)	el servicio del teléfono celular ($60)
la gasolina ($125)	la conexión a Internet ($50)
la luz y el agua ($35)	la televisión por satélite ($30)

Paso 3 Compara tus preferencias con las de tu compañero y expliquen sus selecciones. ¿En qué coinciden y en qué se diferencian? Lleguen a un acuerdo sobre los cortes que van a hacer. Hagan un resumen y preséntenle sus resultados a la clase.

Entrando en materia

1. ¿Cómo crees que los trabajos han cambiado en las últimas décadas? ¿Crees que seguirán cambiando de la misma manera?

2. En **A perfeccionar** en la página 44 Salvador habló de cómo cambiarán los trabajos en el futuro. ¿Qué cambios ocurrirán según Salvador?

¿Cómo serán los trabajos del futuro?

Escucha los comentarios de Lucía sobre los trabajos del futuro y toma apuntes sobre lo que dice. Después compártelos con un compañero.

En tu opinión, ¿tiene el teletrabajo (*telecommuting*) más ventajas o desventajas?

Comprensión

1. Según Lucía, ¿cómo afectará el horario de trabajo?

2. ¿Qué otras áreas del trabajo cambiarán?

3. ¿Qué opinas sobre los trabajos en el futuro? ¿Estás de acuerdo con Lucía?

Más allá

Entrevista a un familiar o persona mayor sobre cómo ha cambiado el trabajo a lo largo de su vida. Después haz un breve resumen y repórtale los resultados a la clase.

En el trabajo

el bono	*bonus*
el cheque	*check*
el (la) cliente	*client*
el contrato	*contract*
el curriculum vitae	*resumé*
el desempleo	*unemployment*
el (la) empleado(a)	*employee*
la empresa	*company*
el (la) gerente	*manager*
la jubilación	*retirement*
los negocios	*business*
el puesto	*position, job*
la solicitud de trabajo	*job application*
el sueldo	*salary*
el trabajo de tiempo completo	*full-time job*
el trabajo de tiempo parcial	*part-time job*

Las finanzas

el billete	*bill (money)*
la bolsa (de valores)	*stock market*
la caja	*service window*
el cajero	*cashier*
el cajero automático	*ATM*
el cambio de moneda extranjera	*foreign currency exchange*
la cuenta	*bill (statement showing amount owed)*
la cuenta corriente	*checking account*
la cuenta de ahorros	*savings account*
el depósito	*deposit*
el dinero	*money*
las ganancias	*earnings*
la moneda	*coin*
el pago	*payment*
por ciento	*percent*
el porcentaje	*percentage*
el préstamo	*loan*
el recibo	*receipt*
la tarjeta de débito	*debit card*

Verbos

cargar	*to charge (to a credit/ debit card)*
cobrar	*to charge (for merchandise, for work, a fee, etc.)*
contratar	*to hire*
depositar	*to deposit*
despedir (i)	*to fire*
firmar	*to sign*
hacer fila / cola	*to form a line*
invertir (ie)	*to invest*
jubilarse	*to retire*
renunciar	*to quit*
retirar fondos	*to withdraw funds*
solicitar	*to apply, to request*

STF/Getty Images

Pablo Neruda

Biografía
Pablo Neruda (1904–1973), chileno, fue poeta, diplomático y activista político. Escribió más de 35 libros de poesía, incluído *Veinte poemas de amor y una canción desesperada*, el cual se publicó cuando Neruda tenía solo diecinueve años. Conocido como "el poeta del pueblo chileno", ganó el Premio Nobel de Literatura en 1971.

Investiguemos la literatura: El símil

A simile shows the similarity between two things. It makes a direct comparison using the words *like* or *as* (**como**).

Antes de leer

 Con un compañero comenten las siguientes preguntas.

1. El poema que se presenta en este capítulo se llama "La pobreza". En los Estados Unidos, ¿se puede clasificar a las personas como "pobres" o "ricas"?
2. ¿Cómo se puede identificar la pobreza?

La pobreza

Lisa S./Shutterstock.com

1   Ay, no quieres,
  te asusta
  la pobreza,
  no quieres
5   ir con zapatos rotos al mercado
  y volver con el viejo vestido.

  Amor, no amamos,
  como quieren los ricos,

poverty   **la miseria.** Nosotros
we will extract   10   la **extirparemos** como diente maligno
has bitten   que hasta ahora **ha mordido** el corazón
  del hombre.

  Pero no quiero
fear   que la **temas.**
residence   15   Si llega por mi culpa a tu **morada,**...
gets rid of   si la pobreza **expulsa**
  tus zapatos dorados,
laugh   que no expulse tu **risa** que es el pan de mi vida.

  Si no puedes pagar el alquiler
step   20   sal al trabajo con **paso** orgulloso,
  y piensa, amor, que yo te estoy mirando
  y somos juntos la mayor riqueza
  que jamás se reunió sobre la tierra.

Después de leer

A. Comprensión

1. ¿Cuántos versos tiene el poema? ¿Cuántas estrofas?

2. Recuerda que la voz poética es "la persona que habla" en un poema. ¿Quién es la voz poética en este poema? ¿Es hombre o mujer? ¿A quién se dirige? ¿Qué relación existe entre las dos personas?

3. En las estrofas 1 y 2, ¿quién tiene miedo? ¿Por qué tiene miedo de ser pobre?

4. En la estrofa 2 hay un símil. ¿Con qué se compara la pobreza?

5. Vuelve a leer la estrofa 4. ¿Qué acciones se recomienda hacer si uno es pobre?

6. ¿Cómo son diferentes las dos personas en cuanto a su actitud hacia la pobreza?

B. Conversemos

1. En tu opinión, ¿cuál es el mensaje del poeta? ¿Estás de acuerdo con él?

2. ¿Qué palabras o frases son más efectivas para comunicar diferentes aspectos de su mensaje?

3. ¿Se pueden aplicar estas ideas acerca de la pobreza a otras dificultades en la vida? Explica.

cowardlion/Shutterstock.com

CAPÍTULO 3

Estrategia para avanzar

Language students experience what is known as linguistic breakdown, which is when a speaker is unable to fully express his or her thoughts. Breakdown can occur in any situation, but it makes discussion of abstract concepts especially difficult. However, there are strategies you can employ to express complex ideas, even when your vocabulary or grammar is limited. For example, if you don't know how to say strenuous, you might use the word **difícil**. It is also helpful to paraphrase and define concepts you don't know the term for.

In this chapter you will learn how to:

- Compare and contrast rural and urban life
- Discuss hypothetical situations

El campo y la ciudad

Una calle en el centro histórico de Santo Domingo

Aunque las tortugas marinas sobrevivieron a cataclismos *(natural catastrophes)*, a la edad de hielo y a otros eventos dramáticos por más de 100 millones de años, ahora los seres humanos están a punto de extinguirlas. Afortunadamente hay esfuerzos de conservación en países como la República Dominicana y Nicaragua. Desde el año 2002 José Urteaga ha dirigido los esfuerzos de la organización Flora y Fauna Internacional para la conservación de varias especies de tortugas marinas, en particular de la tortuga Carey y de la Baula, la especie de tortuga marina más grande que existe.

Vocabulario útil

la campaña   *campaign*
el esfuerzo   *effort*
las fuentes de ingresos   *income sources*
la hembra   *female*
la tortuga Baula   *leatherback turtle*

En su primera visita a escuelas en la costa de Nicaragua, el biólogo José Urteaga les preguntó a los niños si habían visto tortugas marinas. En respuesta, unos cinco niños (de un total de 50) levantaron la mano. Urteaga les preguntó entonces si habían comido los huevos de las tortugas. Casi todos los niños levantaron la mano. En los últimos quince años la población de tortugas marinas en la costa de Nicaragua ha disminuido un 90%. Existen siete especies de tortugas marinas en el mundo y todas están en peligro de extinción. De estas siete especies, cinco hacen sus nidos (nests) en las costas de Nicaragua.

Para Urteaga es evidente que para salvar a las tortugas se debe involucrar a la población local. En una región en donde muchas personas tienen que vivir con menos de un dólar al día, los ingresos extras que producen los huevos son demasiado tentadores (tempting). Por eso no se puede resolver el problema mirando solamente la perspectiva de las tortugas, también hay que entender la perspectiva de la gente. Urteaga y su equipo protegen los huevos de las tortugas, pero también ayudan a la comunidad a conseguir fuentes de ingresos adicionales. Los esfuerzos de conservación pueden traer empleos y prosperidad a las mismas personas que las están poniendo en peligro. Por ejemplo, en las playas de Nicaragua encontramos ahora a mujeres tejiendo bolsas con plástico reciclado para vendérselas a los turistas. Urteaga también ha sido instrumental para lograr la creación de una red de criaderos (network of breeding grounds) de tortugas que emplean a miembros de la comunidad. Su equipo preparó una campaña para educar a la gente y disminuir la demanda de huevos de tortuga. Estos programas, basados en la interacción con las personas, han sido muy exitosos.

Sources: https://ecoindex.wordpress.com/2010/08/01/interview-with-jose-urteaga-marine-biologist-fauna-and-flora-international/
http://www.hispanicallyspeakingnews.com/latino-entertainment/details/named-emerging-explorer-by-national-geographic/353/

José Urteaga quedó fascinado con las tortugas marinas desde la primera vez que las vio, cuando era niño en Nicaragua. Estudió en la Universidad Nacional de Mar del Plata, en Argentina, y ahora es estudiante de doctorado en biología en la Universidad de Stanford. Para Urteaga, los tres grandes retos del programa de conservación incluyen conseguir el apoyo de las instituciones involucradas (involved) en la conservación, crear alternativas económicas para las comunidades y recaudar fondos (fundraising) para realizar estos proyectos.

EN SUS PALABRAS

"No trabajo solo con tortugas, trabajo con personas. Las tortugas marinas han estado aquí desde tiempos ancestrales. El problema somos nosotros."

3.1 **Comprensión**

1. ¿Cómo se llaman las especies de tortuga que José Urteaga trata de proteger?
2. ¿Cuántas especies de tortugas marinas hay?
3. ¿Por qué piensa Urteaga que es necesario involucrar a la comunidad?
4. ¿Cuáles son dos resultados positivos que se ven en Nicaragua gracias a los esfuerzos de Urteaga y de Flora y Fauna Internacional?

3.2 **A profundizar** Parte de la estrategia para salvar a las tortugas es una campaña publicitaria. Busca información sobre esta campaña usando las palabras claves "ya no como huevos de tortuga" o "tortugas nicas" (tortugas de Nicaragua). ¿Qué materiales se hicieron para educar a las personas?

3.3 **¡A explorar más!** Investiga en Internet en qué países hay proyectos para proteger a las tortugas Baulas, además de la República Dominicana y Nicaragua.

¿Qué prefieres: el campo o la ciudad? ¿Por qué?

El campo

la agricultura agriculture
la carencia lack, shortage, scarcity
el cultivo crop
la ganadería cattle raising
el ganado cattle
la granja farm
el huerto vegetable garden, orchard
la pesca fishing
la población population
el pueblo town
el rancho small farm, ranch

La ciudad

las afueras outskirts
la aglomeración crowd
el asfalto asphalt
el barrio district, neighborhood
la colonia residential subdivision
el crimen crime

el embotellamiento traffic jam
la fábrica factory
la fuente fountain
la gente people
la mano de obra work force
el monumento monument
el quiosco kiosk, stand
el rascacielos skyscraper
el ruido noise
el sistema de transporte
  público public transportation system
el tráfico traffic
la urbanización urbanization, housing
  development
el (la) vecino(a) neighbor

Verbos

ahuyentar to scare away
atraer to attract
cosechar to harvest

cultivar to cultivate
habitar to inhabit
sembrar (ie) to sow
urbanizar to develop, to urbanize

Adjetivos

arriesgado(a) risky
callejero(a) from the streets,
  stray
cercano(a) near
cosmopolita cosmopolitan
hermoso(a) beautiful
hispanohablante Spanish-speaking
pintoresco(a) picturesque
rural rural
tranquilo(a) calm, peaceful, quiet
urbano(a) urban

INVESTIGUEMOS EL VOCABULARIO

Throughout the Spanish-speaking world, there are numerous words used to talk about farms, in addition to **la granja.** However, there are slight variations in the meanings and connotations of these words. The term **la hacienda** is used in Mexico. Historically **haciendas** were extremely large farming properties, and although nowadays they can be smaller, the connotation of wealth remains attached to the word. **La finca** is also commonly used to refer to a property in the countryside used for farming, but not of the great proportions of **la hacienda.** **El rancho** is commonly used to refer to a place where cattle are raised; however, in Argentina and Uruguay, it is referred to as **la estancia.** Nowadays, many **estancias** are also used for lodging and often combine agriculture with raising cattle. Finally, **la quinta** refers to a property in the countryside that is used only for recreational purposes.

A practicar

3.4 🔊 **Escucha y responde** Observa las ilustraciones y responde las preguntas.

1. ...   2. ...   3. ...   4. ...

3.5 **¿Lógico?** Lee con atención las ideas y decide si son lógicas. Si la idea es ilógica, corrígela.

1. En las granjas hay quioscos.
2. La agricultura es una actividad importante del campo.
3. Las aglomeraciones en las ciudades causan embotellamientos.
4. En una ciudad cosmopolita se cultiva la mano de obra.
5. El asfalto se usa en los huertos.
6. Generalmente la población de un pueblo es mayor que la de una ciudad.
7. Los rascacielos se encuentran en el campo.
8. La carencia de perros callejeros es un problema de muchos barrios.

Expandamos el vocabulario

The following words are listed in the vocabulary. They are nouns, verbs, or adjectives. Complete the table using the roots of the words to convert them to the different categories.

Verbo	Sustantivo	Adjetivo
cultivar		
	urbe/urbanización	
		pescado
	abandono	
habitar		

3.6 **Ideas incompletas** Con un compañero túrnense para completar las siguientes ideas con sus opiniones personales.

1. (No) Me (gusta / encanta) el campo porque...
2. (No) Me (gusta / encanta) la ciudad porque...
3. De la ciudad me (molesta / preocupa)...
4. Del campo me (sorprende / preocupa) que...
5. El mayor problema (del campo / de la ciudad) es...
6. Lo que más me gusta (del campo / de la ciudad) es que...

En Cartagena, Colombia, hay historia en cada esquina.

rochariberio/Shutterstock.com

3.7 **Relaciones** Túrnense para explicar la relación entre cada pareja de palabras.

1. barrio   pueblo
2. rural   urbano
3. cosmopolita   local
4. atraer   ahuyentar
5. el transporte público   el tráfico
6. el centro   las afueras

INVESTIGUEMOS EL VOCABULARIO

There are many variations in words that refer to different types of transportation. Here are some of the most common ones:

car: **el auto, el coche** (Spain), **el carro** (Mexico, Central America, Andes, Caribbean)

subway: **el subterráneo** (Argentina, Uruguay), **el subte** (Argentina, short for **subterráneo**), **el metro** (Chile, Colombia, Spain, Mexico), **el tren ligero**

bus: **el autobús, el colectivo** (Argentina, Colombia), **el micro** (Chile), **el camión** (Mexico), **la guagua** (Caribbean)

taxi: **el taxi, el remis** (Argentina)

streetcar: **el tranvía, el tram** (México)

In addition, in Mexico **el pesero** or **el combi** refers to a car or van used like a taxi.

3.8 **La comunidad desde tu perspectiva** En parejas observen las ilustraciones de la página 72 y contesten las preguntas. Expliquen sus respuestas con mucho detalle.

1. ¿Cuál de las escenas se parece más al lugar en donde vives? ¿Cuál prefieres y por qué?
2. ¿Cuáles son las ventajas o las desventajas de vivir en una comunidad como la de la segunda ilustración? ¿Y cuáles son las ventajas o las desventajas de vivir en una ciudad como la de la cuarta ilustración?
3. En tu opinión, ¿cómo es el carácter de las personas que viven en cada comunidad? ¿Piensas que cada comunidad atrae a personas diferentes? Explica.

3.9 **Ideas para explorar** En grupos túrnense para responder las preguntas.

1. ¿Cómo se relacionan el campo y la ciudad? ¿Depende una de la otra? Explica.
2. En tu opinión, ¿qué es más difícil: que una persona del campo se adapte a una gran ciudad, o que una persona de una gran ciudad se adapte al campo? Explica.
3. ¿Sería mejor el medio ambiente si todos viviéramos en el campo? ¿Por qué?
4. ¿Cuáles son las diferencias entre la cultura urbana y la rural?
5. ¿Por qué piensas que ha habido mucha migración del campo hacia las ciudades?
6. ¿Dónde crees que sea más arriesgado vivir: en el campo o en la ciudad? ¿Por qué?
7. En tu opinión, ¿es mejor vivir en el centro de una ciudad o en las afueras?
8. ¿Qué diferencia hay en la alimentación de las personas que viven en el campo y las que viven en las ciudades?

3.10 **¿Cómo se hace?** Habla con un compañero sobre cómo se hace cada una de las siguientes actividades en un pueblo pequeño y en una gran ciudad.

1. reciclar
2. comer
3. divertirse con los amigos
4. buscar trabajo
5. comprar ropa
6. hacer una fiesta

3.11 **Citas** Habla con un compañero. ¿Están de acuerdo con las siguientes citas sobre las ciudades? Expliquen sus opiniones.

- Ciudad grande, soledad *(loneliness)* grande. (Estrabón de Amasia, historiador griego, circa 64 a.C.–24 d.C.)
- Dios hizo el campo, y el hombre la ciudad. (William Cowper, poeta inglés, 1731–1800)
- El verdadero objeto de la gran ciudad es hacernos desear el campo. (Eduardo Marquina, escritor catalán, 1879–1946)

3.12 **Un día en la vida de...** Elige una de las fotos y trabaja con un compañero para describir el día típico de una de las personas. Usa el vocabulario de este capítulo. Después compartan su descripción con la clase.

Modelo *Vivo en una ciudad grande y trabajo muy duro todos los días. Necesito dos horas para llegar a mi trabajo porque siempre hay mucho tráfico. Debería usar el transporte público, pero hay demasiada gente y no me gustan las aglomeraciones...*

INVESTIGUEMOS LA MÚSICA:

"Del campo a la ciudad" del grupo Exterminador narra las experiencias de alguien que se muda del campo a la ciudad. Busca la canción en Internet y escúchala. ¿Cuáles son las ventajas *(advantages)* y desventajas de la vida en cada lugar según la canción?

A perfeccionar

A analizar ▶

Salvador compara las zonas rurales en España con las urbanas. Después de ver el video, lee el párrafo y observa las frases en negrita. Luego contesta las preguntas que siguen.

> ### ¿Cómo son diferentes las zonas rurales de las urbanas en España?
>
> Bueno, voy a comparar la ciudad de Málaga, que es una ciudad grande que tiene más de medio millón de habitantes, y las zonas rurales que están como a unos cuarenta kilómetros de Málaga. Lo primero que hay que decir es que hoy en día el campo está **tan conectado como** la ciudad. Hay conexiones de Internet, de cable, de teléfono móvil, etcétera. El campo es **más tranquilo que** la ciudad, hay **menos estrés que** en la ciudad. En la ciudad hay **más facilidades** y **más entretenimientos que** en el campo. En el campo hay **más vida natural**, hay **más cercanía a la naturaleza que** en la ciudad. Si yo tuviera dinero, viviría en el campo porque las conexiones de carretera son buenas y hay **tantas conexiones a Internet, teléfono y televisión como** en la ciudad.
>
> —Salvador, España

1. What aspects of city life and country life does Salvador compare?
2. What expressions does he use to express differences? What expressions does he use to express similarities?
3. What type of word (noun, adjective, verb, etc.) follows **tan**? What type of word follows **tantas**? Why is **tantas** feminine and plural? What is the masculine singular form?

A comprobar

Comparaciones

1. Comparisons of equality

   a. The following construction is used to compare two people or things that have equal qualities.

   > **tan** *(as)* + adjective/adverb + **como** *(as)*

   Puebla es **tan bonita como** Antigua.
   *Puebla is **as pretty as** Antigua.*

   La avenida de la Independencia no se ha conservado **tan bien como** la calle Bolívar.
   *Independence Avenue has not been preserved **as well as** Bolivar Street.*

   b. The following construction is used to compare two people or things of equal quantity.

   > **tanto(s)** *(as much, many)*
   > **tanta(s)**   + noun + **como** *(as)*

   Esta ciudad ofrece **tantas oportunidades como** aquella.
   *This city offers **as many opportunities as** that one.*

   Él encontró hoy **tanto tráfico como** ayer.
   *Today he encountered **as much traffic as** yesterday.*

   c. The following construction is used to compare equal actions.

   > verb + **tanto como**

   Quito atrae a los turistas ahora **tanto como** en el pasado.
   *Quito attracts tourists now **as much as** in the past.*

2. Comparisons of inequality

   a. The following constructions are used to compare two people or things that have unequal qualities.

   > **más** *(more)*
   > **menos** *(less)* + adjective/noun/adverb + **que** *(than)*

   El campo es **más tranquilo que** la ciudad.
   *The countryside is **more peaceful than** the city.*

Esta calle tiene **menos ruido que** la otra.
*This street has **less noise than** the other.*

Lima creció **más rápido que** Cuzco.
*Lima grew **faster than** Cuzco.*

b. The following construction is used to compare unequal actions.

verb   +   **más/menos que**

Una casa en la ciudad cuesta **más que** una en el campo.
*A house in the city costs **more than** one in the countryside.*

c. The following adjectives and adverbs do not use **más** or **menos** in their comparative constructions.

bueno/bien	→	**mejor** *better*
joven	→	**menor** *younger*
malo/mal	→	**peor** *worse*
viejo (age of a person)	→	**mayor** *older*

Madrid tiene un **mejor sistema de transporte que** Valencia.
*Madrid has a **better transportation system than** Valencia.*

Manu Ginóbili es **menor que** su hermano Leandro.
*Manu Ginóbili is **younger than** his brother Leandro.*

d. When **más** or **menos** is used with numbers or quantitites, it is followed by **de** rather than **que**.

Más de ocho millones de personas viven en la Ciudad de México.
***More than** eight million people live in Mexico City.*

Menos de la mitad de los vecinos llegó a la reunión.
***Less than** half of the neighbors came to the meeting.*

3. Superlatives

a. Superlatives are used to compare more than two people or things and to indicate that a quality in one person or thing is greater than that quality in the others (in English *the most, the least, the best,* etc.). In Spanish this is expressed through the following construction.

article   (+ noun) + **más** / + adjective
(el, la, los, las)   **menos**

San Juan es **la ciudad más grande** de Puerto Rico.
*San Juan is **the largest city** in Puerto Rico.*

Este rancho es **el más productivo**.
*This ranch is **the most productive**.*

b. As with the other comparisons, when using **bueno/bien, malo/mal, joven,** and **viejo** (age), you must use the irregular constructions **mejor, peor, menor,** and **mayor**.

Este quiosco tiene **los mejores** precios.
*This kiosk has **the best** prices.*

c. The preposition **de** is used with superlatives to express *in* or *of*.

Esta ciudad es la más bonita **de** todo el país.
*This city is the prettiest **in** the whole country.*

Fueron las mejores cosechas **de** la década.
*They were the best harvests **of** the decade.*

A practicar

3.13 **¿Cierto o falso?** Lee las oraciones y decide si son ciertas o falsas.

1. Buenos Aires tiene tantos habitantes como Nueva York.
2. Madrid es más antigua que Boston.
3. San Juan es tan grande como Los Ángeles.
4. La Habana tiene menos tráfico que Miami.
5. Santo Domingo es la capital más vieja de Hispanoamérica.
6. La Ciudad de México es la ciudad más grande del mundo.

3.14 **Comparemos** Mira la escena de la granja y haz comparaciones usando las expresiones **más… que, menos… que, tan… como** y **tanto… como.** Puedes usar estos adjetivos o seleccionar otros: **activo, alto, bajo, corto, delgado, gordo, largo, limpio, perezoso, sucio, viejo.**

Modelo   *La camioneta* (truck) *azul es más bonita que la camioneta verde.*

3.15 **¿Qué opinas?** Con un compañero hablen de sus opiniones usando expresiones de comparación y los adjetivos entre paréntesis.

Modelo   atracciones turísticas (popular)
          Estudiante 1: *Disneylandia es más popular que Six Flags.*
          Estudiante 2: *Creo que la Estatua de la Libertad es más popular que el edificio Empire State.*

1. ciudades (interesante)
2. edificios (bonito)
3. autos (elegante)
4. productos (importante)

5. animales (inteligente)
6. universidades (bueno)
7. monumento (impresionante)
8. calles (malo)

3.16 **¿Cómo se comparan?** Trabaja con un compañero para hacer comparaciones entre la ciudad y el campo en las siguientes áreas.

Modelo   el tránsito
          Estudiante 1: *Hay más embotellamientos en la ciudad que en el campo.*
          Estudiante 2: *Hay menos tráfico en el campo.*

1. el estilo de vida
2. la gente
3. las casas
4. la comida

5. el trabajo
6. el entretenimiento
7. la ropa
8. ¿?

3.17 **Donde vivo yo** Con un compañero hablen sobre el lugar donde viven. Usen las palabras indicadas y el superlativo, como en el modelo.

Modelo   el parque / bonito
Estudiante 1: *El parque más bonito es el Parque Flores.*
Estudiante 2: *No estoy de acuerdo. El parque más bonito es el Parque Mill.*

1. el restaurante / malo
2. la calle / transitado *(traveled)*
3. el hotel / bonito
4. el lugar / divertido

5. el edificio / importante
6. el supermercado / cercano a la casa
7. el museo / interesante
8. la tienda / bueno

Bogotá es la ciudad más grande de Colombia.

3.18 **Avancemos** Con un compañero van a decidir cuál es el mejor lugar para vivir.

Paso 1 Haz una lista de los diferentes lugares donde se puede vivir en tu ciudad o pueblo. Considera las diferentes áreas de la ciudad o del pueblo.

Paso 2 Compara tu lista con la de un compañero y escojan los dos o tres lugares que más les gusten. Luego comparen los lugares que escogieron. Piensen en lo siguiente: el costo, la ubicación *(location)*, la seguridad *(security)*, el ambiente *(environment)*, el transporte y los servicios (restaurantes, supermercados, tiendas, gasolineras, etcétera).

Paso 3 Con tu compañero decidan cuál es la mejor opción para vivir. Compartan su decisión con la clase y expliquen por qué.

Cultura

A través de su historia, muchos artistas han tratado de reproducir o reinterpretar la belleza de la naturaleza. A partir del invento de la fotografía se multiplicaron las opciones para comunicar no solo la belleza de la naturaleza, sino también para contar historias. Graciela Iturbide es una fotógrafa mexicana destacada *(prominent)* que se dedica a contar historias de aves, de paisajes y de mujeres. Su arte se distingue por el uso de imágenes en blanco y negro.

Busca en Internet la obra de otros fotógrafos de países hispanos. En tu opinión, ¿qué quieren comunicar con sus fotografías?

Graciela Iturbide cuenta historias con sus fotografías.

Conexiones... al arte y a la arquitectura

Muchos países hispanoamericanos son reconocidos internacionalmente por la arquitectura de sus hermosas ciudades, muchas de ellas coloniales y que ahora son consideradas Patrimonio de la Humanidad por la UNESCO[1]. Como su nombre lo dice, son ciudades que se desarrollaron en la época de la Colonia Española, antes de que estos países fueran naciones independientes. El estilo es una mezcla *(mix)* de técnicas y conceptos traídos por los europeos, y de materiales, técnicas e interpretaciones de los artistas locales. A su vez, muchos conceptos de la arquitectura española habían sido influenciados por la arquitectura árabe.

En las ciudades coloniales abundan edificios y casas con grandes patios interiores, y las calles y barrios fueron diseñados con las reglas *(rules)* de la Corona española. El modelo de urbanización llamado "Modelo de Felipe II" fue uno de los más populares de la Colonia. En este plan urbano de 1573 se establece que debía haber una Plaza Mayor (o Plaza de Armas), generalmente decorada con jardines, estatuas y quioscos. De la plaza debían salir cuatro calles principales para facilitar el comercio.

Las ciudades en la costa o en otros lugares cálidos, debían contar con un embarcadero *(pier)* y sus calles debían ser angostas *(narrow)* para lograr un sombreado *(shading)* rápido. Lo contrario ocurría en las zonas muy frías, donde se construían calles amplias para maximizar la luz del sol.

¿Cómo está organizada tu ciudad? ¿Hay monumentos o edificios que consideres arte en tu comunidad o en tu campus? ¿Cuáles son? ¿Crees que sea importante conservarlos?

[1]UNESCO stands for the United Nations Educational, Scientific and Cultural Organization. Since 1972, they have officially helped all countries to identify irreplaceable sites that should be preserved for future generations because of their cultural value, uniqueness, and history.

Comparaciones

En una típica ciudad de los Estados Unidos existe un centro rodeado por suburbios en donde vive la gente. Las ciudades de este tipo son modernas en comparación a muchas de las ciudades de España y Latinoamérica, donde algunos centros urbanos han estado habitados hasta por dos mil años. Muchas ciudades fueron fundadas o modificadas durante la época colonial. Estas ciudades contaban con una Plaza de Armas rodeada por los edificios gubernamentales más importantes, como el Ayuntamiento *(town hall)*, y la iglesia más prominente. Cerca de la plaza también se encontraban otras organizaciones importantes, como hospitales, mercados y escuelas. Rodeando *(surrounding)* esta zona estaban las casas de las personas más importantes. Las casas de aquellos con menos estatus social estaban más lejos de la Plaza de Armas, creándose así anillos *(rings)* concéntricos basados en rangos *(status)* sociales decrecientes.

Plaza de Armas, Arequipa

El paso del tiempo, la llegada del automóvil y la creciente aglomeración en las ciudades trajeron cambios importantes a estos centros urbanos: Se construyeron calles más amplias, alamedas *(tree-lined avenues)* y bulevares. También aparecieron los barrios (o colonias, como se les llama en México y Centroamérica) como distritos diferentes caracterizados por sus habitantes o por su arquitectura. Debido a la evolución de estas ciudades, en ellas no se habla de suburbios, sino de barrios y colonias. La gente vive y trabaja en todas partes de una ciudad y las áreas modernas (donde se concentran trabajos y centros comerciales) no están en el centro histórico, el cual se preserva con orgullo como testimonio de la historia de la ciudad.

¿Cuáles son algunas ciudades coloniales en los Estados Unidos? ¿Qué semejanzas y qué diferencias hay entre las ciudades coloniales y las ciudades modernas?

Comunidad

Investiga en Internet una ciudad pequeña de un país hispano. ¿Es colonial? ¿Cómo está organizada la ciudad? ¿Cuál es la historia de la ciudad? Crea una presentación con fotos para compartir la información con la clase.

La vista de Santo Domingo desde la casa de Colón, en la República Dominicana

A analizar ▶

Las vacaciones en una ciudad son diferentes a las del campo. Marcos habla sobre sus vacaciones. Después de ver el video, lee el párrafo y nota las tres observaciones que hace Marcos. Luego contesta las preguntas que siguen.

¿Qué haces típicamente para las vacaciones en el verano?

Normalmente si **paso** mis vacaciones en el campo con mis abuelos, **salgo** a caminar todos los días y **tomo** fotografías del paisaje. Si mi familia **está** de vacaciones cerca del mar, **tomo** el sol, **conozco** a gente en la playa y **visito** lugares turísticos. Este verano si mi familia no viaja a la playa, **me quedaré** en casa y **leeré algunos** libros.

—Marcos, Argentina

1. What verb tense is used after the word **si**? What are the conditions that Marcos mentions?

2. What verb tense is used in the second clause (after the comma)?

3. Is Marcos discussing vacations that have happened, could happen or are not likely to happen?

A comprobar

Cláusulas *si* (actuales o posibles)

When discussing a current or habitual situation or a situation that may occur in the future, the present indicative is used in the clause with **si**. There are several options for the verb in the main clause:

subordinate clause	main clause
Si + present indicative, +	future
	present indicative
	imperative

1. the simple future or near future (**ir** + **a** + infinitive)

> Si él **quiere** vivir en la ciudad, **tendrá** más variedad de restaurantes.
> *If he **wants** to live in the city, he **will have** more variety of restaurants.*

> Si ellos **viven** en una casa, no les **va a gustar** mudarse a un apartamento.
> *If they **live** in a house, they **are** not **going to like** moving to an apartment.*

2. the present indicative

> **Puedes** ir en autobús si no **tienes** un auto.
> *You **can** go by bus if you don't **have** a car.*

> Si **hay** mucho tráfico, mi padre **prefiere** usar el metro.
> *If **there is** a lot of traffic, my father **prefers** to use the subway.*

3. the imperative

> **Múdense** al campo si **prefieren** una vida más tranquila.
> *Move to the countryside if you **prefer** a calmer life.*

> Si no te **gusta** tu barrio, **busca** uno en otra zona.
> *If you don't **like** your neighborhood, **look for** one in another area.*

Notice that the subordinate clause (**si** clause) can come at the beginning or the end of the sentence.

A practicar

3.19 **¿Dónde?** Trabaja con un compañero para escoger el final más apropiado para cada oración. Usen un poco de lógica y el proceso de eliminación.

1. Si viajo a la Ciudad de México...
2. Si viajo a Cuzco, Perú...
3. Si viajo a La Habana, Cuba...
4. Si viajo a El Sunzal, El Salvador...
5. Si viajo a Asunción, Paraguay...
6. Si viajo a Guayaquil, Ecuador...
7. Si viajo a Córdoba, Argentina...
8. Si viajo a Sevilla, España...

   a. haré surf.
   b. iré a Machu Picchu.
   c. bailaré sevillanas.
   d. aprenderé guaraní.
   e. pasaré por el Malecón.
   f. subiré a los pirámides.
   g. podré ir a las islas Galápagos.
   h. comeré buena carne.

3.20 **¿Lo harás?** Habla con un compañero sobre las siguientes situaciones con respecto al futuro. Expliquen sus respuestas.

Modelo   Si en el futuro vives en una gran ciudad... tener miedo

Estudiante 1: *Si en el futuro vives en una gran ciudad, ¿tendrás miedo?*
Estudiante 2: *No, no tendré miedo porque estoy acostumbrado a la ciudad.*

1. Si en el futuro vives en una gran ciudad...
   a. estar contento
   b. vivir en un apartamento
   c. usar el transporte público
   d. ir a los museos y teatros
2. Si en el futuro vives en el campo...
   a. comprar un rancho
   b. cultivar un huerto
   c. aburrirse
   d. tener muchos animales

Si en el futuro vivo en una gran ciudad, saldré más con mis amigas para divertirme.

logoboom/Shutterstock.com

3.21 **Un cambio** La familia de Yamilet va a mudarse del campo a la ciudad y sus amigos le quieren dar consejos. Completa los siguientes consejos usando la forma apropiada del imperativo del verbo entre paréntesis.

1. Si tu familia va a vivir en un apartamento, no (adoptar) mascotas grandes.
2. Si no quieres caminar, (usar) el transporte público.
3. Si tienes miedo de caminar sola por la calle, (tomar) una clase de defensa personal.
4. Si tienes que caminar mucho, (ponerse) zapatos cómodos.
5. Si hay mucha gente en la calle, no (llevar) mucho dinero en tu cartera.
6. Si quieres conocer a tus nuevos vecinos, (invitarlos) a tu casa.
7. Si extrañas a tus amigos, (venir) a visitarnos.
8. Si es difícil encontrar un lugar tranquilo en la ciudad, (buscar) un lugar dentro de tu casa.

3.22 Consejos Con un compañero túrnense para explicar el problema y para recomendar una solución. Usen el imperativo como en el modelo.

Modelo   No puedo dormir porque hay mucho ruido en la calle.
          Estudiante 1: *No puedo dormir porque hay mucho ruido en la calle.*
          Estudiante 2: *Si no puedes dormir porque hay mucho ruido en la calle,*
                      pon música para no escuchar el ruido.

1. Mis padres quieren que nos mudemos al campo, pero yo no quiero.
2. Siempre llego tarde a la escuela porque hay mucho tráfico.
3. Hay un perro callejero que siempre me sigue cuando camino a casa.
4. El autobús siempre viene muy lleno cuando salgo los fines de semana.
5. Mi familia vive en una granja y mis padres siempre quieren que yo ayude con los quehaceres.
6. Quiero cultivar frutas y verduras frescas, pero vivo en un apartamento.
7. Quiero mudarme a otra ciudad, pero no sé adónde.
8. Vivo en una zona rural y no hay mucho que hacer los fines de semana.

Quiero mudarme a otra ciudad, pero no sé adónde.

 3.23 Qué hacer Hay muchas maneras de mejorar tu uso del español. Con un compañero túrnense para completar las oraciones de una forma personal.

Modelo   Si quiero tener buenas notas en la clase de español...
          Estudiante 1: *Si quiero tener buenas notas en la clase de español, tengo que*
                      estudiar más.
          Estudiante 2: *Si quiero tener buenas notas en la clase de español, debo hacer la tarea.*

1. Si quiero hablar español mejor...
2. Si no conozco a nadie que hable español...
3. Si quiero saber más de la cultura latinoamericana...
4. Si quiero escuchar música en español...
5. Si decido estudiar en un país hispanohablante...
6. Si no tengo suficiente dinero para estudiar en un país hispanohablante...

3.24 **Avancemos** Con un compañero túrnense para describir los dibujos. Incluyan lo siguiente: (1) la situación, (2) lo que ocurrió antes y (3) lo que puede pasar en el futuro usando una cláusula con **si**.

Modelo *El policía está corriendo detrás de un hombre que robó algo. Una familia estaba de vacaciones y el hombre entró en su casa para robar. Un vecino vio cuando él entró y llamó a la policía. Cuando llegó la policía, el hombre salió por una ventana y empezó a correr. Si el policía lo arresta, va a ir a la cárcel, pero si el hombre es muy rápido va a escapar del policía.*

▶ Video-viaje a...
República Dominicana

Océano Atlántico

HISPANIOLA

Mar Caribe

Antes de ver

La República Dominicana es ideal para ir de vacaciones. Mucha gente participa en actividades al aire libre, como pasear en bote, hacer ciclismo y patinar. Las hermosas playas de Santo Domingo son perfectas para tomar el sol y relajarse. La República Dominicana es un paraíso para el visitante.

3.25 **¿Ya sabes?**

1. La República Dominicana está en _____.

☐ El Caribe   ☐ Sudamérica

☐ Centroamérica   ☐ Norteamérica

2. ¿Cierto o falso?

　a. La República Dominicana comparte *(shares)* una isla con Haití.

　b. La primera catedral del Nuevo Mundo se encuentra en la República Dominicana.

3. ¿Qué tradición, imagen o persona asocias con la República Dominicana?

3.26 **Estrategia**

Knowing in advance what to listen for will help you find key information in a video's narration. Look at the comprehension questions in **3.27** and **3.28**, and write 5 key things that you will want to look for while you watch the video.

Al ver

3.27 **Escoge** Mira el video y escoge la respuesta correcta.

1. Cristóbal Colón llamó a la isla _____.
   a. la Española   **b.** la Dominicana   **c.** Colón
2. Santa María la Menor es la primera _____ del Nuevo Mundo.
   a. universidad   **b.** catedral   **c.** construcción
3. El _____ es el deporte más popular del país.
   a. fútbol   **b.** patinaje   **c.** béisbol
4. _____ son un ejemplo de artesanías que se pueden comprar en el Mercado Modelo.
   a. Los sombreros   **b.** Los manteles   **c.** Las máscaras
5. Para ver _____ de Santo Domingo, debes caminar por la Avenida del Malecón.
   a. las artesanías   **b.** las playas   **c.** los monumentos

3.28 **Escribe** Completa las oraciones con las palabras correctas.

1. La _____ de Cristóbal Colón está en Santo Domingo.
2. La Universidad Santo Tomás de Aquino fue fundada en _____.
3. El clima de la República Dominicana es _____.
4. En la calle se ve una variedad de artesanía y _____.

Después de ver

3.29 **Expansión**

Paso 1 Mira la sección sobre la República Dominicana en **Exploraciones del mundo hispano** y lee **Investiga en Internet**. Escoge uno de los temas que te interese.

Paso 2 Busca información en Internet. Usa una fuente relevante.

Paso 3 Usando la información que encontraste en Internet, escribe un resumen de 3–5 oraciones en español. Comparte la información con tus compañeros.

Vocabulario útil

agradable *pleasant*
el (la) descubridor(a) *discoverer*
la desembocadura *mouth (of a river)*
la época *time period*
el faro *lighthouse*
fundado(a) *founded*
el juego de mesa *board game*
el paraíso *paradise*
la tumba *tomb*
la vasija *cooking pot*

A analizar ▶

Elena imagina cómo sería su vida si volviera a vivir a la ciudad de Bogotá. Después de ver el video, lee el párrafo y observa los verbos en negrita y en cursiva. Luego contesta las preguntas que siguen.

¿Cómo sería diferente tu vida si volvieras a Colombia?

Yo crecí en Bogotá, una ciudad grande y cosmopolita, pero con todos los problemas de una ciudad grande. Ahora vivo en una ciudad pequeña en el centro de los Estados Unidos. A veces me gusta imaginarme cómo **sería** mi vida si *viviera* en Bogotá con mi esposo y mi pequeña hija. Si *nos mudáramos* a Bogotá, mi hija **podría** ir a un colegio bilingüe muy bueno, pero probablemente **tendría** que pasar muchas horas en el bus escolar porque las distancias son más largas y hay mucho tráfico. Si *viviéramos* en Bogotá, **podríamos** estar cerca de mi familia y Luna **pasaría** más tiempo con su abuela, sus tíos y sus primos, pero mi esposo **estaría** muy aburrido porque no **podría** comunicarse con ellos ya que no sabe español muy bien. Si algún día *tuviera* la posibilidad de volver a Colombia, creo que lo **pensaría** muy bien antes de decidirlo porque la adaptación **sería** demasiado difícil para mi esposo, mi hija y también para mí.

—Elena, Colombia

1. In what tense are the verbs in italics that follows the word **si**? In what tense are the verbs in bold in the main clause?

2. Is Elena describing a current situation or a hypothetical situation?

A comprobar

Cláusulas *si* (hipotéticas)

1. In **Exploraciones gramaticales 1,** you learned to use **si** clauses to discuss things that might happen. In order to discuss hypothetical situations that are unlikely to happen, are not possible or are contrary to fact (not true), the following structure is used.

subordinate clause	main clause
Si + imperfect subjunctive +	conditional

Si **hubiera** un sistema de transporte público, mis padres no **tendrían** un coche.
If there were a public transportation system, my parents would not have a car.

Podríamos vivir en una casa si **viviéramos** en las afueras.
We could live in a house if we lived in the suburbs.

Notice that the subordinate clause (**si** clause) can come at the beginning or the end of the sentence.

2. It is possible to make hypothetical statements about past events, stating what would have happened had circumstances been different. To do so, use the following structure.

subordinate clause		main clause
Si +	past perfect subjunctive +	conditional perfect

Si **hubiera crecido** en un pueblo, **habría conocido** a más personas.
*If I **had grown up** in a small town, I **would have known** more people.*

Él **se habría divertido** si **hubiera podido** ir a la ciudad.
*He **would have had fun** if he **had been able** to go to the city.*

In many parts of the Spanish-speaking world, it is common to use the past perfect subjunctive in both the main clause as well as the subordinate clause in spoken Spanish.

Él **hubiera ido** en autobús si **hubiera tenido** cambio.
*He **would have gone** by bus if he **had had** change.*

Si **hubiera vivido** en un rancho me **hubiera gustado** tener un caballo.
*If I **had lived** on a ranch, **I would have liked** to have a horse.*

3. Compare the following sentences.

a. Si **tengo** la oportunidad, **voy a visitar** la ciudad.

*If I **have** the opportunity, I'm **going to visit** the city. (Possible – I may have the opportunity.)*

b. Si **tuviera** la oportunidad, **visitaría** la ciudad.

*If I **had** the opportunity, I **would visit** the city. (Contrary-to-fact (present) – I won't have the opportunity.)*

c. Si **hubiera tenido** la oportunidad, **habría visitado** la ciudad.

*If I **had had** the opportunity, I **would have visited** the city. (Contrary-to-fact (past) – I did not have the opportunity.)*

4. The expression **como si** (*as if*) also expresses an idea that is contrary-to-fact, and therefore requires the imperfect subjunctive or the past perfect subjunctive.

Conoce la ciudad como si **fuera** taxista.
*He knows the city as if he **were** a taxi driver.*

Lo miró como si nunca **hubiera visto** un rascacielos.
*He looked at it as if he **had** never **seen** a skyscraper.*

A practicar

3.30 Si fuera diferente Completa las oraciones con tus ideas personales.

1. Si no viviera en esta ciudad/este pueblo...
   a. viviría en...
   b. estaría...
   c. podría...

2. Si no hubiera asistido a esta escuela...
   a. habría asistido a...
   b. no habría conocido a...
   c. me habría gustado...

3. Si mi familia hubiera vivido en una ciudad más grande/pequeña cuando era niño...
   a. yo no habría podido...
   b. mis padres habrían tenido que...
   c. mis amigos y yo habríamos...

3.31 ¿Qué pasaría? Completa las siguientes oraciones con la forma apropiada del verbo entre paréntesis. Usa el imperfecto del subjuntivo y el condicional.

Si la familia de Esperanza (1) _____ (vivir) en Madrid, le (2) _____ (gustar) vivir en un apartamento cerca de la Plaza Mayor. Si su familia (3) _____ (tener) un apartamento cerca de la Plaza Mayor, (ellos) (4) _____ (poder) comer en el restaurante Botín. Si su familia (5) _____ (ir) a comer al restaurante Botín, Esperanza (6) _____ (pedir) el gazpacho. Si (7) _____ (poder) comer el gazpacho, (8) _____ (estar) muy feliz. Si (9) _____ (estar) muy feliz en Madrid, nunca (10) _____ (mudarse) de allí. Si no (11) _____ a su país, ella (12) _____ (extrañar *to miss*) a sus amigos.

3.32 **¿Cómo sería la vida?** Habla con un compañero y explica lo que harías en las siguientes situaciones y por qué.

Modelo   poder convertirse en un animal
           Si pudiera convertirme en un animal, sería un gato porque son independientes.

1. ser rico
2. poder volar *(to fly)*
3. ser presidente
4. no tener electricidad
5. no vivir en este país
6. (no) tener hermanos
7. ser invisible
8. vivir en otra época

3.33 **La historia** Imagina cómo habría sido diferente la historia si los siguientes eventos hubieran sido diferentes.

Modelo   Los Reyes Católicos Isabel y Fernando tuvieron hijos. ¿Qué habría pasado si no hubieran tenido hijos?
           Si ellos no hubieran tenido hijos, un rey de Francia habría ido a España y después España se habría hecho parte del reino de ese país.

1. Cristóbal Colón recibió dinero para encontrar una ruta a la India. ¿Qué habría pasado si no hubiera recibido el dinero?
2. México firmó el tratado de Guadalupe y le dio su territorio en el noroeste a los Estados Unidos. ¿Qué habría pasado si no hubieran firmado el tratado?
3. Los Estados Unidos ganó su independencia de Inglaterra después de la revolución. ¿Qué habría pasado si hubieran perdido la guerra?
4. Barack Obama ganó las elecciones en 2008. ¿Qué habría pasado si no hubiera ganado?

3.34 **En la granja** Un amigo pasó una semana trabajando en una granja y te cuenta lo que pasó. Explica lo que tú habrías hecho o cómo habrías reaccionado en las situaciones que tu amigo experimentó.

Modelo   Trabajé en una granja la semana pasada.
           Si hubiera trabajado en una granja la semana pasada, habría estado muy feliz.

1. Viví en condiciones muy simples.
2. Me levanté a las 4 de la mañana todos los días.
3. Tuve que trabajar todo el día bajo el sol.
4. Comí verduras frescas todos los días.
5. Un día vi un coyote.
6. Maté una gallina *(hen)* para nuestra cena.
7. No vi a nadie más que los granjeros en toda la semana.
8. Estábamos muy cansados al final del día.

Tuve que trabajar todo el día bajo el sol.

3.35 Si no lo hubiera hecho Contesta las siguientes preguntas individualmente y después comparte tus respuestas con un compañero.

1. Escribe una lista de tres cosas que hiciste este año. ¿Qué habría pasado si no las hubieras hecho?

2. Escribe una lista de tres cosas que no hiciste este año. ¿Qué habría pasado si las hubieras hecho?

3.36 Avancemos Con un compañero túrnense para explicar lo que pasó en las siguientes situaciones. Den muchos detalles. Después mencionen lo que habrían hecho ustedes.

When reading, you often have to make inferences, or draw your own conclusions, based on the information given. Pick one of the quotations given in the second paragraph. What do you think the person who wrote it wants to say? What assumptions did you you have to make to arrive at your interpretation?

Antes de leer

¿Qué es el grafiti? ¿Quiénes lo hacen? ¿Hay mucho grafiti en tu ciudad?

A leer

El grafiti y las voces urbanas

Cuando se escucha la palabra "grafiti", algunas personas se imaginan una pared cubierta con signos difíciles de interpretar, pintados con aerosol por una **pandilla** y con mensajes **cifrados**. Sin embargo, el grafiti puede ser mucho más que una **advertencia** territorial de una pandilla a otra, o un ataque a la propiedad privada. En Latinoamérica abunda un tipo de grafiti anti-*status quo*, con mensajes

El arte de Hennessy Artistry

claros y directos para la sociedad. Los siguientes son algunos ejemplos de estos mensajes hallados en ciudades latinoamericanas.

gang / encoded

warning

doesn't seem right to me

machine guns

push me

fit

canvas

"¿Pago pa' estudiar? ¿Estudio pa' pagar? Algo **no me cuadra**."

"Si hubiera más escuelas de música que militares en la calle, habría más guitarras que **metralletas** y más artistas que asesinos."

"Si avanzo, sígueme; si me detengo, **empújame**; si retrocedo, mátame. Che"

"Queremos un mundo donde **quepan** muchos mundos."

"Soy América Latina, un pueblo sin piernas pero que camina."

"¡Lo imposible solo tarda un poco más!!!"

"Si quieres que tus sueños se hagan realidad ¡despierta!"

"Vale más un minuto de pie que una vida de rodillas. Martí"

"¿Robar es un delito? —solo para los pobres."

"Muros blancos, pueblo sin voz."

"Mientras los medios sigan mintiendo, las paredes seguirán hablando."

"No soy un criminal, soy un graffitero."

Los muros urbanos también son un **lienzo** para los artistas de las calles. En los Estados Unidos, por ejemplo, la comunidad chicana ha encontrado en las paredes un medio de expresión artístico y social que se puede apreciar en ciudades como Los Ángeles, Chicago y Nueva York. El arte dominicano también aparece en las calles neoyorquinas, como lo demuestran Dister y Alta Berri, dos jóvenes artistas de la República Dominicana que participaron en una edición reciente de Hennessy Artistry, un evento que reúne a artistas visuales y representantes de música urbana.

El arte de Hennessy Artistry

Con esta exhibición, las calles de Washington Heights, el centro de la comunidad dominicana en Nueva York, exhibieron varios murales de Dister Rondón. Estos coloridos murales exhíben la **leyenda** "I Love My Hood" y a la vez muestran la herencia cultural dominicana del artista.

slogan

Un mural de Dister Rondón, de la serie *I love my hood*

Por otra parte está Altagracia Berrios (Alta Berri), nacida en los Estados Unidos, de madre dominicana y padre puertorriqueño. En sus obras se observa la experiencia dominicana en los Estados Unidos y su amor por el Caribe. Podría decirse que su obra es la intersección de esos dos mundos. En una entrevista que Altagracia Berrios le dio a diariolibre.com, la artista habló de lo importante que es ser auténtico y mantener la identidad: "En una ciudad como esta, donde existen millones de artistas, lo primero es definir quién eres (soy latina y dominicana) y a quién representas en términos culturales (represento a la segunda generación de dominicanos en los Estados Unidos). Las respuestas te ayudarán a **abrirte camino**; después hay que ser el mejor en lo que hagas y donde te sitúes".

find opportunities

Queda claro que para muchos habitantes de la ciudad los muros en sus calles son más que una pared.

It is clear

Sources: http://www.diariolibre.com/espacios/2012/06/15/i339613_arte-dominicano-las-calles-neoyorquinas.html, http://www.taringa.net/posts/arte/13486090/Graffitis-de-protesta-_Latinoamerica_.html

Comprensión

1. ¿Qué tipo de mensajes se encuentran en las paredes de las ciudades en Latinoamérica?
2. ¿Qué es Hennessy Artistry?
3. ¿Qué es evidente en los murales de Dister Rondón?
4. ¿Qué se puede ver en la obra de Altagracia Berrios?
5. ¿Cómo se define Altagracia Berrios? ¿A quién representa?

Después de leer

1. ¿Estás de acuerdo en que un artista debe definir su identidad para tener éxito?
2. Hay varios ejemplos de grafiti anti-status quo que se pueden ver en las ciudades latinoamericanas. Escoge uno que te parezca interesante y explica su mensaje. ¿Estás de acuerdo?
3. ¿Has visto grafitis en tu comunidad? ¿Es contra la ley hacer grafiti en donde tú vives?

3.37 **Dos ciudades caribeñas** Lee la información sobre Cuba y Puerto Rico y escribe cinco comparaciones. Incluye las siguientes cuatro expresiones: **más, menos, tan** y **tanto(s)**.

	Cuba	Puerto Rico
Ciudades importantes	Santiago, Camagüey	Ponce, Caguas
Tamaño (*size*)	110 860 km²	13 790 km²
Población	11 047 251	3 620 897
Capital	La Habana (f. 1511)	San Juan (f. 1521)
Religión	85% católicos	85% católicos
Clima	tropical	tropical

Modelo   Cuba / ciudades importantes / Puerto Rico
En Cuba hay tantas ciudades importantes como en Puerto Rico.

1. Cuba / grande / Puerto Rico
2. Puerto Rico / gente / Cuba
3. La Habana / viejo / San Juan
4. Puerto Rico / católicos / Cuba (proporcionalmente)
5. el clima de Cuba / tropical / el clima de Puerto Rico

3.38 **La vida en una granja** Leila está imaginando cómo sería su vida si viviera en una granja. Completa sus oraciones con la forma apropiada del condicional o del imperfecto del subjuntivo del verbo entre paréntesis.

1. Si mi familia y yo _____ (vivir) en una granja, yo_____ (tener) que ayudar con los quehaceres.

2. Si yo _____ (tener) que ayudar con los quehaceres, no me _____ (gustar) trabajar con los animales.

3. Si mis padres _____ (cultivar) muchas verduras, nosotros _____ (poder) comer comida fresca.

4. Si nosotros_____ (cosechar) muchas verduras, mis padres las _____ (vender) en el mercado.

5. Si mis padres _____ (ir) al mercado, mis hermanos y yo _____ (ir) con ellos.

6. ¿Cómo _____ (ser) tu vida si (tú) _____ (mudarse) al campo?

3.39 **Mi vida sería diferente** Completa las siguientes oraciones de una forma original. ¡OJO! Presta atención al verbo en la primera cláusula para decidir qué forma necesitas usar en la siguiente cláusula.

1. Si no fuera estudiante…
2. Si tengo tiempo…
3. Tendría mejores notas si…
4. No habría tomado esta clase si...
5. Seguiré con mis estudios de español si…
6. Voy a trabajar este verano si…
7. Si me hubiera despertado más temprano…
8. Si pudiera…

3.40 **Tabú** Con un compañero túrnense para describir una de las siguientes palabras.
Tu compañero va a determinar cuál es la palabra que se describe.

el asfalto	el quiosco	hispanohablante
el ganado	el embotellamiento	el vecino
el pueblo	la granja	la fuente
cosmopolita	el rascacielos	el huerto
la gente	la fábrica	

3.41 **Situaciones hipotéticas** Con un compañero hablen de lo que harían en las
siguientes situaciones.

1. Si pudieras viajar a cualquier lugar del mundo, ¿adónde irías? ¿Por qué? ¿Con quién irías?

2. Si fuera posible saber un aspecto del futuro, ¿qué te gustaría saber? ¿Por qué?

3. Si tuvieras la oportunidad de conocer a alguien famoso, ¿a quién te gustaría conocer? ¿Por qué?

4. Si encontraras a un genio y te diera tres deseos, ¿cuáles serían tus deseos?

5. Si pudieras cambiar un aspecto de tu vida, ¿qué cambiarías? ¿Por qué?

6. Si pudieras tener un súper poder *(power)*, ¿qué te gustaría tener? ¿Por qué?

3.42 **¿Dónde vivirían?** Imagina que tu compañero y tú van a mudarse. Van a decidir
adonde se mudarían si pudieran elegir cualquier pueblo o ciudad en el mundo.

Paso 1 Escribe tres ciudades o pueblos en cualquier parte del mundo donde te
gustaría vivir, excepto el lugar donde vives actualmente. Luego habla con un
compañero y explica por qué elegiste los tres lugares en tu lista.

Paso 2 Seleccionen dos de los seis lugares y hagan comparaciones, escribiendo una
lista de las ventajas y las desventajas de cada lugar. Piensen en lo que podrían
y no podrían hacer si vivieran en los dos lugares.

Paso 3 Decidan en cuál de los dos lugares vivirían. Compartan su decisión con la
clase y expliquen por qué.

👥 Entrando en materia

Con un compañero de clase hagan una lista de las diferencias entre la vida en un pueblo y en una gran ciudad.

1. ¿Qué servicios y formas de entretenimiento existen en una gran ciudad que no existen en un pueblo?

2. ¿Cuáles son razones para que una persona prefiera vivir en un pueblo?

3. ¿Qué productos agrícolas crecen en tu región? ¿Son cultivos industrializados o son cultivos pequeños de granjeros locales?

🔊 La vida en los pueblos y ciudades de España

Ana y Lola son dos españolas que han vivido en pueblos y en ciudades. Van a hablar de por qué prefieren un pueblo. Antes de escuchar, repasa el **vocabulario útil** abajo. Mientras escuchas, toma apuntes. Después compara tus apuntes con los de un compañero y contesta las preguntas.

Vocabulario útil

a mi alcance	*within reach*	el entorno	*environment;*
el anonimato	*anonymity*		*surroundings*
el carnet (universitario)	*(student) ID*	los gustos	*taste*
las comodidades	*conveniences*	el ocio	*entertainment*
compaginar	*to balance*	poco poblado(a)	*sparsely populated*
las desventajas	*disadvantages*	la relación estrecha	*close relationship*
		residir	*to reside*

Comprensión

1. ¿Cuáles son algunas desventajas que menciona Ana de la vida en el pueblo?

2. ¿Por qué piensa Ana que la calidad de vida en el pueblo es mucho mejor?

3. ¿Por qué se mudó Lola a Granada?

4. ¿Qué ejemplos de entretenimiento en Granada menciona Lola?

5. ¿Por qué prefiere criar a sus hijos en un pueblo?

Más allá

Algunos pueblos y aldeas *(villages)* en España ya no tienen habitantes y están en venta *(for sale)*. Busca en Internet un "pueblo abandonado" o una "aldea abandonada". Trae una foto a la clase explicando dónde está el pueblo. Comparte con la clase lo que harías si compraras ese pueblo abandonado.

Alcaudete, un pueblo en la región de Andalucía, en España

Jane Smith/Shutterstock.com

El campo

la agricultura	*agriculture*
la carencia	*lack, shortage, scarcity*
el cultivo	*crop*
la ganadería	*cattle raising*
el ganado	*cattle*
la granja	*farm*
el huerto	*vegetable garden, orchard*
la pesca	*fishing*
la población	*population*
el pueblo	*town*
el rancho	*small farm, ranch*

La ciudad

las afueras	*outskirts*
la aglomeración	*crowd*
el asfalto	*asphalt*
el barrio	*district, neighborhood*
la colonia	*residential subdivision*
el crimen	*crime*
el embotellamiento	*traffic jam*
la fábrica	*factory*
la fuente	*fountain*
la gente	*people*
la mano de obra	*work force*
el monumento	*monument*
el quiosco	*kiosk, stand*
el rascacielos	*skyscraper*
el ruido	*noise*
el sistema de transporte público	*public transportation system*
el tráfico	*traffic*
la urbanización	*urbanization, housing development*
el (la) vecino(a)	*neighbor*

Verbos

ahuyentar	*to scare away*
atraer	*to attract*
cosechar	*to harvest*
cultivar	*to cultivate*
habitar	*to inhabit*
sembrar (ie)	*to sow*
urbanizar	*to develop, to urbanize*

Adjetivos

arriesgado(a)	*risky*
callejero(a)	*from the streets, stray*
cercano(a)	*near*
cosmopolita	*cosmopolitan*
hermoso(a)	*beautiful*
hispanohablante	*Spanish-speaking*
pintoresco(a)	*picturesque*
rural	*rural*
tranquilo(a)	*calm, peaceful, quiet*
urbano(a)	*urban*

Expresiones adicionales

más... que	*more . . . than*
mayor	*older*
mejor	*better*
menor	*younger*
menos... que	*less . . . than*
peor	*worse*
tan... como	*as . . . as*
tanto(a)... como	*as many/much . . . as*

YURI CORTEZ/Getty Images

Gabriel García Márquez

Biografía

Gabriel García Márquez (1927–2014), colombiano, es conocido en todo el mundo por sus cuentos, novelas y guiones *(screenplays)*, y por su trabajo como periodista. En 1982 ganó el Premio Nobel de Literatura. Su novela *Cien años de soledad* es considerada una obra clásica moderna de la literatura latinoamericana; ha sido traducida a casi 40 idiomas y se han vendido más de 25 millones de copias. En varios cuentos y novelas García Márquez emplea el realismo mágico, en el cual se mezclan elementos mágicos con la realidad para crear una realidad nueva.

Antes de leer

Con un compañero respondan las siguientes preguntas.

1. ¿Alguna vez has tenido un presentimiento *(premonition)* de que un evento iba a pasar. ¿Pasó el evento? ¿Conoces a alguien que tenga presentimientos?

2. Mira la foto. ¿Por qué piensas que no hay nadie en este pueblo?

3. ¿Les cuentas rumores o chismes *(gossip)* a tus amigos o a tu familia? ¿De qué hablan? ¿Piensas que los rumores son peores en una ciudad o un pueblo? ¿Por qué?

Investiguemos la literatura: El realismo mágico

Magical realism is a literary style that incorporates fantasy or exaggerated elements into a story that is otherwise realistic.

Algo muy grave va a *suceder* en este pueblo

happen

1 Imagínese usted un pueblo muy pequeño donde hay una señora vieja que tiene dos hijos, uno de 17 y una hija de 14. Está sirviéndoles el desayuno y tiene una
5 expresión de preocupación. Los hijos le preguntan qué le pasa y ella les responde:
—No sé, pero **he amanecido** con el **presentimiento** de que algo muy grave va a sucederle a este pueblo.

woke up early
premonition

Valery Shanin/Shutterstock.com

10 Ellos se ríen de la madre. Dicen que esos son presentimientos de vieja, cosas que pasan. El hijo se va a jugar al **billar**, y en el momento en que va a tirar una **carambola sencillísima**, el otro jugador le dice:
—**Te apuesto** un peso a que no la haces.
15 Todos se ríen. Él se ríe. Tira la carambola y no la hace. Paga su peso y todos le preguntan qué pasó, si era una carambola sencilla. Contesta:
—Es cierto, pero me ha quedado la preocupación de una cosa que me dijo mi madre esta mañana sobre algo grave que va a suceder a este pueblo.
Todos se ríen de él, y el que se ha ganado su peso regresa a su casa, donde está con
20 su mamá o una nieta o en fin, cualquier pariente. Feliz con su peso, dice:
—Le gané este peso a Dámaso en la forma más sencilla porque es un tonto.
—¿Y por qué es un tonto?
—Hombre, porque no pudo hacer una carambola sencillísima **estorbado** con la idea de que su mamá amaneció hoy con la idea de que algo muy grave va a suceder en este pueblo.
25 Entonces le dice su madre:

billiards
carambola... an easy carom shot
bet

bothered

—No **te burles de** los presentimientos de los viejos porque a veces **salen**. *make fun of; happen*

La pariente lo oye y va a comprar carne. Ella le dice al **carnicero**: *butcher*

—Véndame una libra de carne —y en el momento que se la están cortando, **agrega**—: Mejor *adds*
véndame dos, porque andan diciendo que algo grave va a pasar y lo mejor es estar preparado.

30 El carnicero despacha su carne y cuando llega otra señora a comprar una libra de carne, le dice:

—Lleve dos porque hasta aquí llega la gente diciendo que algo muy grave va a pasar, y se
están preparando y comprando cosas.

Entonces la vieja responde:

—Tengo varios hijos, mire, mejor deme cuatro libras.

35 Se lleva las cuatro libras; y para no hacer largo el cuento, diré que el carnicero en media *spreading*
hora agota la carne, mata otra vaca, se vende toda y se va **esparciendo** el rumor. Llega el *everyone*
momento en que **todo el mundo**, en el pueblo, está esperando que pase algo. Se paralizan
las actividades y de pronto, a las dos de la tarde, hace calor como siempre. Alguien dice:

—¿Se ha dado cuenta del calor que está haciendo?

40 —¡Pero si en este pueblo siempre ha hecho calor!

(Tanto calor que es pueblo donde los músicos tenían instrumentos **remendados** con *mended / tar*
brea y tocaban siempre a la sombra porque si tocaban al sol se les caían a **pedazos**.) *pieces*

—Sin embargo —dice uno—, a esta hora nunca ha hecho tanto calor.

—Pero a las dos de la tarde es cuando hay más calor.

45 —Sí, pero no tanto calor como ahora.

Al pueblo desierto, a la plaza desierta, baja de pronto un pajarito y se corre la voz:

—Hay un pajarito en la plaza.

Y viene todo el mundo, **espantado**, a ver el pajarito. *scared*

—Pero señores, siempre ha habido pajaritos que bajan.

50 —Sí, pero nunca a esta hora.

Llega un momento de tal tensión para los habitantes del pueblo, que todos están
desesperados por irse y no tienen el valor de hacerlo.

—Yo sí soy muy macho —grita uno—. Yo me voy.

Agarra sus muebles, sus hijos, sus animales, los mete en una **carreta** y atraviesa la calle *He gathers; cart*
55 central donde está el pobre pueblo viéndolo. Hasta el momento en que dicen:

—Si éste **se atreve**, pues nosotros también nos vamos. *is daring (to do it)*

Y empiezan a **desmantelar** literalmente el pueblo. Se llevan las cosas, los animales, todo. *dismantle*

Y uno de los últimos que abandona el pueblo, dice:

—Que no venga la desgracia a caer sobre lo que queda de nuestra casa —y entonces la
60 **incendia** y otros incendian también sus casas. *set fire*

Huyen en un tremendo y verdadero pánico, como en un éxodo de guerra, y en medio de *they flee*
ellos va la señora que tuvo el **presagio**, clamando:

—Yo dije que algo muy grave iba a pasar, y me dijeron que estaba loca.

Gabriel García Márquez, excerpt from "Cómo comencé a escribir," *Yo no vengo a decir un discurso.*
© Gabriel García Márquez, 2010. Used with permission.

Después de leer

A. Comprensión

1. ¿El cuento tiene lugar en un pueblo o una ciudad? ¿Por qué es importante esto?

2. ¿Cómo empieza el rumor? ¿Cómo se esparce?

3. ¿Cómo reacciona la gente a la tensión? ¿Qué hacen al final para reducir la tensión?

4. El rumor crece por el miedo de la gente. ¿Comparte el narrador este miedo? ¿Por qué?

5. ¿Por qué crees que García Márquez empleó tanto el diálogo en este cuento?

6. ¿Qué elementos mágicos notaste en el cuento? ¿Cómo contribuyen a la historia?

B. Conversemos

1. García Márquez critica a las personas que escuchan los rumores. ¿Cuál es su crítica?

2. ¿En qué circunstancias es posible esparcir un rumor positivo o bueno?

CAPÍTULO 4

Estrategia para avanzar

In order to master a new language, learners must become comfortable listening to native speakers. However, this can seem challenging. One way to grow accustomed to native speech patterns is to listen to and sing along with music whose lyrics are in the target language. Doing so will not only make you familiar with native-level intonation and speed; it will also help you to acquire new vocabulary.

In this chapter you will learn how to:

- Discuss music preferences
- Change the focus of a sentence using a passive structure

Sigue el ritmo

El Festival Internacional de la Canción de Viña del Mar, Chile

Explorando con...   Christine Meynard

De niña Christine vivía en Santiago, la capital de su natal Chile, muy cerca de las montañas de los Andes. Christine empezó a buscar oportunidades para escaparse a las montañas e ir de excursión. Era fácil ver águilas *(eagles)* y cóndores, y así se hizo observadora de aves. En ese tiempo ya estaba estudiando biología en la universidad y decidió especializarse en ecología, un campo que le permitía estudiar a las aves y combinar el trabajo de campo con el trabajo de laboratorio.

Vocabulario útil

la meta-comunidad	*metacommunity, a set of interacting communities or interacting species*
el muestreo	*sampling*
el murciélago	*bat*
el parásito	*parasite*
la tendencia	*tendency, trend*
el trabajo de campo	*field work (or field study)*

Hoy en día la Dra. Meynard está interesada especialmente en la distribución de especies, las meta-comunidades y la diversidad. Uno de sus proyectos más interesantes es una investigación en Francia acerca de cambios potenciales en poblaciones de parásitos a consecuencia del cambio climático.

Christine también trabaja como profesora en el Instituto de Ciencias Marinas de Virginia. Su investigación se centra en la distribución de especies marinas y en la diversidad. La Dra. Meynard usa ciertas tendencias de diversidad para entender y predecir por qué las especies están donde están.

Otro de sus proyectos ha sido estudiar a los murciélagos de un bosque de Sudamérica para estudiar el impacto que tienen en la biodiversidad de las plantaciones de eucaliptos en los bosques de Chile.

Una de las experiencias favoritas de Christine Meynard fue su primer trabajo de campo cuando preparaba su tesis. Tenía que hacer muestreos de aves en unos diez lugares diferentes en reservas ecológicas de Chile. Por tres meses ella y los miembros de su equipo disfrutaron de la naturaleza y cruzaron ríos a caballo. Aprendió a trabajar con sus tres asistentes y a entenderse entre ellos a pesar de *(despite)* sus personalidades tan diferentes. En ese tiempo también escuchó leyendas locales sobre pumas y otros animales.

Sources: http://www.ecography.org/
http://www.vims.edu/about/directory/faculty/meynard_c.php

Christine Meynard estudió la licenciatura en biología en la Pontificia Universidad Católica de Chile. También tiene un doctorado en ecología de la Universidad de California, Davis. Ha sido investigadora en el INRA (Instituto Nacional de Investigación para la Agricultura), y actualmente enseña en la Universidad de Ciencias Marinas de Virginia, en los Estados Unidos.

EN SUS PALABRAS

"Tengo muy buenas memorias del tiempo que pasé en los bosques de Sudamérica, entre los grandes árboles y todo tipo de criaturas pequeñas. Cuando pienso en esos tiempos, espero que mi hija tenga también la oportunidad de disfrutar de lugares así de hermosos durante su vida."

4.1 **Comprensión**

Lee las siguientes afirmaciones y completa cada una con la opción más apropiada.

1. La Dra. Meynard se interesó en _____ de los Andes porque le gustaba observarlas.
   a. los murciélagos   b. las aves   c. las montañas

2. Estudió biología y _____.
   a. geología   b. biología marina   c. ecología

3. Le interesa estudiar _____ para detectar cambios potenciales en las poblaciones.
   a. agricultura   b. el cambio climático   c. los bosques

4. Entre sus proyectos de investigación ha estudiado aves, murciélagos y _____.
   a. eucaliptos   b. especies marinas   c. pumas

4.2 **A profundizar** El proyecto de Christine Meynard patrocinado por National Geographic fue acerca de los murciélagos en la selva templada chilena. Averigua más acerca de este proyecto de investigación.

4.3 **¡A explorar más!** Elige un animal que te gustaría investigar. Explica por qué te interesa e investiga adónde tendrías que ir para investigarlo.

¿Qué tipos de música te gustan más?

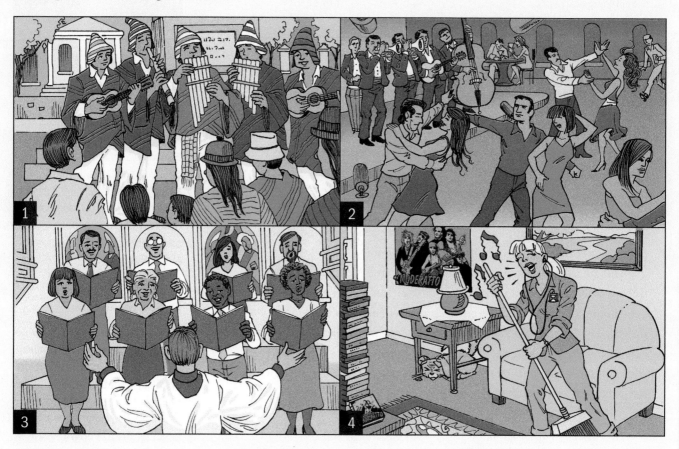

La música

el álbum   album
la apreciación   appreciation
la armonía   harmony
la canción   song
la balada   ballad
el cantautor   singer-songwriter
el canto   singing
el concierto   concert
el conservatorio   conservatory
la coreografía   choreography
el coro   choir
el disco   record
el disco compacto (CD)   compact disc
el ensayo   rehearsal, practice
el estribillo   chorus, refrain
el éxito   musical hit, success
el género   genre
la gira   tour
la grabación   recording
la letra   lyrics
el oído   ear (for music)
la ópera   opera
la orquesta   orchestra

el público   audience
el radio / la radio   radio (device) /
   radio (transmission)
el sonido   sound
la voz   voice

Los instrumentos musicales y su clasificación

el bajo   bass
la batería   drum set
el clarinete   clarinet
la flauta   flute
**el instrumento de cuerda/percusión/
   viento**   string/percussion/wind
   instrument
la trompeta   trumpet
el violín   violin

Tipos de música

el blues   blues
el hip hop   hip hop
el jazz   jazz
la música clásica   classical music
la música country   country music

la música folclórica   traditional
   folk music
la música pop   pop music
el rap   rap
el reggaetón   reggaeton

Adjetivos

culto(a)   educated, cultured
desafinado(a)   out of tune
entonado(a)   in tune
exitoso(a)   successful
pegajoso(a)   catchy
popular   popular

Verbos

componer   to compose
dirigir   to conduct, to lead
ensayar   to rehearse
interpretar   to perform, to interpret,
   to play (a role)
presentarse   to perform
tararear   to hum
tocar   to play

A practicar

4.4 🔊 **Escucha y responde.** Observa la ilustración y responde las preguntas.

1. ...   2. ...   3. ...   4. ...

4.5 **Identificaciones** Relaciona las definiciones con la palabra a la que se refieren. Elige entre las palabras de la lista. No las necesitarás todas.

balada	ensayar	gira	sonido
cantautor	estribillo	grabación	trompeta
componer	éxito	interpretar	violín
desafinado	género	pegajosa	voz

1. Es el sonido que una persona hace cuando habla o canta.
2. Es una palabra para clasificar tipos diferentes de música.
3. Es un instrumento de cuerda.
4. Es el verbo para describir cuando un cantante canta una canción o la toca.
5. Es la acción de practicar música o cantarla para interpretarla mejor.
6. Es un tipo de música popular, de ritmo lento y con temas generalmente románticos.
7. Es la parte de una canción que se repite.
8. Es el cantante que también compone sus melodías.

4.6 **En mi opinión** Trabaja con un compañero para completar las siguientes ideas con sus opiniones personales.

1. Yo (no) escucho música mientras estudio porque...
2. Cuando manejo yo (no) escucho música porque...
3. Si estoy triste prefiero escuchar... pero cuando me siento alegre, oigo...
4. En las fiestas (no) me gusta cuando tocan...
5. La música que (no) me gusta bailar es...
6. Una vez fui a un concierto de...
7. De niño siempre escuchaba... pero ahora...
8. Si no hubiera música...

Expandamos el vocabulario

The following words are listed in the vocabulary. They are nouns, verbs, or adjectives. Complete the table using the roots of the words to convert them to the different categories.

Verbo	Sustantivo	Adjetivo
ensayar		
	grabación	
cantar		
	composición	

4.7 Músicos famosos La siguiente es una lista de músicos hispanohablantes. En parejas túrnense para hablar sobre los que conozcan, hablando sobre el tipo de música que tocan o cantan, si conocen alguna canción, etcétera.

1. Carlos Santana
2. Enrique Iglesias
3. Pitbull
4. Julieta Venegas
5. Juanes
6. Marc Anthony
7. Paulina Rubio
8. Jorge Drexler

4.8 La música desde tu perspectiva Con un compañero observen las escenas del inicio y contesten las preguntas.

1. ¿En dónde creen que están los músicos de la primera imagen? ¿Por qué lo creen? ¿Saben algo sobre la música de esta región?

2. En la segunda imagen se muestra a un grupo de música en un club. ¿Qué tipo de música crees que interpretan? ¿Por qué? ¿Sabes bailar este tipo de música?

3. ¿Por qué crees que la gente cante en la tercera ilustración?

4. ¿Qué música crees que escucha la chica de la última ilustración? ¿Por qué piensas que muchas personas escuchan música mientras hacen las labores? ¿Crees que la chica de la imagen canta bien? ¿Por qué?

4.9 Conversemos En grupos respondan las preguntas y expliquen sus respuestas.

1. ¿Tienes algún cantante o grupo favorito? ¿Quién? ¿Qué tipo de música canta?

2. ¿Para ti es importante la música? ¿Por qué?

3. ¿Con qué frecuencia escuchas música? ¿Cómo la escuchas (por ejemplo, por radio, por computadora, etcétera)?

4. ¿Has escuchado música en español? ¿De quién? ¿Te gustó?

4.10 Los talentos de la clase Busca a compañeros diferentes que hagan o hayan hecho las actividades de la lista. Pídeles información adicional para reportársela a la clase.

Modelo   comprar música en Internet (¿por qué?)
> Estudiante 1: *¿Has comprado música en Internet?*
> Estudiante 2: *Sí, he comprado mucha música.*
> Estudiante 1: *¿Por qué compras música en Internet?*
> Estudiante 2: *Me gusta comprar música digital porque no*
>   *tengo que pagar por todo el álbum. Ayer compré una canción.*

1. interpretar una canción frente a un público (¿cuándo? ¿dónde?)
2. participar en un coro (¿dónde?)
3. tararear (¿dónde? ¿por qué? ¿qué?)
4. tocar un instrumento musical (¿cuál?)
5. escuchar música vieja (¿qué tipo?)
6. asistir a un concierto (¿de quién?)
7. comprar música de autores de España o Latinoamérica (¿quiénes?)
8. cantar karaoke (¿qué canción?)

Yo toco un instrumento musical: la guitarra española.

jcjgphotography/Shutterstock.com

4.11 **Frases célebres y citas sobre la música** En parejas lean las siguientes citas sobre la música y digan si están de acuerdo o no, y por qué.

- La música es para el alma *(soul)* lo que la gimnasia es para el cuerpo. (Platón, filósofo griego, 427 a.C.-347 a.C.)
- La música es el arte más directo, entra por el oído y va al corazón. (Magdalena Martínez, flautista española, 1963–)
- Error funesto *(grave)* es decir que hay que comprender la música para gozar *(enjoy)* de ella. La música no se hace, ni debe jamás hacerse para que se comprenda, sino para que se sienta. (Manuel de Falla, compositor español, 1876–1946)
- Quien canta, sus males espanta *(scares away)*. (Miguel de Cervantes Saavedra, escritor español, 1547–1616)

4.12 **Músicos** Trabaja con un compañero para elegir una de las ilustraciones e inventar una nota autobiográfica sobre la(s) persona(s) de la foto. Incluyan detalles del pasado de la persona, de su rutina actual y de sus planes para el futuro.

A perfeccionar

A analizar

Milagros explica cómo conseguir música nueva en su país. Después de ver el video, lee el párrafo y observa las frases en negrita. Luego contesta las preguntas que siguen.

> ### ¿Cuáles son las opciones más populares para escuchar o conseguir música en tu país?
>
> En mi país, Perú, hay muchas opciones para escuchar música. **Se escucha** en la radio, o **se compra** del Internet. También es muy fácil salir a comprar la música en el mercado donde **se compran** discos por cincuenta centavos de dólar. La música **se encuentra** muy barata. Ahora con los mp3 es fácil seleccionar los temas que uno desea. **Se descargan** las canciones a un reproductor de mp3, en la computadora o el teléfono celular y ya está. Es algo muy oportuno para la persona que quiere escuchar cierto tipo de música. La música que **se escucha** en Perú, bueno, hay de todo. **Se escucha** mucha salsa de Puerto Rico, de Colombia, de Cuba. **Se oyen** también reggaetón y música criolla de Perú.
>
> —Milagros, Perú

1. What do the verbs in bold have in common?
2. Is it apparent who is performing the action in each of the sentences?
3. Why do some of the forms appear in plural?

A comprobar

Los usos de se

El *se* pasivo

1. The pronoun **se** is used when the person or thing performing an action is either unknown or unimportant. The object or person affected by the action becomes the subject. This is known as a passive sentence.

2. The verb is conjugated in the third person form to agree with the person or object acted upon. The singular form is used with singular nouns and the plural form with plural nouns. Notice that the subject can either precede or follow the verb.

   > **Se necesita** una cantante para el coro.
   > *A singer **is needed** for the chorus.*

   > Los discos compactos ya no **se compran** mucho.
   > *Compact discs **are** not **bought** much anymore.*

3. When using an auxiliary verb such as **deber, poder,** or **necesitar** that is followed by an infinitive and a noun, the verb is conjugated in agreement with the noun because it is the subject.

   > No **se puede entender** la letra.
   > *The lyrics **can't be understood**.*

> Las canciones **se deben bajar** de este sitio.
> *The songs **should be downloaded** from this site.*

El *se* impersonal

4. Similar to the passive **se,** the impersonal **se** is also used when the subject is unknown, unimportant, or not specified; however, the impersonal **se** is not used with a noun. As a result, the verb is always conjugated in the singular form. The pronoun **se** translates to *one, you,* or *they* in English.

   > **Se entra** al auditorio por estas puertas.
   > ***One enters** the auditorium through these doors.*

   > **Se dice** que es un buen concierto.
   > ***They say** it's a good concert.*

5. When the noun receiving the action is a specific person or persons, it becomes the direct object and must have a personal **a.** The verb is then conjugated in the singular form (impersonal **se**).

   > En Argentina **se conoce a** los artistas colombianos.
   > *In Argentina they know Colombian artists.*

Se reconoce al director de orquesta después de un concierto.
The conductor is recognized after a concert.

El *se* accidental

6. When expressing unplanned or accidental occurrences, it is common to use a passive structure, similar to the passive **se.** The verb is conjugated in third person (singular or plural) and is used with an indirect object pronoun (**me, te, le, nos, os,** and **les**).

> **Se nos quedaron** los instrumentos en el autobús.
> *We **(accidentally) left** the instruments on the bus.*

> **Se me olvidó** el nombre de la canción.
> *I **(unintentionally) forgot** the name of the song.*

Notice that the verb agrees with the subject (**los instrumentos** and **el nombre**) and that the person affected by the action becomes the indirect object (**nos** and **me**).

7. When you want to clarify or emphasize the indirect object, use the personal **a** + noun/pronoun.

> **Al cantante** se le cayó el micrófono.
> *The singer (accidentally) dropped the microphone.*

> **A él** se le perdió la guitarra.
> *He (unintentionally) lost his guitar.*

8. The following are common verbs used with this construction.

acabar	*to finish, to run out of*
apagar	*to turn off, to shut down*
caer	*to fall, to drop*
descomponer	*to break down (a machine)*
olvidar	*to forget*
perder	*to lose*
quedar	*to remain (behind), to be left*
romper	*to break*

> No pudieron ensayar porque **se les apagaron** las luces.
> *They couldn't practice because **the lights went out**.*

> Al baterista **se le cayó** la baqueta.
> *The drummer **dropped** the drumstick.*

A practicar

4.13 **¿Cierto o falso?** Decide si las siguientes oraciones son ciertas o falsas.

1. La salsa se baila en muchas partes del mundo.
2. En Latinoamérica se oyen canciones en inglés.
3. El tango se escucha pero no se baila.
4. Algunos artistas latinos se conocen en Asia.
5. Se prohíbe transmitir rap en muchas estaciones de radio de El Salvador.
6. No se escucha el jazz fuera de los Estados Unidos.

A veces se baila salsa con música en vivo.

4.14 ¿Por qué? Osvaldo toca con un grupo musical y ayer tuvo un ensayo, pero todo le salió *(turned out)* mal. Usa el **se** accidental y los verbos entre paréntesis para explicar lo que le pasó.

Modelo   No pudo abrir la puerta de su auto. (perder las llaves)

Se le perdieron las llaves.

1. Llegó tarde al ensayo. (descomponer el auto)
2. No tenía su guitarra y sus compañeros tuvieron que prestarle una. (quedar la guitarra en casa)
3. Rompió la guitarra de su compañero. (caer la guitarra)
4. No pudo leer la música. (perder los lentes)
5. No pudo cantar su parte. (olvidar la letra)
6. Después del ensayo salió para su casa pero no pudo llegar. (acabar la gasolina)

4.15 ¿Dónde? Indica dónde se hacen las siguientes actividades usando el **se** pasivo.

1. interpretar canciones de jazz afrocubano   **a.** México
2. tocar la quena   **b.** España
3. escuchar tangos   **c.** la República Dominicana
4. oír serenatas de mariachis   **d.** Cuba
5. ver bailar flamenco   **e.** Bolivia
6. bailar merengue y bachata   **f.** Argentina
7. componer vallenatos   **g.** Colombia

4.16 ¿Para qué son? Con un compañero hagan una lista para explicar lo que se hace con las siguientes cosas. Usen el **se** pasivo.

Modelo   la voz

Se puede perder la voz. Se cuida la voz antes de cantar.

1. los instrumentos
2. las canciones
3. la radio
4. los grupos musicales
5. la letra de una canción
6. el estribillo de una canción
7. los premios
8. un éxito musical

¿Qué ropa se lleva a una ceremonia de entrega de premios?

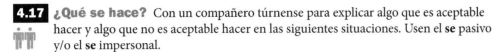

4.17 **¿Qué se hace?** Con un compañero túrnense para explicar algo que es aceptable hacer y algo que no es aceptable hacer en las siguientes situaciones. Usen el **se** pasivo y/o el **se** impersonal.

1. en una fiesta
2. en un concierto
3. al comprar música de Internet
4. en un ensayo de música en la escuela
5. al formar un grupo musical
6. al llevarle una serenata a alguien
7. al escuchar a un músico en la calle
8. cuando le molesta la música de otra persona (en su apartamento, la calle, etcétera)

4.18 **Avancemos** Tomás no tuvo un buen día. Con un compañero túrnense para explicar lo que le pasó. Deben usar el pretérito, el imperfecto y el **se** accidental. Den muchos detalles.

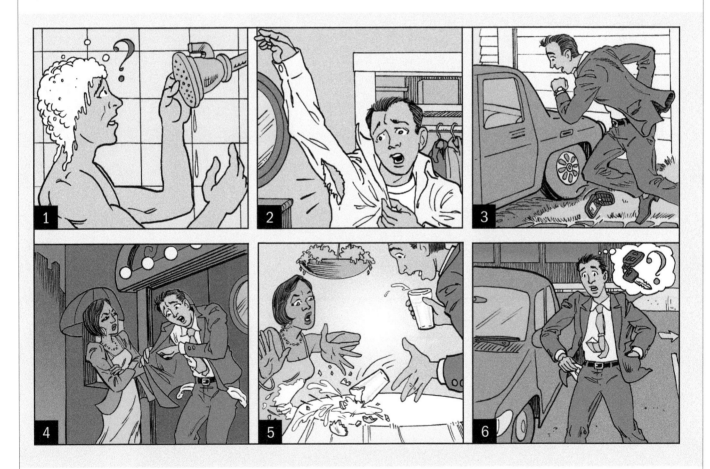

Cultura

En años recientes los jóvenes mapuches han adoptado el ritmo hip hop para hablar de los temas que les importan y atraer atención sobre sus derechos. La cultura mapuche es originaria del territorio que hoy es Chile, pero es muy anterior a la llegada de los españoles. En la actualidad siguen luchando por recobrar *(recover)* tierras que perdieron, y por preservar sus derechos, su cultura y su lengua. El hip hop ha demostrado ser una forma elocuente de luchar por todos estos objetivos.

Jano Weichafe, un músico mapuche hace la siguiente reflexión: "A través de la música, uno logra llegar a más gente, y aportar *(to provide)* un proceso, sin necesariamente andar tirando piedras *(without throwing stones)* . . . [es] más potente *(powerful)* . . . de hecho es más peligroso despertar más consciencia, que andar tirando piedras".

Gonzalo Luanko, otro artista mapuche, dice de su música: "Nunca hice hip hop para buscar fama, sino que solo para dormir tranquilo". La temática de sus letras se centra en el mundo mapuche, en hacer denuncias y educar. En particular, Luanko quiere ayudar a preservar el mapundungun, la lengua mapuche. En su carrera ha descubierto que su música ha logrado despertar la identidad cultural mapuche de muchos chilenos que habían olvidado sus raíces.

¿Piensas que el hip hop en inglés tiene objetivos similares a los del hip hop mapuche? Explica tu respuesta.

Sources: http://alternativas.osu.edu/en/issues/spring-2014/essays1/rekedal.html
http://www.mapuexpress.org/?p=4983

Personas mapuches participando en una manifestación.

Comunidad

Elige un país hispano e investiga en Internet quiénes son uno o dos músicos famosos en ese país. Escucha su música. Preséntale un resumen a la clase acerca de la trayectoria del grupo. Elige una canción y explícale a la clase de qué se trata.

Alejandra Guzmán, cantante de rock, de México

Comparaciones

Dice el adagio *(saying)* popular que "de músico, poeta y loco todos tenemos un poco". Quizás no sea cierto, pero tenemos la fortuna de que algunos artistas han hecho canciones con algunas de las poesías más destacadas *(distinguished)* de la lengua española. Por ejemplo, parte de la canción Guantanamera incluye la poesía más famosa de José Martí, un poeta, escritor y filósofo cubano. El poema se llama "Versos Sencillos", y el siguiente es el verso más reconocido:

> Yo soy un hombre sincero
>
> De donde crece la palma
>
> Y antes de morir yo quiero
>
> echar *(throw)* mis versos del alma *(soul)*

Jean-Regis Roustan/Getty Images

Pablo Neruda es uno de los poetas latinoamericanos más homenajeados por los músicos.

Algunos álbumes que le han rendido tributo a la poesía hispana incluyen temas para Federico García Lorca, Nicolás Guillén, Pablo Neruda, Jorge Luis Borges y Rosalía de Castro. En particular, Neruda recibió un gran homenaje *(tribute)* en el centenario de su nacimiento, cuando un grupo de músicos grabó un álbum en el que participaron más de cuarenta artistas de diversos países, quienes recitan y cantan la poesía de Neruda.

Los músicos hispanos no se han conformado *(were not satisfied)* con rendir homenaje a sus grandes autores, sino que también se lo han rendido a escritores de otras lenguas, como es el caso del homenaje que le hizo Radio Futura a Edgar Alan Poe con su canción "Anabel Lee".

1. ¿Qué canciones conoces (en inglés o en español) que le rinden homenaje a un poeta o escritor?
2. ¿Qué poetas son los más conocidos y queridos dentro de la literatura escrita en inglés?
3. ¿Estás de acuerdo con el refrán popular de que "de músico, poeta y loco todos tenemos un poco"?

> En el mundo hispanohablante muchos artistas reciben homenajes más allá de la música: por ejemplo, en los billetes y en las monedas. Elige un país hispanohablante e investiga sobre sus monedas y billetes. ¿Hay artistas? ¿Quiénes más aparecen? ¿Cómo se comparan estos homenajes con los de los billetes y monedas de los Estados Unidos?

Conexiones... a la música

Seguramente has escuchado hablar de la música andina. Como el nombre lo dice, es música originaria de la región de los Andes, en Sudamérica. En realidad, hay muchos tipos de música andina, pero el tipo de música más conocido de esta región es la música del altiplano. El altiplano es una región que se extiende por varios países: Perú, Bolivia, Ecuador y el norte de Chile y Argentina. Es fácil reconocer la música por los instrumentos característicos que se usan, como la quena, la zampoña y el charango.

En los Estados Unidos la música andina se hizo popular en 1970, cuando un dúo llamado Simon & Garfunkel grabó una canción andina llamada "El Cóndor Pasa".

Frans Lemmens/The Image Bank/Getty Images

Músicos de Bolivia tocando zampoñas

Entre los subgéneros de música andina hay muchas variedades en los diferentes países, pero entre los más populares están los carnavalitos, las zambas, las cuecas y los huaynos.

Busca ejemplos de música andina en Internet. Elige una canción y preséntale a la clase información sobre el tipo de música que es, de dónde es, quién la interpreta y qué dice la letra de la canción.

Exploraciones gramaticales

A analizar ▶

Milagros habla de la influencia del cantante Arturo Cavero en Perú. Después de ver el video, lee el párrafo y observa las frases en negrita. Luego contesta las preguntas que siguen.

¿Qué cantante ha tenido impacto en tu país?

En Perú el 31 de octubre celebramos dos cosas: Halloween y la música criolla. El Día de la Música Criolla lo celebran las personas mayores y los jóvenes. Halloween lo celebran más los niños. Cuando menciono la canción criolla, es difícil no mencionar a un intérprete de la música criolla que **fue** muy **querido** y **conocido,** el señor Arturo "Zambo" Cavero. **Fue** muy **conocido** porque interpretó una canción muy famosa que **fue compuesta** por el señor Augusto Polo Campos hace ya mucho tiempo. Fue un cantante que **fue invitado** a las celebraciones de la Independencia de Perú todos los años y en las celebraciones del 31 de octubre. Creo que nadie ha interpretado el tema "Contigo Perú" de la manera en que él lo hizo.

—Milagros, Perú

1. What are the two components of each verb?
2. Why is **compuesta** in the feminine form? To what or whom do the other verbs refer?

INVESTIGUEMOS LA CULTURA

Música criolla originated during the colonial period in Peru, combining musical instruments and influences from African slaves, Andean indigenous groups, and the colonizing Spaniards.

A comprobar

La voz pasiva

1. In Spanish, passive sentences can be formed in two ways: the passive **se** and **ser** + past participle. The passive construction with the verb **ser** is very similar to the English passive structure. It is most frequently used in a historical context where the emphasis is on the event rather than the agent (the one performing the action). This form is used very little in spoken Spanish; instead it is more common to use the passive **se.**

    ser + past participle + (**por** + agent)

    La canción "Recuérdame" **fue interpretada por** Natalia Jiménez.
    *The song "Recuérdame" **was performed by** Natalia Jiménez.*

    El grupo mexicano Maná **fue formado** en 1986.
    *The Mexican group Maná **was formed** in 1986.*

2. With the passive voice, the past participle functions as an adjective; therefore, it must agree with the noun it describes.

    La canción le **fue dedicada** a su hijo.
    *The song **was dedicated** to his son.*

Los miembros del grupo **fueron entrevistados** para un artículo.
*The members of the group **were interviewed** for an article.*

3. The passive voice with the verb **ser** can be used in any tense or mood; however, it is not common to use it in the present indicative. In that case, the passive **se** is generally used.

    Ricky Martin **ha sido nominado** para los Latin Grammys varias veces.
    *Ricky Martin **has been nominated** for the Latin Grammys various times.*

    El disco **será grabado** durante el concierto.
    *The record **will be recorded** during the concert.*

    Ojalá que en el futuro Moderatto **sea contratado** para un concierto aquí.
    *I hope that in the future Moderatto **will be contracted** for a concert here.*

A practicar

4.19 **¿Quién?** Completa las oraciones con el nombre del artista al que se refiere.

Marc Anthony   **Enrique Iglesias**   **Juanes**   **Jennifer López**   **Pitbull**   **Shakira**

1. La canción "We Are One (Olé olá)" de _____ y Pitbull fue seleccionada como la canción oficial de la Copa Mundial de 2014.
2. La canción "Try Everything" de la película *Zootopia* fue grabada por _____.
3. El álbum *3.0* de _____ fue nominado para el Álbum del Año en los Latin Grammys en 2014.
4. La canción "Beautiful" de _____ fue grabada con Kylie Minogue en 2014.
5. La compañía discográfica Bad Boy Latino fue formada por _____ y Sean "Diddy" Combs.
6. Aparte de su música, _____ también es conocido por su trabajo humanitario, como su labor con las víctimas de minas terrestres (*landmines*) en Colombia.

4.20 **Somos el mundo** Completa el siguiente párrafo con las formas apropiadas de la voz pasiva.

El 10 de enero de 2010 el país de Haití (1) _____ (devastar) por un terremoto (*earthquake*). Poco después una grabación de la canción "Somos el mundo" (2) _____ (organizar) por Emilio Estefan para recaudar fondos (*to collect funds*) para ayudar a los haitianos que (3) _____ (afectar). Se reunieron más de 50 artistas latinos para la grabación, y el 1º de marzo el video de la canción (4) _____ (transmitir) en el Show de Cristina, en Univisión.

El tema original "We are the World" (5) _____ (escribir) por Michael Jackson y Lionel Richie y (6) _____ (producir) por Quincy Jones en 1985. (7) _____ (grabar) por varios cantantes, como Bruce Springsteen y Stevie Wonder, para recaudar fondos para combatir el hambre en África. Más de 10 millones de dólares (8) _____ (recaudar) por la venta de la canción, y otro millón (9) _____ (donar) por el público estadounidense.

4.21 **¿Quién lo hizo?** Busca la información en Internet para responder las siguientes preguntas. Después contesta usando la voz pasiva.

Modelo ¿Quiénes construyeron La Alhambra en Granada, España?
Fue construida por los moros.

1. ¿Quién dirigió las películas *Harry Potter and the Prisoner of Azkaban* y *Gravity*?
2. ¿Quién escribió la novela *La casa de los espíritus*?
3. ¿Quién diseñó el Parque Güell en Barcelona?
4. ¿Quién recibió el Premio Nobel de la Paz en 1992?
5. ¿Quién interpretó el papel de Che Guevara en la película *The Motorcycle Diaries*?
6. ¿Quién compuso la pieza de música clásica "El amor brujo"?
7. ¿Quién grabó las canciones "Desde esa noche" y "La movidita"?
8. ¿Quién pintó los murales en el Palacio Nacional de México?

4.22 **Mis favoritos** Habla con un compañero sobre tus cosas favoritas. Usen la voz pasiva para explicar cuándo o por quién fue hecha la acción y añadan información adicional. ¡OJO! El verbo **ser** no siempre estará en el pretérito.

Modelo   clase favorita / enseñar
   Estudiante 1: *Mi clase favorita fue enseñada por el señor Gómez. Fue una clase de arte.*
   Estudiante 2: *Mi clase favorita fue enseñada por la señora Díaz. Fue una clase de español.*

1. canción favorita / interpretar
2. libro favorito / escribir
3. cuadros favoritos / pintar
4. programa favorito / transmitir
5. película favorita / estrenar
6. álbum favorito / grabar

4.23 **¿Quién sabe?** Circula por la clase para encontrar un compañero que te pueda dar la respuesta a cada pregunta.

Modelo   diseñar la casa Batló
   Estudiante 1: *¿Sabes quién diseñó la casa Batló?*
   Estudiante 2: *Sí, fue diseñada por Antonio Gaudí.*

¿Sabes quién...?

1. escribir la novela *Don Quijote*
2. construir la ciudad de Machu Picchu
3. pintar los cuadros *Guernica* y *Les demoiselles d'Avignon*
4. interpretar los papeles del Zorro y el gato en *Shrek*
5. pagar los viajes de Cristóbal Colón
6. conquistar a los aztecas

La casa Batló fue diseñada por Antonio Gaudí.

4.24 **Avancemos** Con un compañero narren los eventos de la carrera de Horacio, un músico joven. Deben usar el pretérito y el imperfecto e incluir algunos verbos en la voz pasiva.

Chile

Arica
Iquique

Antofagasta

I. San Félix • • I. San Ambrosio
(Chile)

La Serena

Viña del Mar
Isla Sala y Gómez   Archipiélago   **Valparaíso** ✪ **Santiago**
(Chile)   Juan Fernández
Isla de Pascua   (Chile)   Rancagua
(Chile)   Océano
Pacífico   Talcahuano
Concepción
Temuco
Valdivia
Osorno
Puerto Montt

Puerto Aisén

Punta Arenas   **Estrecho de**
Tierra del Fuego   **Magallanes**

Antes de ver

Santiago es una ciudad cosmopolita donde hay muchas cosas que hacer y ver. Si eres aficionado a la historia, visita el Palacio de La Moneda o da un paseo por la Plaza de Armas. Si prefieres probar comida chilena, ve al Mercado Central donde hay una gran variedad de restaurantes que sirven comida típica. ¡No hay tiempo para aburrirse en Santiago!

4.25 **¿Ya sabes?**

1. Chile está en _____.
   - ☐ El Caribe
   - ☐ Sudamérica
   - ☐ Centroamérica
   - ☐ Norteamérica

2. ¿Cierto o falso?
   a. Chile tiene muchas islas en el sur, en la región de Patagonia.
   b. Bogotá es la capital de Chile.

3. ¿Qué tradición, imagen o persona asocias con Chile?

4.26 **Estrategia**

Knowing in advance what to listen for will help you find key information in a video's narration. Look at the comprehension questions in **4.27** and **4.28**, and write 5 key things that you will want to look for while you watch the video.

Al ver

4.27 **Escoge** Mira el video y escoge la respuesta correcta.

1. Santiago es un buen lugar para _____.
   a. practicar deportes   b. usar el metro   c. hacer negocios
2. La Alameda es una avenida _____.
   a. muy larga   b. muy corta   c. abandonada
3. En la ciudad hay varios estilos de arquitectura _____.
   a. norteamericana   b. europea   c. caribeña
4. En la Plaza de Armas hay una estatua de _____.
   a. Bernardo O'Higgins   b. Simón Bolívar   c. Cristóbal Colón
5. El Parque Forestal es ideal para _____.
   a. pasearse   b. celebraciones públicas   c. jugar al tenis

4.28 **Escribe** Completa las oraciones con las respuestas correctas.

1. Santiago es el centro financiero, _____ y político del país.
2. En Santiago hay barrios _____, construcciones antiguas y edificios modernos.
3. Bernardo O'Higgins ayudó a Chile a conseguir su _____.
4. El Palacio de la Moneda es la _____ de la presidencia y del gobierno.
5. La Plaza Italia se usa para _____ públicas.
6. El viaje en el _____ ofrece una vista espectacular de Santiago.

Vocabulario útil

el cuadro   *painting*
la cumbre   *summit, peak (of mountain, hill)*
el edificio   *building*
financiero(a)   *financial*
el negocio   *business*
la patria   *homeland*
la receta   *recipe*
la sede   *seat / branch (of government)*
el teleférico   *cable railway*
el triunfo   *victory, triumph*

Después de ver

4.29 **Expansión**

Paso 1 Mira la sección sobre Chile en **Exploraciones del mundo hispano** y lee **Investiga en Internet**. Escoge uno de los temas que te interese.

Paso 2 Busca información en Internet. Usa una fuente relevante.

Paso 3 Usando la información que encontraste en Internet, escribe un resumen de 3–5 oraciones en español. Comparte la información con tus compañeros.

A analizar ▷

La influencia de los músicos va más allá de su música. Elena habla de la fundación caritativa (*charitable*) de Shakira. Después de ver el video, lee el párrafo y observa los verbos en negrita. Luego contesta las preguntas que siguen.

¿A qué artista admiras, tanto por su música como su carácter?

Shakira es una artista colombiana muy importante, no solo por su fama como cantante y compositora, sino también porque ella **está muy involucrada** con la educación de los niños víctimas de la pobreza en Colombia. Su fundación *Pies Descalzos* **está dedicada** a brindar (*award*) educación gratuita a niños pobres en varias ciudades como Bogotá, Quibdó, Barranquilla y Cartagena. Esta fundación *fue establecida* en 1997, cuando Shakira apenas tenía 18 años. Hasta la fecha, seis colegios *han sido inaugurados*. La fundación *Pies Descalzos* y las personas que trabajan allí no solo **están comprometidas** a brindar educación pública de calidad a los niños, sino también a hacer de cada colegio un centro comunitario cuyas puertas **están abiertas** a la comunidad para ofrecer actividades extracurriculares formativas, recreativas, culturales y productivas.

—Elena, Colombia

1. With what verb are the participles in bold used? And the participles in italics?
2. Identify the person or object that each participle refers to. Does each participle agree?

A comprobar

El participio pasado con **estar** y contrastado con la voz pasiva

1. In **Exploraciones gramaticales 1,** you learned to form the passive voice using the verb **ser** and the past participle to create passive sentences.

> El contrato **fue firmado** por todos.
> *The contract **was signed** by everyone.*

The past participle is used with the verb **estar** to indicate a condition or the result of an action. Because the past participle functions as an adjective, it must agree in gender and number with the noun it describes.

> Todos **están aburridos** porque el concierto no ha empezado.
> *Everyone **is bored** because the concert hasn't started.*

> Todas **están acostumbradas** a escuchar la música fuerte.
> *Everyone is **accustomed to (used to)** listening to loud music.*

Note that when forming a participle from a reflexive verb, the pronoun is not used.

For example, the participle of the verb **acostumbrarse** is **acostumbrado.**

2. When describing a past condition, the focus is generally not on the beginning or the end of the condition; therefore, the verb **estar** is often conjugated in the imperfect.

> Creí que mi MP3 **estaba perdido.**
> *I thought my MP3 **was lost.***

> Las luces en el estudio **estaban apagadas.**
> *The lights in the studio **were turned off.***

3. The use of **ser** and **estar** with the past participle is determined by whether the focus is on the action or the result of an action. If the focus is on whether or not something was done (or when, how, by whom, etc.), then the sentence is passive and the verb **ser** is used. However, if the participle describes a condition (the result of an action), then the verb **estar** is used.

Remember that the passive voice is not commonly used in Spanish, so not all verbs will be appropriate in both forms. In many cases the passive **se** will be used rather than the passive voice.

Action	Condition
La taquilla **fue cerrada** tan pronto como se agotaron las entradas.	La entrada al concierto ya estaba **cerrada** cuando llegué.
*The ticket window **was closed** as soon as the tickets ran out.*	*The entrance to the concert **was** already **closed** when I arrived.*
El escenario **fue preparado** la noche anterior.	El escenario **estaba preparado** cuando llegaron los músicos.
*The stage **was prepared** the night before.*	*The stage **was prepared** when the musicians arrived.*

A practicar

4.30 **Mi cuarto** Lee las siguientes oraciones y decide si son ciertas o falsas, según hayas dejado tu cuarto hoy.

1. La cama está hecha.
2. Una planta está muerta.
3. La puerta está cerrada.
4. Las cortinas están abiertas.

5. Toda la ropa está colgada.
6. La computadora está encendida.
7. El radio está apagado.

4.31 **¿Ya lo hiciste?** Imagínate que eres músico y tu agente te hace las siguientes preguntas. Respóndele usando el verbo **estar** y el participio pasado. Atención a la concordancia *(agreement)*.

Modelo ¿Guardó usted los instrumentos?
Sí, están guardados.

1. ¿Firmó el contrato?
2. ¿Escribió la letra para una nueva canción?
3. ¿Compuso la música?
4. ¿Grabó las canciones?

5. ¿Reservó los hoteles para la gira *(tour)*?
6. ¿Hizo las reservaciones de avión?
7. ¿Preparó sus maletas?
8. ¿Apagó las luces en el estudio?

¿Preparó sus maletas?

4.32 **¿Qué tienes?** Túrnense para preguntar y responder acerca de los objetos que tienen. Atención a la concordancia.

Modelo   algo pintado de rojo
          Estudiante 1: *¿Tienes algo pintado de rojo?*
          Estudiante 2: *Sí, mi silla está pintada de rojo. ¿Y tú?*
          Estudiante 1: *No tengo nada pintado de rojo.*

1. algo perdido
2. algo roto
3. algo hecho a mano
4. algo escrito en español
5. algo firmado por alguien conocido
6. algo importado
7. algo prestado *(borrowed)*
8. algo descompuesto

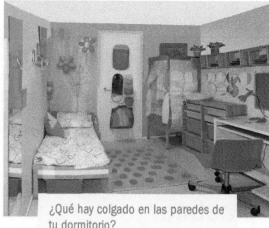
¿Qué hay colgado en las paredes de tu dormitorio?

4.33 **Wisin y Yandel** Lee acerca del dúo puertorriqueño Wisin y Yandel y decide si se debe usar el verbo **ser** o **estar** con el participio. Después conjuga el verbo en la forma apropiada. Presta atención al uso del pretérito y del imperfecto.

1. El dúo puertorriqueño Wisin y Yandel _____ formado en 1998, pero no fue hasta 2007 que _____ reconocido mundialmente.

2. Su álbum *Líderes* _____ lanzado *(launched)* en julio de 2012.

3. El dúo _____ interesado en grabar con otros artistas, entonces Jennifer López _____ invitada a participar en el álbum.

4. El primer sencillo *(single)* "Follow the Leader", que _____ escrito en inglés y en español, _____ presentado por primera vez en American Idol.

5. El video para la canción _____ grabado en Acapulco, México.

6. En el video Jennifer López _____ vestida de negro y dorado *(gold)*, y tatuada con la palabra "líderes".

7. El público _____ entusiasmado con la canción, la cual llegó al #1 en el Billboard de los Estados Unidos.

8. *Líderes* es el último álbum que _____ grabado por el dúo antes de separarse para tener carreras comos solistas.

4.34 **Entrevista** Decide qué verbo completa mejor la oración y usa la forma apropiada prestando atención a los tiempos verbales. Después usa las preguntas para entrevistar a un compañero.

1. ¿(Tú) (Ser / Estar) acostumbrado a escuchar música cuando estudias? ¿Qué música escuchas?

2. ¿Tienes música que (ser / estar) grabada en español? ¿De quién?

3. ¿Cuándo fue la última vez que fuiste a un concierto? ¿Dónde (tú) (ser / estar) sentado?

4. ¿Conoces a alguien que (ser / estar) interesado en una carrera relacionada con la música? ¿Cuál?

5. Cuando eras niño ¿(ser / estar) obligado a tomar clases de música? ¿Qué tipo de clases?

6. ¿Alguna vez (ser / estar) despertado por la música de un vecino? ¿Qué hiciste?

4.35 Avancemos Cuando un músico regresó a su camerino *(dressing room)* esto fue lo que encontró. Con un compañero describan lo que vio al entrar. Luego expliquen lo que piensan que pasó.

Antes de leer

¿De qué hablan las letras de tus canciones favoritas?

A leer

Música para el cambio

Hay canciones que hacen época y épocas que hacen canciones. Gracias al ritmo de la música, sus letras trascienden, impactan y se recuerdan. En los años setenta se popularizó en Latinoamérica la llamada música de protesta, para **pronunciarse** contra las dictaduras de la época, o a favor de varios movimientos sociales, incluyendo la Revolución cubana.

speak out

AP Images/Alexandre Meneghini

Calle 13, un grupo puertorriqueño muy talentoso y ganador de varios Grammys

La tradición de hablar sobre temas sociales con su música continúa y los artistas hispanos siguen promoviendo cambios en la sociedad y nuevas actitudes. Entre los grupos modernos cabe mencionar a Calle 13, un grupo **boricua** que obtuvo atención mundial en el 2011 con su tema "Latinoamérica", una canción sobre la condición social de muchos pueblos de esta región del mundo.

puertorriqueño

A continuación presentamos una breve lista de otros músicos que promueven cambios a través de su arte y de sus acciones.

INVESTIGUEMOS LA MÚSICA

Busca en Internet la canción "Latinoamérica", del grupo puertorriqueño Calle 13. ¿Cuál crees que sea el mensaje de la canción?

Manu Chao: Hijo de padres españoles emigrados a Francia, se ha comprometido con varias causas sociales y se ha solidarizado con diversos movimientos. Inició su carrera como músico callejero y se hizo famoso originalmente como parte del grupo Mano Negra. Posteriormente ha seguido una carrera de solista. Manu Chao ha sido un defensor de la libertad y se ha manifestado contra la globalización. En sus canciones toca temas como la inmigración (su familia emigró de España durante los años de la dictadura de Francisco Franco), e incluye ocasionalmente frases dichas en discursos de varios líderes. También se ha solidarizado al participar en conciertos para favorecer las causas en las que él cree.

Juanes: Este conocido cantante colombiano se ha destacado por el alto contenido social de sus canciones y por su preocupación por la **paz**. Además, Juanes estableció una fundación para asegurar que los niños de Colombia puedan vivir en una sociedad de paz. Las letras de muchas de sus canciones revelan este interés personal del artista. Juanes ha luchado activamente contra las **minas**, y también **se ha sumado** a la lucha para prevenir el **SIDA**.

peace

minefields / has joined
AIDS

Maná: Este grupo mexicano inició su carrera con el nombre de Sombrero Verde, y al poco tiempo cambiaron al nombre de Maná, con el que se convirtió en uno de los grupos más conocidos en el mundo hispano. Su música es una combinación de ritmos y estilos diferentes, incluyendo rock, reggae, ska y música latinoamericana. Hay quien compara a Maná con el grupo irlandés U2. Es posible que esta comparación esté basada en el compromiso social de Maná. El grupo creó su propia fundación, Selva Negra, en 1995 para apoyar la protección del medio ambiente, lo que han seguido haciendo desde entonces. En 2016 Maná firmó un contrato con el Banco Interamericano de Desarrollo para crear estrategias para enfrentar los efectos del cambio climático. Esta iniciativa recibió el nombre de "¿Dónde jugarán los niños?", que es también el título de la canción ambientalista más conocida de Maná.

Maná es uno de los grupos más conocidos en mundo hispano.

Axelle/Bauer-Griffin/FilmMagic/Getty Images

A través de sus fundaciones, todos estos artistas continúan su compromiso con la sociedad y el medio ambiente, y a través de sus canciones **concientizan** a su público sobre problemas sociales, políticos y ambientales.

raise awareness

Sources: http://www.juanes.net/content.bio; http://www.mana.com.mx/ http://musica.about.com/od/canciones_universales/tp/10-Canciones-De-MUsica-Protesta.htm

Comprensión

1. ¿Qué es la música de protesta y cuál fue su objetivo?
2. ¿Cómo comenzó Manu Chao su carrera?
3. ¿Cómo se solidariza Manu Chao con las causas en las que cree?
4. ¿Qué causas defiende Juanes?
5. ¿Cómo es la música de Maná?
6. ¿Cuál es el objetivo de la Fundación Selva Negra?

A investigar
Otros artistas conocidos que tienen fundaciones para ayudar son Ricky Martin, Ricardo Arjona, Ricardo Montaner y Shakira. Busca en Internet información sobre los objetivos de sus fundaciones y sus logros. Comparte la información con tus compañeros. ¿A qué fundación apoyarías? ¿Por qué?

Después de leer

1. ¿Conoces alguna canción que haya influenciado a la sociedad o a la opinión pública en un momento dado?
2. ¿Conoces a algún otro artista que tenga una fundación para apoyar una causa que le importe?
3. ¿Has comprado algún álbum o alguna canción para apoyar una causa? Explica.

4.36 La música de ayer y hoy Elena habla de la música en Colombia. Completa el texto usando la forma apropiada del **se** pasivo o del **se** impersonal de los verbos indicados. **¡OJO!** Necesitarás usar el presente indicativo y el imperfecto.

Creo que en Colombia siempre (1) _____ (escuchar) música. Un medio muy popular es la radio porque (2) _____ (poder) escuchar en cualquier lado. Por ejemplo, en los autobuses de transporte público siempre (3) _____ (oír) la estación de radio favorita del conductor.

Antes de la invención de los CDs, (4) _____ (conseguir) música comprando un acetato *(acetate record)* o un casete, o grabando las canciones favoritas que (5) _____ (tocar) en la radio en un casete utilizando el estéreo de su casa. El problema con los acetatos era que (6) _____ (rayar *to scratch*) fácilmente y (7) _____ (perder) la calidad del sonido. Hoy en día, (8) _____ (bajar) música de Internet o (9) _____ (comprar) los CDs en una tienda de discos.

4.37 Los hispanos en los Estados Unidos Los siguientes son datos interesantes de la presencia de los hispanos en los Estados Unidos. Cambia las oraciones a la voz pasiva. Presta atención a la concordancia *(agreement)*.

Modelo   Ponce de León exploró el territorio que ahora es Florida.
         El territorio que ahora es Florida fue explorado por Ponce de León.

1. Los misionarios franciscanos fundaron la Misión San Antonio de Valero, conocida hoy como El Álamo.
2. En el estado de Nuevo México eligieron al primer gobernador hispano, Ezequiel Cabeza de Baca, en 1917.
3. César Chávez y Dolores Huerta formaron la Asociación Nacional de Trabajadores del Campo en 1962.
4. En 1990 Óscar Hijuelos recibió el Premio Pulitzer.
5. En 2009 Barack Obama nominó a Sonia Sotomayor a la Corte Suprema de Justicia.
6. Alejandro González Iñárritu dirigió las películas *Birdman* y *The Revenant*.

4.38 ¿Ser o estar? Completa el siguiente párrafo con la forma apropiada del verbo **ser** o **estar**. Atención al uso del pretérito y del imperfecto.

Anoche (yo) (1) _____ invitado a un concierto de música latina. ¡(2) _____ muy emocionado! El evento (3) _____ organizado por el Centro Cultural. Llegué a las 7:30 y las puertas todavía (4) _____ cerradas. Cuando abrieron las puertas busqué mi asiento... (5) _____ sentado en la tercera fila. El concierto comenzó a las ocho y el primer grupo musical (6) _____ presentado por el director del centro. Fue un grupo increíble y algunas de las canciones (7) _____ interpretadas a capela, o sea *(in other words)* sin instrumentos. Cuando terminaron, salió una solista que (8) _____ vestida en un traje tradicional de Guatemala y cantó en quechua, su lengua materna. Cuando terminó de cantar todos (9) _____ encantados y querían escuchar más. El concierto terminó a las 10:30 y (yo) (10) _____ agradecida con mi amigo por haberme invitado.

4.39 Tabú Con un compañero túrnense para describir una de las siguientes palabras. Tu compañero va a determinar cuál es la palabra que se describe.

la balada   la batería   componer   el concierto   el coro   desafinado   el estribillo
el éxito   interpretar   la letra   la música clásica   la ópera   la orquesta   el público

---

4.40 ¿Qué opinan? Con un compañero comenta las siguientes afirmaciones sobre la música y ofrece tu opinión. Cuidado con el uso del subjuntivo, del indicativo y de los tiempos necesarios.

1. Cuando las letras de una canción están censuradas, se protege a los niños.

2. En el futuro la globalización llevará a nuevos estilos de música, pero menos variedad en general.

3. Un cantautor puede cantar sus canciones mejor que otro cantante.

4. Antes la música rock se consideraba atrevida *(risqué)*.

5. Las canciones que se transmiten más en las emisoras de radio se hacen más irritantes.

6. Si no existiera la piratería de música, los discos se venderían más baratos.

7. A medida que *(As)* los músicos se convierten en estrellas tienen mayor influencia para promover las causas que apoyan.

4.41 Y los nominados son... En grupos de tres y cuatro van a seleccionar al ganador del premio Artista del Año.

Paso 1 En grupos van a decidir las características que hacen que un artista sea sobresaliente *(outstanding)*. Piensen en otros factores además de su música, como su presencia, su carácter, etcétera. Sean específicos. Al final deben estar de acuerdo con una lista de tres características.

Paso 2 Individualmente cada uno debe escribir en un papel el nombre del artista que piensa que merece *(deserves)* el título. Después todos los miembros del grupo van a nominar a su artista y explicar por qué lo nominaron.

Paso 3 Entre todos deben decidir quién va a recibir el premio según el criterio que eligieron. Después repórtenle su selección a la clase y expliquen por qué seleccionaron a ese artista.

📶 Entrando en materia

Con un compañero de clase respondan las preguntas.

1. ¿Qué funciones tiene la música en una sociedad?
2. ¿Por qué escuchan música? ¿Qué géneros de música les gustan más?

🔊 La función de la música

Elena va a hablar de la música en Colombia. Toma apuntes sobre lo que dice. Después compara tus apuntes con un compañero y organiza la información para contestar las siguientes preguntas.

Comprensión

1. ¿Cuántos ritmos diferentes se tocan en Colombia?
2. ¿Qué música escucha Elena ahora? ¿Qué música escuchaba Elena en su adolescencia?
3. Elena menciona a varios músicos. ¿De qué países son?
4. ¿Por qué fueron conocidos Los Prisioneros?
5. Para Elena, ¿qué función tiene la música? ¿Qué ha hecho Juanes que ejemplifica esta función?

Más allá

¿Piensas que la música (o los músicos) puede(n) lograr cambios a nivel mundial? ¿Conoces músicos que hablan de temas sociales o políticos?

¿Tienen los músicos la responsabilidad de promover el cambio social?

Ferenc Szelepcsenyi/Shutterstock.com

La música

el álbum	album	el estribillo	chorus, refrain
la apreciación	appreciation	el éxito	musical hit, success
la armonía	harmony	el género	genre
la balada	ballad	la gira	tour
la canción	song	la grabación	recording
el (la) cantautor(a)	singer-songwriter	la letra	lyrics
el canto	singing	el oído	ear (for music)
el concierto	concert	la ópera	opera
el conservatorio	conservatory	la orquesta	orchestra
la coreografía	choreography	el público	audience
el coro	choir	el radio / la radio	radio (device) / radio (transmission)
el disco	record		
el disco compacto (CD)	compact disc	el sonido	sound
el ensayo	rehearsal, practice	la voz	voice

Los instrumentos musicales y su clasificación

el bajo	bass	el instrumento de cuerda / percusión / viento	string / percussion / wind instrument
la batería	drum set		
el clarinete	clarinet	la trompeta	trumpet
la flauta	flute	el violín	violin

Tipos de música

el blues	blues	la música folclórica	traditional folk music
el hip hop	hip hop	la música pop	pop music
el jazz	jazz	el rap	rap
la música clásica	classical music	el reggaetón	reggaeton
la música country	country music		

Adjetivos

culto(a)	educated, cultured	exitoso(a)	successful
desafinado(a)	out of tune	pegajoso(a)	catchy
entonado(a)	in tune	popular	popular

Verbos

acabar	to finish, to run out of	perder (ie)	to lose
apagar	to turn off, to shut down	presentarse	to perform
caer	to fall, to drop	quedar	to remain (behind), to be left
componer	to compose		
descomponer	to break down (a machine)	romper	to break
		tararear	to hum
dirigir	to conduct, to lead	tocar	to play
ensayar	to rehearse		
interpretar	to perform, to interpret, to play (a role)		
olvidar	to forget		

Felipe Fernández

Biografía

Felipe Fernández (1956–) es un escritor y profesor de Letras argentino. También ha trabajado en varias editoriales y en el periódico argentino *La Nación*. Su primer libro se publicó en 1987. En 2008 obtuvo el primer premio en el Concurso Victoria Ocampo por su libro de cuentos, *La sala de los Napoleones*. El cuento *El violinista* pertenece a esta colección.

Antes de leer

 Con un compañero respondan las siguientes preguntas.

1. ¿Tocas algún instrumento musical? ¿Te gusta tocarlo? ¿Por qué? ¿Fue difícil de aprender?

2. ¿Alguna vez has cambiado un aspecto de tu personalidad o has intentado algo nuevo para complacer *(to please)* a otra persona?

3. Si alguien tiene un don *(gift)* artístico, ¿necesita usarlo? ¿Debe dedicarse a este don o seguir otro camino más tradicional?

El violinista

—¿Usted qué es? —le preguntó el hombre.

—Soy violinista —dijo.

—Nosotros necesitamos guitarristas.

—Puedo aprender.

put away   5   Y aprendió. **Guardó** su violín en un armario y durante unos años tocó la guitarra. Hasta que ya no necesitaron más guitarristas y el hombre que lo había contratado se fue. Y vino otro hombre y le preguntó.

—¿Usted qué es?

Habló con amabilidad. Él dudó. Todavía tenía la guitarra en las manos, pero entonces

10   recordó con cariño el violín encerrado en el armario y contestó:

—Violinista.

—Qué interesante —dijo el otro hombre—. ¿Y qué tipo de violín toca?

made   —Un violín de bronce que yo mismo **fabriqué**. Tiene cinco cuerdas y está afinado en

D minor   **re menor**.

15   —Qué interesante. Así que no es un violín como los demás.

—No.

El hombre parecía interesado. Mantuvo su mirada de curiosidad unos segundos y después le explicó que no necesitaban esa clase de violinistas.

20 —El problema es el número de cuerdas. Nosotros preferimos violinistas que toquen instrumentos de cuatro cuerdas. Si fueran dos o tres, haríamos una excepción. Pero cinco es intolerable. Que el violín sea de bronce podemos aceptarlo. Y la afinación puede cambiarse, pero lo de las cuerdas es algo serio.

—Entiendo. También toco la guitarra. Cualquier clase de guitarra —**agregó** para que *added*
el otro hombre no pensara nada raro.

25 El otro hombre no pensó nada raro. Parecía **entristecido**. *saddened*

—Nosotros ya no necesitamos guitarristas. Ahora necesitamos **escaladores**. *climbers*

—¿Y para qué necesitan escaladores?

—No sé —el otro hombre quería demostrarle que él no controlaba todo—. Yo sólo me ocupo de contratar escaladores. La empresa que me ofreció el trabajo no me dio detalles.

30 **A propósito**, ¿sabe escalar? *By the way*

—Puedo aprender.

Y aprendió. Durante años escaló montones de cosas. En **la copa** de un árbol, *top*
la cima de una montaña o la terraza de un edificio siempre lo esperaba un hombre que le *summit*
entregaba **un sobre** con dinero. Y el dinero nunca era proporcional a la altura. Por llegar *envelope*
35 a **la cumbre** del Aconcagua le pagaron menos que por subirse a un jacarandá. Y su mejor *summit*
paga la obtuvo subiendo al Monumento de la Bandera en Rosario. Ellos no le decían
por qué y él tampoco preguntaba. Sólo seguía escalando. Hasta que ya no necesitaron
escaladores y el hombre que lo había contratado se fue. Y vino otro y otro. Vinieron
muchos hombres y cada uno le preguntó qué era. Y él se acostumbró a responder con su
40 último **oficio**. Nunca más mencionó el violín. Y lo último que hizo antes de morirse *job*
fue **enlazar**. Montones de cosas: estatuas, rocas, gente con cara de **palangana**, animales *to lasso or rope / dummy*
disecados. Incluso dragones, pero nunca **basiliscos**. Los enlazaba de a pie, a caballo, en *preserved, stuffed / type of reptile*
bicicleta o en moto. Incluso en helicóptero, pero nunca desde pirámides. Un enlazador
excelente.

45 Sin embargo, cuando murió no lo **enterraron** con un lazo ni una guitarra, sino con *buried*
su violín y a los pocos días vinieron a buscarlo de urgencia. Porque ahora necesitaban un
violinista y uno de esos hombres se había acordado de él. Como no quería comprometerse
ni crear falsas expectativas, ni bien le golpearon **la lápida** de su tumba les aclaró lo del *tombstone*
violín: de bronce, cinco cuerdas y afinado en re menor.

50 —Exactamente la clase de violinista que necesitamos —dijo el hombre que lo había
venido a buscar.

Él percibió su ansiedad. Desde la vibrante oscuridad de la muerte podía escuchar y
hablar casi como un fantasma: Así que consideró oportuno aclararle:

—Pero mire que estoy muerto.

55 —¿Sabe **resucitar**? *to return to life*

—Puedo aprender.

Y aprendió. Sí, resucitó en menos que **ladra** un perro, porque no había gallos en ese *barks*
cementerio. Una resurrección **prolija**, sin **estridencias**, que no molestó a nadie. Después *detailed / uproar*
tuvo que aprender a vivir otra vez, porque en unos días de muerto se había olvidado
60 de cómo respirar, comer o caminar. Incluso de pensar. Sobre todo de pensar que estaba
muerto. O del tiempo. Porque ya no había más tiempo que perder o ganar. Ya no había más
tiempo. Había estado fuera del tiempo y ahora estaba otra vez en el tiempo. Y por último

creyó que debía aprender de nuevo a tocar el violín. Pero eso fue distinto porque había nacido con ese **don**, y había vivido y muerto con ese don. Así que resucitó con él. **Bastó** con que
65 se acordara que lo tenía. Y se acordó rápido porque lo estaban esperando. Impacientes por escucharlo tocar su violín de bronce, de cinco cuerdas y afinado en re menor.

Elnur/Shutterstock.com

Felipe Fernández, "El violinista," *La sala de los Napoleones*. Ediciones Fundación Victoria Ocampo, 2009. Used with permission of the publisher.

Después de leer

A. Comprensión

1. ¿Por qué aprendió a tocar la guitarra el protagonista?

2. ¿Qué otros trabajos aprendió a hacer? ¿Por qué decidió aceptarlos?

3. Cuando murió, ¿con qué objeto lo enterraron? ¿Por qué escogieron este objeto?

4. ¿Qué pasó después de que se murió? ¿Qué tuvo que aprender de nuevo? ¿Qué no tuvo que aprender?

5. ¿Este cuento es más realista o más mágico? Tomando en cuenta el lenguaje que emplea el autor, ¿cuáles son ejemplos de los dos? ¿Cómo contribuyen estos dos elementos a hacer que el cuento sea más interesante?

6. ¿Qué describe el narrador: el escenario o los eventos? ¿Contribuye al tono fantástico del cuento? ¿Da alguna opinión o perspectiva?

B. Conversemos

1. ¿Qué dice el autor de los dones? ¿Se pueden ignorar? ¿Se deben ignorar?

2. ¿Es posible ejercer bien una profesión sin sentir pasión por ella? ¿Por qué? ¿Es aconsejable adaptarse a nuevas circunstancias económicas y olvidarse de los talentos innatos?

3. ¿Significa algo que el protagonista tenga tantos trabajos?

Escalar fue un trabajo, no su pasión.

CAPÍTULO 5

Estrategia para avanzar

The key to accurate self-expression is a robust vocabulary. In order to improve your ability to precisely describe emotions, actions, and appearances, it's important that you spend time learning new words and phrases. One way to do this is to make note of ideas you would like to express in Spanish but don't have the words for, and look them up.

In this chapter you will learn how to:

- Discuss literary texts
- Build interpretation and analysis skills
- Develop longer, complex sentences

El mundo literario

Una librería en Madrid, España

Durante su niñez el Dr. Fuentes descubrió que era un explorador innato, interesado en todo lo que había a su alrededor. De niño tuvo también la oportunidad de viajar a México, Guatemala, El Salvador y a varias partes de los Estados Unidos.

Vocabulario útil

acabar (con)   *to get rid of*
inherente   *inherent*
innato   *innate, natural*
la jerarquía   *hierarchy, power structure*
realmente   *truly*

Hoy en día el trabajo de investigación del Dr. Fuentes abarca *(covers)* muchos temas diferentes y apasionantes. Investiga la evolución humana desde diversas perspectivas. Con la información que emerge desea acabar con algunas conclusiones equivocadas que se difunden como si fueran verdaderas. Un ejemplo de esto es su trabajo sobre la naturaleza de la agresión en los seres humanos... ¿es la violencia realmente inherente al ser humano? Su respuesta a esta pregunta es un rotundo no. Para Fuentes, el instinto de cooperación, la sociabilidad y la amistad son las características humanas que realmente guían la existencia del ser humano.

Otras áreas que ha examinado incluyen el concepto de raza entre los humanos, y el estrés entre los monos. Después de estudiar a monos macacos por más de 600 horas, Fuentes concluyó que los monos que están en las jerarquías medias tienen más contacto con otros (los de las jerarquías de arriba y las de abajo), lo que resulta en más estrés para ellos, algo muy similar a la experiencia de los gerentes de muchos negocios. La manera en la que los macacos alivian su estrés podría servirles de ejemplo a muchos humanos, concluye Fuentes. Para reducir el estrés los macacos buscan el contacto entre sí *(among themselves)*.

En otro estudio con macacos, el Dr. Fuentes trata de encontrar una respuesta a por qué este tipo de mono puede relacionarse fácilmente con los humanos, a diferencia de muchas otras especies.

Sources: http://news.nationalgeographic.com/news/2013/02/130411-macaque-monkey-stress-middle-manager-hierarchy-behavior-human-science/
http://www.nationalgeographic.com/125/exploration-moments/explorer-moment-of-the-week-agustin-fuentes/

El Dr. Agustin Fuentes, oriundo de (native of) California, estudió la licenciatura en antropología y zoología en la Universidad de California en Berkeley, y completó un doctorado en antropología. Sus áreas de interés son la antropología biológica y la primatología. Su interés en estos temas lo ha llevado a regiones muy lejanas, como las selvas de Bali o Singapur. El Dr. Fuentes también ha publicado numerosos libros.

EN SUS PALABRAS

"Si pudiera darme un consejo a mí mismo cuando tenía ocho años, me aconsejaría aprender a tocar música. En mis viajes he aprendido que la música, junto con el fútbol y una sonrisa, son la mejor manera de romper el hielo *(ice)* en un lugar donde uno es diferente, y quizás no hable el idioma."

5.1 **Comprensión**

1. ¿Cuáles son dos temas que investiga el Dr. Fuentes?
2. ¿Qué quiere que la gente sepa acerca de la agresión en los seres humanos?
3. Según Fuentes, ¿qué características innatas son muy importantes para los humanos?
4. ¿Qué similitud encontró entre los monos macacos y los seres humanos?

5.2 **A profundizar** El Dr. Fuentes habla de lo que se aconsejaría a sí mismo cuando tenía ocho años. Si tú pudieras darte un consejo a esa edad, ¿cuál sería?

5.3 **¡A explorar más!** Averigua más sobre los monos macacos. ¿Dónde viven? ¿Cómo son sus sociedades? ¿Cuántos tipos diferentes hay?

¿Te gusta leer? ¿Tienes un libro o un autor favorito?

La literatura

la antología *anthology*
el (la) autor(a) *author*
el capítulo *chapter*
el círculo de lectura *book club*
el cuento *short story (fictional)*
el desenlace *ending*
el drama *drama*
la editorial *publisher*
el ensayo *essay*
el guión *screenplay*
el (la) guionista *screenplay writer*
la historia *story, history*
el (la) lector(a) *reader*
la lectura *text, reading*
el libro de bolsillo *paperback*
el libro de pasta dura *hardbound book*
el libro electrónico *e-book*

el libro impreso *printed book*
el (la) narrador(a) *narrator*
la narrativa *narrative*
la novela *novel*
la obra *work (of art or literature)*
la ortografía *spelling*
el personaje *character*
el poemario *book of poems*
la portada *cover*
la publicación *publication*
el relato *story, tale*
la revista *magazine*
la secuela *sequel*
el taller (de literatura) *(writing)
workshop*
el tema *theme, topic*
la traducción *translation*
la trama *plot*

Tipos de libros

biográfico(a) *biographical*
de autoayuda *self-help*
de consulta *reference*
de ficción *fiction*
didáctico(a) *educational instructive*
infantil *children's (literature)*
juvenil *young adult (literature)*

Verbos

aportar *to contribute*
catalogar *to catalog*
editar *to edit*
imprimir *to print*
publicar *to publish*
superarse *to improve oneself*
tener lugar *to take place*
traducir *to translate*

INVESTIGUEMOS EL VOCABULARIO

La Asociación de Academias de la Lengua Española published a number of recommendations in 2010. According to them, the word **guión** does not require an accent on the "o" anymore. However, because these are only recommendations, it is acceptable also to continue using the old rules.

A practicar

5.4 🔊 **Escucha y responde.** Observa la ilustración y decide si las afirmaciones son ciertas o falsas. Después corrige las falsas.

1. ... 2. ... 3. ... 4. ... 5. ...

5.5 **Ideas incompletas** Completa las siguientes ideas con una palabra lógica del vocabulario.

1. Un libro sobre la vida de una persona es una _____.

2. La persona que transforma un libro en un guión para hacer una película es el _____.

3. Cuando se escribe una continuación a un libro, el segundo libro es una _____.

4. Un libro que es una colección de poemas es un _____.

5. Un libro que es una colección de obras de diferentes autores es una _____.

6. Un diccionario se cataloga como un libro de _____.

7. La persona que escribe un libro es un _____.

8. Los libros escritos para los lectores adolescentes son libros _____.

5.6 **Los regalos** Imagina que un compañero y tú quieren comprar libros para regalarles a las siguientes personas. Decidan qué tipos de libros deben comprar y expliquen por qué.

1. a su abuela
2. al presidente
3. a su primo (de 8 años) y a una prima (de 15 años)
4. a Enrique Iglesias
5. a tu mejor amigo
6. al maestro de la clase

5.7 **La literatura desde tu perspectiva** Con un compañero comenten las preguntas acerca de la ilustración en la página anterior. Recuerden que el objetivo es tener una pequeña conversación, dando información adicional cuando sea posible.

1. ¿Qué están haciendo las personas en la primera imagen? ¿Por qué? ¿Qué tipo de libro leen? ¿Alguna vez has participado en un círculo de lectura? ¿Por qué? ¿Qué se necesita para crear un círculo de lectura? Si tuvieras tu círculo de lectura, ¿qué libros sugerirías y por qué?

2. Observa la escena de dos estudiantes. ¿Qué piensas que están haciendo? ¿Por qué crees que hay clases de literatura en las escuelas?

3. En una de las escenas un hombre lee un libro electrónico. ¿Por qué puede ser conveniente viajar con un libro electrónico? ¿Te gusta leer cuando viajas? ¿Piensas que es preferible llevar un libro impreso o un libro electrónico? ¿Por qué?

4. En una de las escenas unos niños leen. ¿Qué tipo de libros piensas que están leyendo? ¿Te gustaba leer cuando eras niño? ¿Qué libros preferías?

Expandamos el vocabulario

The following words are listed in the vocabulary. They are nouns, verbs, or adjectives. Complete the table using the roots of the words to convert them to the different categories.

Verbo	Sustantivo	Adjetivo
editar		
	publicación	
		superado
aportar		

5.8 **En busca de...** Circula por la clase y pregúntales a compañeros diferentes si han hecho las siguientes actividades. Toma notas para reportarle a la clase. **¡OJO!** Usa el presente perfecto para preguntar.

> Modelo   tomar una foto para el periódico de la escuela (¿De qué?)
> Estudiante 1: *¿Alguna vez has tomado una foto para el periódico de la escuela?*
> Estudiante 2: *Sí, he tomado fotos para el periódico.*
> Estudiante 1: *¿De qué?*
> Estudiante 2: *Tomé fotos en el partido de básquetbol.*

1. leer un libro en español (¿Cuál?)
2. escribir un poema/cuento (¿Lo publicó?)
3. regalar libros (¿A quién(es)? ¿Cuáles?)
4. participar en un círculo de lectura (¿Por qué?)
5. ver una película basada en un libro (¿Fue buena?)
6. ir a bibliotecas con frecuencia (¿Con qué frecuencia?)

5.9 **Libros electrónicos** Vivimos en un mundo cambiante. Piensa en el futuro de los libros y contesta estas preguntas con un compañero.

1. ¿Tiene alguien en tu familia un lector electrónico? ¿Por qué?
2. ¿Cuáles son las ventajas de los libros electrónicos? ¿y las desventajas?
3. ¿Crees que los libros impresos terminarán por desaparecer? ¿Por qué?
4. ¿Alguna vez has bajado libros electrónicos gratuitos *(free)* de fuentes como una biblioteca, el proyecto Gutenberg u otro sitio?

5.10 **Los libros y las ideas** Con un compañero elijan una de las siguientes opiniones y hablen de las ventajas y las desventajas. Preséntenle a la clase la información y una conclusión.

1. Es imposible que una película sea tan buena como el libro original.
2. A veces está bien censurar libros.
3. Es importante hacer todo lo posible para proteger los derechos del autor *(copyright)*.

5.11 **Citas** Con un compañero lean las siguientes citas sobre los libros y digan si están de acuerdo con ellas. Expliquen por qué.

- Los libros son como los amigos, no siempre es el mejor el que más nos gusta. (Jacinto Benavente, *Obras Completas*, v. IX. Aguilar, 1951)

- He firmado tantos ejemplares *(copies)* de mis libros que el día que me muera va a tener un gran valor uno que no lleve mi firma. (Jorge Luis Borges, *En Torno a Borges.* Hachette Groupe Livre, 1984)

- Todos los buenos libros tienen en común que son más verdaderos que si hubieran sucedido *(happened)* realmente. (Ernest Hemingway, "Old Newsman Writes: A Letter from Cuba," *Esquire*, 1934)

- Hay libros cortos que, para entenderlos como se merecen *(deserve)*, se necesita una vida muy larga. (Francisco de Quevedo, escritor español, 1580–1645)

- Nunca se debe juzgar *(judge)* un libro por su portada. (anónimo, refrán popular)

5.12 **El microcuento** Un género muy popular entre escritores latinoamericanos es el cuento corto o microcuento, una historia breve, generalmente con un final inesperado. Con un compañero elijan una de las ilustraciones para escribir un cuento corto. Recuerden que su cuento debe tener personajes, trama y desenlace.

INVESTIGUEMOS LA CULTURA

One of the more well-known authors of short short stories (**microcuentos**) was Augusto Monterroso, who wrote the shortest one in the history of universal literature:

"Cuando despertó, el dinosaurio todavía estaba allí".

"El Dinosaurio," *Obras completas (Y otros cuentos)*. UNAM, 1959. Used with permission.

Felix Mizioznikov/Shutterstock.com

Everett Collection/Shutterstock.com

pio3/Shutterstock.com

JacintaPhoto/Shutterstock.com

A perfeccionar

A analizar

En los años sesenta y setenta la literatura latinoamericana experimentó un gran auge *(boom)* conocido como el Boom. Elena describe una novela de su escritor favorito, Gabriel García Márquez, escritor del Boom. Después de ver el video, lee el párrafo y observa las frases en negrita. Luego contesta las preguntas que siguen.

¿Quién es tu escritor favorito?

Mi escritor favorito es Gabriel García Márquez, **quien** era un escritor colombiano muy reconocido mundialmente porque él ganó el Premio Nobel de Literatura en 1982. Escribió muchos libros en **los cuales** criticaba la historia y la sociedad colombianas. Sus libros a veces son un poco difíciles de entender para los que no son colombianos porque usaba muchas expresiones de Colombia **que** no toda la gente entiende. Mi libro favorito es *El amor en los tiempos de cólera*, **que** es una historia de amor en **la que** el protagonista cuenta el amor **que** siente por una chica **que** no le presta atención. Al final de la historia el protagonista logra conquistar a esta chica, **la cual** tiene más o menos unos cincuenta años cuando él finalmente logra convencerla de **que** él está muy enamorado de ella.

—Elena, Colombia

1. What is the purpose of the words in bold?
2. Why are the relative pronouns **la que** and **la cual** feminine? Why is **los cuales** masculine and plural?

A comprobar

Los pronombres relativos

1. The relative pronouns **que** and **quien(es)** are used to combine two sentences with a common noun or pronoun into one sentence.

> Este es un <u>poema</u> de Bécquer. Me gusta mucho el <u>poema</u>.
>
> *This is a poem by Bécquer. I like the poem a lot.*
>
> ↓
>
> Este es un poema de Bécquer **que** me gusta mucho.
>
> *This is a poem by Bécquer that I like a lot.*

2. **Que** is the most commonly used relative pronoun. It can be used to refer to people or things.

> El poema **que** leímos tiene un tema muy bonito.
> *The poem **that** we read has a beautiful theme.*
>
> El hombre **que** lo escribió es chileno.
> *The man **who** wrote it is Chilean.*

3. **Quien(es)** refers only to people and is used after a preposition (**a, con, de, para,** etc.) or the personal **a.**

> La mujer **a quien** conociste es escritora.
> *The woman (**whom**) you met is an author.*
>
> Las personas **con quienes** hablé eran inteligentes.
> *The people **with whom** I spoke were intelligent.*

Notice that in English, the relative pronoun can sometimes be omitted; however, in Spanish it must be used.

4. When referring to people, **quien(es)** usually replaces **que** when the dependent clause is set off by commas. Notice that the clause provides additional information as an aside.

> Los autores, **quienes** fueron premiados, participarán en un programa de televisión.
> *The authors, **who** received awards, will participate in a television program.*

5. The constructions **el que** and **el cual** can be used for either people or objects after a preposition or between commas and must agree in gender and number with the noun they modify. They are used more commonly in writing or formal situations; however, they are sometimes used for clarification, such as in the following sentences.

> El análisis de sus poemas, **el cual** es muy interesante, no es fácil de leer. (refers to the analysis)

> El análisis de sus poemas, **los cuales** son muy interesantes, no es fácil de leer. (refers to the poems)

Note that in the previous examples, the relative pronoun is the subject of the clause, and therefore the verb must agree.

6. When referring to places the relative adverb **donde** is used.

> La historia tiene lugar en un pueblo **donde** viven muy pocas personas.
> *The story takes place in a village **where** very few people live.*

A practicar

5.13 **Identificaciones** Lee las descripciones de los protagonistas de varias obras de la literatura e identifica a quiénes se refieren.

1. Es la persona que dedicó su vida a conquistar mujeres.
2. Es la persona con quien viajó Sancho Panza.
3. Estas personas, quienes viven en Misuri *(Missouri)*, encuentran un tesoro.
4. Son los novios que se suicidaron.
5. Es la persona de quien se enamoró Rhett Butler.
6. Es la persona que tiene un perro llamado Toto.

a. Romeo y Julieta
b. Don Juan
c. Dorothy
d. Don Quijote
e. Scarlett O'Hara
f. Sherlock Holmes
g. Tom Sawyer y Huckleberry Finn

5.14 **La clase de literatura** Elige la respuesta apropiada.

1. La clase de literatura en (la que / cual) estoy interesada es a las diez.
2. El maestro (quien / que) enseña la clase es muy bueno.
3. Los otros estudiantes con (quienes / que) tomo la clase son muy simpáticos.
4. Hay diez novelas (cuales / que) tenemos que leer.
5. Una de las novelas, (la que / las que) estamos leyendo ahora, es de un autor a (quien / que) admiro mucho.
6. La novela trata de una familia española (que / quienes) inmigra a Argentina.
7. El protagonista, (la que / quien) se siente responsable por la familia, tiene que tomar decisiones difíciles.
8. Me encanta la técnica (que / el cual) usa el autor porque hace que la novela sea fácil de leer.

5.15 Mario Vargas Llosa Combina las oraciones usando el pronombre relativo apropiado (**que, quien(es), el que** o **el cual**). Atención a la posición de la preposición en algunas de las oraciones.

1. Mario Vargas Llosa es uno de los escritores más importantes de Latinoamérica. Vargas Llosa nació en Arequipa, Perú.

2. *La ciudad y los perros* fue su primera novela y fue publicada en 1963. *La ciudad y los perros* está basada en su experiencia personal en el Colegio Militar Leonicio Prado.

3. Uno de sus modelos ha sido el autor colombiano Gabriel García Márquez. Vargas Llosa escribió su tesis doctoral sobre Gabriel García Márquez.

4. En 1977 Vargas Llosa fue elegido a la Academia Peruana de la Lengua y más tarde a la Real Academia Española. La Academia Peruana de la Lengua forma parte de la Asociación de Academias de la Lengua Española.

5. Vargas Llosa inició una carrera política en 1990 y se presentó como candidato presidencial compitiendo contra Alberto Fujimori. En una segunda vuelta *(run-off)* Alberto Fujimori ganó.

6. En 2010 Vargas Llosa fue galardonado *(awarded)* con el Premio Nobel de la Literatura en una ceremonia en Estocolmo y después asistió a un banquete de gala. Durante el banquete de gala pronunció un discurso en forma de cuento.

5.16 Oraciones incompletas Con un compañero completen las siguientes oraciones de forma original. Usen el pronombre relativo **que** como en el modelo. Atención al uso del subjuntivo.

Modelo Tuve una clase de literatura...
        Estudiante 1: *Tuve una clase de literatura que fue muy difícil. ¿Y tú?*
        Estudiantes 2: *Tuve una clase de literatura que me encantó.*

1. Leí un libro...
2. No me gusta leer poemas...
3. Para una clase de literatura prefiero un maestro...
4. [Nombre] es un autor...
5. Prefiero comprar revistas...
6. Me encanta un protagonista...
7. Una vez leí la biografía de un escritor...
8. Me gustaría conocer a un escritor...

> **INVESTIGUEMOS LA GRAMÁTICA**
>
> Although **el cual** tends to be a little more formal than **el que,** the two forms are basically interchangeable.
>
> Esta es la novela sobre **la que** vamos a hablar hoy.
>
> Esta es la novela sobre **la cual** vamos a hablar hoy.
>
> *This is the novel about **which** we are going to talk today.*

5.17 Hablando de las clases En parejas túrnense para responder las siguientes preguntas. Comiencen sus respuestas con la frase entre paréntesis y usen los pronombres relativos como en el modelo. Expliquen sus respuestas.

Modelo ¿Qué día de la semana es el más ocupado para ti? (el día de la semana)
        Estudiante 1: *¿Qué día de la semana es el más ocupado para ti?*
        Estudiante 2: *El día de la semana que es el más ocupado para mí es el lunes porque*
                después de la escuela trabajo cinco horas en un restaurante.

1. ¿Qué materia te gusta más? (la materia)
2. ¿Qué materia es más difícil para ti? (la materia)
3. ¿Qué clase recomiendas que tome el próximo semestre? (la clase)
4. ¿Qué maestro te parece más interesante? (el maestro)
5. ¿En qué clase tienes mucha tarea? (la clase)
6. ¿En qué clase tienes las mejores notas? (la clase)
7. ¿Con quién prefieres trabajar en proyectos? (la persona)
8. ¿Con quién hablas cuando necesitas ayuda con tus clases? (la persona)

5.18 Avancemos Las personas en los dibujos son protagonistas de diferentes novelas. Con un compañero túrnense para explicar de qué tipo de historia son (drama, histórica, etcétera), quiénes son, cómo son, qué hacen. Deben crear oraciones complejas usando pronombres relativos.

Modelo *Mireya es la protagonista del drama. Ella y su esposo tuvieron un hijo que tiene poderes de super héroe. Les preocupa que otras personas sepan que el niño tiene poderes. Mireya, quien es científica, convence a su esposo de mudarse a la luna, donde son los primeros humanos. No saben que en la luna viven unas lagartijas (lizards) gigantes que tienen un gran apetito.*

Cultura

Al igual que la literatura en inglés, la literatura en español tiene una larga historia y muchos momentos de esplendor. En Latinoamérica se siguieron las corrientes *(movements)* literarias europeas durante mucho tiempo, como el romanticismo, el naturalismo y el realismo. En el siglo diecinueve nació la primera corriente impulsada *(initiated)* por autores latinoamericanos, el modernismo, movimiento encabezado por el nicaragüense Rubén Darío.

Gracias al Boom latinoamericano se dieron a conocer en el mundo múltiples escritores hispanos.

Posteriormente, entre 1960 y 1970, llegó el movimiento del "Boom", una corriente que dio a conocer al mundo entero el gran talento de los escritores hispanoamericanos. Una de las circunstancias que permitió dar a conocer al mundo esta explosión de talentos fue el interés de la editorial española Seix Barral en publicar los trabajos de los jóvenes escritores de esa época. Gracias a esto, se les conoció en España y después en todo el mundo, mediante traducciones. Los estilos y temas del Boom se caracterizaron por crear una literatura experimental, tratar el concepto del tiempo de manera no lineal, y tratar de temas políticos. Dentro del Boom se distinguió el llamado realismo mágico, un tipo de literatura que borra *(erases)* la frontera entre lo fantástico y lo real. Entre los autores más famosos del Boom están Gabriel García Márquez (Colombia), Julio Cortázar (Argentina), Mario Vargas Llosa (Perú), Carlos Fuentes (México), José Donoso (Chile) y Miguel Ángel Asturias (Guatemala).

Aunque los detractores del movimiento lo criticaron por ser elitista, el Boom le dio fuerza *(strengthened)* a la literatura latinoamericana y trajo reconocimiento a la gran oleada *(wave)* de talento hispanoamericano, cambiando la percepción del resto del mundo hacia esta región. Así mismo, este auge *(boom)* literario le abrió la puerta a una nueva oleada de escritores modernos.

¿Tienes un autor favorito? ¿Quién y por qué?

Conexiones... a la literatura

La literatura es una expresión cultural única que nos muestra el arte de la lengua en su máxima expresión. Un idioma divide, pero también une a todas las naciones en donde se habla. Hay muchas listas diferentes de las novelas más importantes del idioma español. Obviamente cualquier lista es subjetiva, así que las diferencias no sorprenden. Sin embargo, prácticamente todos los expertos coinciden en algunas obras. Aquí están cinco de los libros más populares entre todos los lectores de habla hispana:

- *Don Quijote de la Mancha*, por Miguel de Cervantes Saavedra
- *Cien años de soledad*, por Gabriel García Márquez
- *Rayuela*, por Julio Cortázar
- *Pedro Páramo*, por Juan Rulfo
- *Conversación en la Catedral*, Mario Vargas Llosa

En tu opinión, ¿cuáles son cinco de las principales obras escritas en inglés? ¿Qué cualidades debe tener un gran libro?

Sello postal de Guinea Ecuatorial conmemorando la novela Don Quijote.

Comparaciones

La Real Academia de la Lengua Española, la RAE, fue fundada en 1713 con el objetivo de estabilizar el idioma *(language)*, es decir, fijar reglas *(rules)* sobre el uso correcto y el significado de las palabras. En 1870 se crearon academias en cada una de las 19 naciones hispanoamericanas, y después surgieron la Academia Filipina de la Lengua Española y la Academia Norteamericana. Todas se asociaron en 1951, naciendo así la Asociación de Academias de la Lengua Española, una institución que promueve proyectos de trabajo conjunto *(joint)*.

Uno de los cambios más grandes que ha tenido la RAE desde sus inicios es que se dejó de lado el enfoque *(focus)* prescriptivo de definir lo que era correcto o incorrecto, y se pasó a crear diccionarios para documentar los diferentes usos en las varias regiones donde se habla español. Así, tácitamente, se pasó a aceptar la validez y corrección de algunas variantes del idioma.

En los últimos años la Asociación de Academias también ha empezado a hacer recomendaciones para cambiar el idioma, a pesar de que *(despite)* algunas de sus reglas se oponen al uso actual. Por ejemplo, propusieron *(they proposed)* cambiar el nombre de la letra "Y", llamada "i griega" a "ye". Propusieron que el adverbio "sólo" ya no lleve acento y que el prefijo "ex" ya no se separe con un guión *(hyphen)*. Así, palabras como "ex-marido" pasan a escribirse como "exmarido". Estos cambios no han sido muy bien recibidos por todos los hispanohablantes. El escritor español Gustavo Martín Garzo resume el sentir de muchos cuando dice que "no hay que dar demasiada importancia a los cambios, porque la lengua es una especie de organismo vivo y son los hablantes los que crean la lengua y la renuevan".

1. En el idioma inglés, ¿quién establece lo que es correcto y lo que es incorrecto?
2. ¿Cuáles crees que sean las ventajas y las desventajas de tener una organización como la Real Academia Española?

Sources: http://www.rae.es
http://www.elmundo.es/elmundo/2010/11/14/cultura/1289747695.html

Diccionario panhispánico de dudas

REAL ACADEMIA ESPAÑOLA   ASOCIACIÓN DE ACADEMIAS DE LA LENGUA ESPAÑOLA

Las diferentes Academias de la Lengua han publicado numerosas obras de referencia.

Comunidad

Elige un país hispano e investiga qué libros están en la lista de los más vendidos este año. Preséntale la información a la clase. Después de escuchar las presentaciones de todos, ¿les parece que se leen los mismos libros, o los gustos son diferentes?

iofoto/Shutterstock.com

A analizar ▶

Como en los Estados Unidos, los estudiantes de colegios latinoamericanos leen la literatura de su país. Milagros describe su texto favorito. Después de ver el video, lee el párrafo y observa las palabras en negrita. Luego contesta las preguntas que siguen.

¿Qué literatura estudiaste en el colegio?

Algunas de las historias que podíamos escoger para leer en la escuela eran de escritores **cuyos** nombres no eran muy conocidos, pero ahora son famosos. Uno de ellos fue Alfredo Bryce Echenique, **cuyo** libro más conocido se titula *Un mundo para Julius*. Se trata de Julius, un niño **cuya** familia tenía mucho dinero, pero Julius estaba triste porque su hermana, **cuyo** nombre era Cinthia, se muere de tuberculosis. La familia, a la que Julius quería mucho, no pudo hacer nada para salvar a su hermana, **lo que** le causó mucho dolor a Julius. Por eso se convirtió en un niño solitario.

—Milagros, Perú

1. What type of noun comes before the word **cuyo**; is it a person, a place, or a thing?
2. Why does **cuyo** change forms (masculine/feminine, singular/plural)?
3. What does **lo que** refer to?

A comprobar

Los pronombres **cuyo** y **lo que**

1. You reviewed the uses of the relative pronouns **que** and **quien(es)** in the **A perfeccionar** section of this chapter. The pronoun **cuyo** is used to indicate possession and translates as *whose*.

   El autor **cuyo** libro acabo de leer va a visitar mi universidad.
   *The author **whose** book I just read is going to visit my university.*

2. **Cuyo** functions as an adjective and therefore must agree in gender and number with the noun it comes before.

   El maestro **cuya** clase me gusta enseña la literatura.
   *The teacher **whose** class I like teaches literature.*

   Compré una colección de poesías de Neruda, **cuyos** poemas siempre me han gustado.
   *I bought a collection of poems by Neruda, **whose** poems I have always liked.*

Note that unlike the other relative pronouns, **cuyo** appears between two nouns (the person who owns something and the thing he/she owns).

3. **Lo que** is used to refer to a situation or an abstract idea and often translates to *which* or *what*.

   Lo que quiero es encontrar una novela de ciencia ficción.
   ***What (The thing that)** I want is to find a science fiction novel.*

   No entiendo **lo que** quiere decir el poeta.
   *I don't understand **what** the poet means.*

4. **Lo cual** is also used to refer to a situation or an abstract concept; however, unlike **lo que** the idea it refers to <u>must</u> come immediately before it.

   Rafael nunca trae su libro a clase, **lo cual** me molesta.
   *Rafael never brings his book to class, **which** bothers me.*

A practicar

5.19 **Autores** Lee las oraciones y decide a qué autores se refieren.

Isabel Allende   **Ernest Hemingway**   **Gabriel García Márquez**

Sandra Cisneros   **Mario Vargas Llosa**   **Pablo Neruda**

1. Es la autora cuyo tío fue presidente de Chile.
2. Es el autor cuya novela *El viejo y el mar* tiene lugar en Cuba.
3. Es el autor cuya obra más famosa es *Cien años de soledad*.
4. Es el autor cuya visita a Machu Picchu fue la inspiración de un poema.
5. Es la autora cuyas experiencias de niña en la calle Mango son el tema de su primera novela.
6. Es el autor cuyos premios incluyen el Premio Nobel y el Premio Nacional de la Novela de Perú.

5.20 **¿Quién sabe?** Circula por la clase y busca a ocho compañeros diferentes que sepan las respuestas a las siguientes preguntas. Cuando hagas las preguntas tendrás que usar la forma apropiada del pronombre **cuyo.** Luego repórtale la información a la clase.

¿Cómo se llama...

1. el autor (cuyo) nombre verdadero es Samuel Langhorne Clemens?
2. el autor (cuyo) protagonista más famoso es Ebenezer Scrooge?
3. el autor (cuyo) novela se titula *Don Quijote de la Mancha*?
4. el autor (cuyo) poemas incluyen "The Raven" y "The Telltale Heart"?
5. el autor (cuyo) protagonistas visitan Narnia?
6. el autor (cuyo) obras incluyen *Hamlet*, *Othello* y *Macbeth*?
7. la autora (cuyo) serie de libros narra su vida en la pradera *(prairie)* en los Estados Unidos?
8. la autora en (cuyo) diario cuenta sus experiencias en un escondite *(hiding place)* mientras los nazis ocupaban Holanda?

5.21 **¿Qué opinas?** En parejas expresen sus opiniones usando las palabras indicadas y la forma apropiada del pronombre **cuyo.**

Modelo maestro / clase
Estudiante 1: *El maestro cuya clase me interesa más es el Sr. Vargas.*
Estudiante 2: *La maestra cuya clase es difícil es la Sra. Moreno.*

1. artista / obras
2. grupo / música
3. película / tema
4. escritor / libros
5. actor / películas
6. revista / artículos
7. restaurante / comida
8. tienda / ropa

Los quioscos, cuyas revistas se venden bien, son muy populares.

5.22 **Opiniones** En parejas expresen sus opiniones sobre la escuela y sus clases usando las expresiones indicadas.

Modelo lo que me frustra

Estudiante 1: *Lo que me frustra es que tengo mucha tarea en todas mis clases.*

Estudiante 2: *A mí lo que me frustra es que tengo todas mis clases difíciles por la tarde.*

1. lo que me gusta
2. lo que no me gusta
3. lo que entiendo mejor
4. lo que no entiendo
5. lo que quiero hacer
6. lo que no quiero hacer
7. lo que cambiaría
8. lo que no cambiaría

5.23 **¿Que o lo que?** Varios estudiantes están haciendo comentarios sobre lo que leyeron en su clase de literatura. Decide cuál de los pronombres deben usar.

1. Me gustan los poemas (que / lo que) ese poeta escribió.
2. No puedo creer (que / lo que) el protagonista le dijo.
3. Cuando leo un poema, (que / lo que) quiero es entender el mensaje.
4. Rigoberto es el personaje (que / lo que) más me gusta en la novela.
5. Quiero saber (que / lo que) pasa al final de la novela.
6. (Que / Lo que) el protagonista busca es la paz.
7. La novela (que / lo que) leímos primero fue la más fácil.
8. No entendí (que / lo que) el autor quería decir.

Lo que les encanta a algunas personas es leer los chismes de los famosos.

5.24 Avancemos Con un compañero túrnense para explicar de qué se tratan las siguientes obras literarias. Si no conocen la historia, invéntenla. Usen el pronombre relativo **lo que** y expliquen lo que los protagonistas buscaban, necesitaban o querían.

1 *Don Quijote de la Mancha,* por Miguel de Cervantes
2 *Romeo y Julieta,* por William Shakespeare
3 *La leyenda de Sleepy Hollow,* por Washington Irving
4 *Las aventuras de Alicia en el país de las maravillas,* por Lewis Carroll

INVESTIGUEMOS LA ORTOGRAFÍA

Notice that in book titles in Spanish, only the first word and proper nouns are capitalized. The same is true for movie titles.

¡Felicitaciones! Has avanzado mucho en tus estudios del idioma español y ahora tienes un conocimiento más amplio del mundo hispanohablante. Esperamos que sigas explorando el mundo hispano e interactuando con gente de tu comunidad y más allá. Te animamos a seguir abriendo puertas con tus nuevos conocimientos. En esta sección vas a explorar más a fondo *(in depth)* un país hispanohablante.

El proyecto

Vas a investigar información sobre un país hispanohablante e intentarás convencer al resto de la clase de viajar a ese país. Tendrás que presentar la siguiente información en una presentación oral o en un video:

- La posición del país en un mapa y su capital
- Dos ciudades interesantes para visitar y actividades que se pueden hacer en ellas
- Algunos productos del país (comida, música, artesanía, etcétera)
- Información adicional que consideres interesante y que pueda ayudarte a convencer a la clase de visitar ese país

f9photos/Shutterstock.com

A investigar

Paso 1 Identifica la información que vas a incluir. Puedes empezar con la información en la sección de **Video-viaje** que corresponde al país que seleccionaste y con **Exploraciones del mundo hispano,** en el **Apéndice A.**

Paso 2 Crea un bosquejo *(outline)* con los subtemas que vas a explorar; ve a la biblioteca a investigar y busca en varias fuentes confiables *(reliable)* en Internet.

Paso 3 Si es posible, comunícate con alguien por correo electrónico o a través de una entrevista para conseguir más información. Posiblemente tu maestro te pueda ayudar con contactos. Prepara una lista de preguntas antes de comunicarte con la persona.

ryphotos/Shutterstock.com

A presentar

Paso 1 Después de conseguir la información, organiza la presentación en un orden lógico. Si vas a hacer una presentación en persona es una buena idea crear fichas *(note cards)* para tener a mano la información necesaria.

Paso 2 Si vas a hacer una presentación oral, necesitarás apoyos visuales. Es recomendable usar un programa de presentación. Si vas a grabar la presentación, piensa en la manera de incluir fotos, gráficas u otros apoyos visuales.

Paso 3 Practica la presentación, así tendrás menos nervios y te sentirás preparado.

Paso 4 Prepárate para responder preguntas al final de tu presentación o video.

Exploraciones gramaticales

A analizar ▷

Salvador y Elena hablan de cómo la literatura expresa temas universales. Después de ver el video, lee su conversación y observa las frases en negrita. Luego contesta las preguntas que siguen.

¿Se lee la literatura de un país en los otros países hispanos?

Salvador: La literatura de Colombia es conocida en todo el mundo gracias a Gabriel García Márquez. La literatura colombiana, **la suya,** es una literatura universal gracias a él.

Elena: Sí, Gabriel García Márquez es el escritor más conocido de Latinoamérica. Mi libro favorito de él es *El amor en los tiempos de cólera.* ¿Cuál es **el suyo**?

Salvador: **El mío** es *El coronel no tiene quien le escriba.* Lo que es importante es que esta literatura es ya nuestra literatura. Es **la nuestra** porque estos libros se enfocan en temas universales que no son de Colombia solamente, entonces todos los países se apoderan *(claim)* de esa literatura.

—Salvador, España / —Elena, Colombia

1. The pronouns in bold indicate possession. How do they differ from the possessive adjective [**mi(s), tu(s),** etc.] you learned in the past?
2. Why are **la suya** and **la nuestra** feminine?

A comprobar

Adjetivos posesivos tónicos y pronombres posesivos

1. You have learned that possessive adjectives must agree in number, and some agree in gender, and that they come before the noun.

   Mi novela está en la mochila.
   My novel is in the backpack.

   Nuestras hermanas leen todas las noches.
   Our sisters read every night.

   Stressed possessive adjectives also accompany a noun; however, they are placed either after the noun to show emphasis or after the verb **ser.** All stressed possessive adjectives show both gender and number.

mío(s) / mía(s)	*mine*
tuyo(s) / tuya(s)	*yours*
suyo(s) / suya(s)	*his, hers, its, yours (formal)*
nuestro(s) / nuestra(s)	*ours*
vuestro(s) / vuestra(s)	*yours (plural, Spain)*
suyo(s) / suya(s)	*theirs, yours (plural)*

   Esa revista es **mía.**
   *That magazine is **mine.***

   Las ideas fueron **nuestras.**
   *The ideas were **ours.***

   No es problema **tuyo.**
   *It's not **your** problem.*

2. As is the case with all pronouns, possessive pronouns can replace nouns. The forms are the same as the stressed adjectives, and the definite article comes before them.

   Esta es nuestra clase y esa es **la suya.**
   *This is our class, and that one is **yours.***

   Guillén es mi poeta favorito. ¿Quién es **el tuyo**?
   *Guillén is my favorite poet. Who is **yours**?*

A practicar

5.30 **¿De quién son?** Al final de la clase hay varias novelas en la mesa y el maestro quiere saber de quiénes son. Decide quién lee las novelas.

Cien años de soledad	*Frankenstein*	*La letra escarlata*	*1984*
El Hobbit	*Huckleberry Finn*	*Los tres mosqueteros*	*Mujercitas*

1. Isadora: La mía es de un autor francés.
2. Alonso: La mía es de Mark Twain.
3. Mariano: La mía es de un autor colombiano.
4. Camila: La mía es sobre una mujer que tiene que llevar una *A*.
5. Ximena: La mía es sobre un hombre que crea un monstruo.
6. Natalia: La mía es sobre cuatro hermanas.
7. La mía es sobre la búsqueda de Bilbo Baggins del tesoro guardado por un dragón.
8. La mía fue escrita por George Orwell.

5.31 **Mis favoritos** Con un compañero túrnense para completar las oraciones y preguntarse sobre sus preferencias. Completen las preguntas con la forma apropiada del adjetivo posesivo **tuyo.**

Modelo Mi obra de arte favorita es... ¿Cuál es _____?
  Estudiante 1: *Mi obra de arte favorita es* Guernica, *por Picasso. ¿Cuál es la tuya?*
  Estudiante 2: *La mía es* La familia presidencial, *por Botero.*

1. Mi clase favorita es... ¿Cuál es _____?
2. Mi autor favorito es... ¿Cuál es _____?
3. Mi libro favorito es... ¿Cuál es _____?
4. Mi artista favorito es... ¿Cuál es _____?
5. Mi cantante favorito es... ¿Cuál es _____?
6. Mi canción favorita es... ¿Cuál es _____?
7. Mi revista favorita es... ¿Cuál es _____?
8. Mis programas favoritos son... ¿Cuáles son _____?

¿Cuál es tu libro favorito?

5.32 **Los protagonistas hablan** Completa las oraciones con el adjetivo posesivo apropiado.

1. Ebenezer Scrooge: El negocio y el dinero son _____ y las cadenas *(chains)* son de Jacob Marley, o sea *(in other words)*, son _____.
2. Scarlett O'Hara: La plantación Tara es de mi familia y mía, o sea, es _____.
3. Ismael: El capitán Ahab está decidido a que un día la ballena *(whale)* Moby Dick sea _____.
4. Sherlock Holmes: La pipa es _____ y la lupa *(magnifying glass)* es del doctor Watson, o sea, es _____.
5. Macbeth: El trono es de mi esposa y mío, o sea, es _____.
6. Don Quijote: Sancho Panza es mi ayudante y ese burro es _____.
7. El cerdo Napoleón: Las camas son para mí y para los otros cerdos, o sea, son _____.
8. El Coronel: No tengo a nadie que me escriba, ninguna carta es _____.

5.33 **El maravilloso mago de Oz** El mago de Oz habla con Dorothy y quiere clarificar de quién son los diferentes objetos. Túrnense para preguntar y responder. Completen las respuestas de Dorothy usando los pronombres posesivos.

Modelo la vara *(wand)* mágica / Glinda, la bruja buena del sur
Estudiante 1: *¿De quién es la vara mágica?*
Estudiante 2: *Es suya.*

1. los zapatos plateados / yo
2. el corazón / el hombre de hojalata *(tin)*
3. los monos voladores / la bruja mala del oeste
4. la Ciudad Esmeralda / tú
5. el cerebro / el espantapájaros *(scarecrow)*
6. el perrito / yo
7. la valentía / el león
8. la aventura / nosotros

5.34 **¿Cómo son?** Trabaja con un compañero y túrnense para hablar sobre los siguientes temas y después preguntarle a un compañero sobre los suyos.

Modelo el trabajo de verano
Estudiante 1: *Mi trabajo es divertido. Trabajo en un restaurante todos los fines de semana. Soy mesero y recibo buenas propinas. ¿Cómo es el tuyo?*
Estudiante 2: *El mío no es muy divertido. Yo corto el césped de los vecinos.*

1. la familia
2. el mejor amigo
3. la casa
4. el auto
5. las clases
6. los maestros

Mi trabajo de verano es divertido, ¿y el tuyo?

Aaron Amat/Shutterstock.com

5.35 Avancemos Las ilustraciones representan una escena de la novela *Como agua para chocolate*, por Laura Esquivel. Hay algunas diferencias entre las dos escenas. Mira solo una de las escenas y tu compañero mirará la otra. Describan las ilustraciones sin ver la de su compañero para descubrir las diferencias. Usen los pronombres posesivos.

Modelo   *En mi ilustración hay... ¿y en la tuya?*
         En la mía hay...

Exploraciones gramaticales 2 | *ciento cincuenta y siete* **157**

You have learned a number of strategies to help you better your reading skills. Now you can focus on increasing the speed with which you read a text. While sometimes it is necessary to slow down and focus on the details, it can be helpful to do a quick read the first time through, focusing on the broader context. Try to read in short phrases rather than a word at a time. Allow yourself to skip over words that you do not know; in all likelihood, some of them will make sense within the context of the phrase.

Antes de leer

1. En general, ¿quiénes piensas que son las personas que más leen? ¿Quiénes crees que lean menos? ¿Por qué?

2. ¿Sabes cuándo se festeja el día del libro? ¿Cuál crees que sea el propósito de esta celebración?

A leer

La lectura entre los hispanohablantes

El Día Mundial del Libro fue instituido por la Organización de las Naciones Unidas para la Educación, la Ciencia y la Cultura (UNESCO) en 1995

to promote a fin de **fomentar** la lectura y honrar a tres autores universales: Miguel de Cervantes Saavedra, William Shakespeare y el Inca Garcilaso de la Vega.

Leer libros es más popular en algunos países que en otros.

Se festeja el 23 de abril, fecha en que supuestamente murieron o fueron enterrados estos escritores. En **la actualidad** el día del libro se festeja en

currently más de cien países. Algunas actividades para fomentar la lectura incluyen ferias de libros que tienen lugar en varios países. Entre las más **destacadas**

distinguished están la Feria del libro de Buenos Aires (Argentina), la de Bogotá (Colombia) y la de Guadalajara (México). Típicamente las ferias de libros son eventos de varios días en los que las editoriales venden sus libros a precios especiales. Además, muchos escritores presentan sus últimos libros, se dan premios a

workshops los ganadores de concursos literarios y se hacen **talleres** para fomentar el interés en la lectura, una labor muy necesaria en algunos países.

¿Por qué hay interés en fomentar la lectura? Se sabe que la lectura tiene muchos beneficios. Por ejemplo, se puede aprender información útil, e incrementar el vocabulario y el conocimiento del idioma. Además, la lectura fomenta la capacidad de imaginar, reduce el estrés, mejora la memoria, la capacidad de análisis, la capacidad de concentración ¡y es entretenido!

Para calcular el interés por la lectura y fomentarlo en muchos países se han hecho estudios para saber cuántas horas a la semana lee **en promedio** la gente, cuántos libros leen al año, e incluso el porcentaje de la población que lee. Las siguientes estadísticas provienen de un estudio de la Organización para la Cooperación y el Desarrollo Económico (OECD, por sus siglas en inglés) y muestran que el interés por la lectura varía mucho de un país a otro.

on average

País	Porcentaje de la población que lee libros	Número de libros que se leen al año
Argentina	55%	5.4 libros
Chile	51%	4.6 libros
Colombia	45%	2.2 libros
España	61%	10.3 libros
Estados Unidos	25%	4 libros
México	20%	2.9 libros

El hábito de la lectura se incrementa con la escolaridad (el nivel de estudios) de una persona. Otro factor importante es el nivel socioeconómico, ya que pocas personas de las clases con menos ingresos leen, pero el número aumenta considerablemente para las personas de clase media.

Para terminar, de acuerdo a un análisis del año 2013, Latinoamérica solo tenía el 16,7% de sus libros en formato digital, en comparación con el 53% de los Estados Unidos. ¿Cuál será el futuro de la lectura en el mundo?

Sources: https://ejempla.com/cultura/lectura-digital-realidad-latinoamericanacultura.elpais.com www.oecd.org

Comprensión

1. ¿Desde cuándo se festeja El día del libro y cuáles son sus objetivos?

2. ¿Qué actividades se hacen en una feria del libro?

3. ¿Por qué es bueno que la gente lea?

4. ¿En qué país hispano se lee más? ¿Por qué crees que haya tantas diferencias entre los países que se listan?

Después de leer

1. ¿Por qué lee la gente que conoces? ¿Por qué no lee?

2. ¿Cuántos libros lees aproximadamente al año? ¿Qué tipos de libros lees, además de libros de texto? ¿Tus amigos leen más o menos que tú? ¿y tu familia?

Averigua en Internet cuáles son algunos de los autores más populares en algún país hispanohablante. ¿Qué tipo de literatura escriben? ¿Son autores modernos o clásicos? Comparte la información con la clase.

5.36 Una novela Completa las oraciones con el pronombre apropiado.

1. La novela _____ estoy leyendo ahora es muy interesante.

   a. que   **b.** lo que   **c.** el que

2. La autora, _____ es mexicana, se llama Sofía Segovia.

   a. lo que   **b.** quien   **c.** cuya

3. _____ hace el autor es contar la historia de dos hermanos, Francisco y Simonopio.

   a. Lo que   **b.** Que   **c.** Quien

4. Simonopio tiene una relación muy especial con su hermano Francisco, _____ narra la historia.

   a. quienes   **b.** que   **c.** el que

5. Simonopio, _____ abejas *(bees)* le ayudan, le salva *(saves)* la vida a su hermano.

   a. el que   **b.** quien   **c.** cuyas

6. Debes leerlo si buscas un libro _____ te cautive desde la primera página.

   a. que   **b.** el que   **c.** lo que

5.37 Isabel Allende Combina las oraciones usando el pronombre apropiado (**que, quien(es), el que/cual** o **cuyo**).

1. Isabel Allende nació en Perú. Allende ahora vive en San Francisco, en los Estados Unidos.

2. Su primera novela fue *La casa de los espíritus*. La novela comenzó como una carta a su abuelo.

3. Empezó a escribir la carta cuando supo que su abuelo estaba muriendo. Su abuelo vivía en Chile.

4. Ha escrito más de 20 libros en español. Los libros han sido traducidos a más de 35 idiomas.

5. Allende ha ganado docenas de premios internacionales. Su literatura muestra su compromiso con la justicia social.

6. Allende ha creado una fundación. La fundación apoya *(supports)* a niñas y mujeres en todas partes del mundo.

5.38 Somos diferentes Rafaela y su hermano no tienen mucho en común. Completa las ideas de Rafaela usando los pronombres posesivos.

Modelo   Mi personaje favorito de los libros de Harry Potter es Harry Potter. (Hermione Granger)
                El suyo es Hermione Granger.

1. Su clase favorita es biología. (literatura)

2. Sus libros son electrónicos. (de bolsillo)

3. Mis novelas favoritas son de drama. (de ciencia ficción)

4. Su poema favorito es *Oda al pantalón. (Poema XX)*

5. Mi revista favorita es *Mujer. (Deportes)*

6. Mi autora favorita es Julia Álvarez. (Carlos Ruiz Zafón)

5.39 **Tabú** En parejas túrnense para escoger y explicarse palabras de la lista sin decirlas. Usen pronombres relativos (**que, el que, quien, lo que** y **cuyo**) en las explicaciones.

Modelo (libro de texto) *Es un objeto que podemos leer y del que aprendemos mucho.*
(publicar) *Es lo que hace una compañía que vende libros.*

el autor	el lector	la revista
catalogar	el libro biográfico	la secuela
el circulo de lectura	el libro electrónico	superarse
editar	el libro infantil	traducir
el guión	el personaje	
imprimir	la portada	

5.40 **En busca de...** Busca a compañeros que respondan *sí* a cada pregunta y hazles la segunda pregunta. Después repórtale la información a la clase.

1. ¿Tienes un lector electrónico (¿Cuándo lo usas?)
2. ¿Te gusta escribir? (¿Qué escribes?)
3. ¿Tienes un autor favorito? (¿Quién es?)
4. ¿Te gusta leer revistas? (¿Qué tipo?)
5. ¿Prefieres leer libros de ficción? (¿Qué tipo?)
6. ¿Tienes una clase de literatura ahora? (¿Qué clase es?)
7. ¿Has leído un libro traducido? (¿Qué libro?)
8. ¿Has leído un libro biográfico? (¿De quién?)

5.41 **El círculo de lectura** En parejas van a seleccionar el próximo libro que se va a leer en un círculo de lectura.

Paso 1 Escribe una lista de tres libros que te gustaría que se leyeran en un círculo de lectura. Pueden ser libros que ya has leído o que te gustaría leer.

Paso 2 Comparte tu lista con tu compañero y explícale la trama de los libros de tu lista y por qué crees que sería una buena selección para el círculo de lectura.

Paso 3 Entre los dos decidan qué libro se va a leer. Después compartan su decisión con la clase y expliquen por qué lo seleccionaron.

goodluz/Shutterstock.com

👥 Entrando en materia

Con un compañero de clase respondan las preguntas.

1. ¿Has leído muchos textos literarios? ¿Hay un escritor en particular que te guste? ¿Por qué?

2. ¿Tiene la literatura una función en una sociedad? ¿Cuál(es)?

🔊 La función de la literatura

Vas a escuchar a dos personas expresar sus opiniones sobre el valor de la literatura.
Antes de escuchar, repasa el **Vocabulario útil** de abajo. Mientras escuchas toma apuntes sobre lo que dicen Milagros y Elena. Después compara tus apuntes con los de un compañero y organiza la información para contestar las siguientes preguntas.

Vocabulario útil

ampliar	*to expand*	**inculcar**	*to instill, to teach*
el contenido	*content*	**informarse**	*to inform oneself*
grato(a)	*pleasant*	**relajarse**	*to relax*

Andresr/Shutterstock.com

¿Qué se puede aprender de la literatura?

Comprensión

1. ¿Cómo puede ayudar la lectura a mejorar las habilidades lingüísticas?

2. Según Milagros y Elena, ¿qué se puede aprender de la literatura?

3. Según Elena, ¿cuáles son los beneficios de leer?

4. ¿Estás de acuerdo con lo que dicen Milagros y Elena? ¿Por qué?

Más allá

¿Usas los servicios de tu biblioteca? ¿Tienen libros en español? Investiga los servicios que hay para alguien que está aprendiendo español.

La literatura

la antología	anthology		el (la) narrador(a)	narrator
el (la) autor(a)	author		la narrativa	narrative
el capítulo	chapter		la novela	novel
el círculo de lectura	book club		la obra	work (of art or literature)
el cuento	short story (fictional)			
el desenlace	ending		la ortografía	spelling
el drama	drama		el personaje	character
la editorial	publisher		el poemario	book of poems
el ensayo	essay		la portada	cover
el guión	screenplay		la publicación	publication
el (la) guionista	screenplay writer		el relato	story, tale
la historia	story, history		la revista	magazine
el (la) lector(a)	reader		la secuela	sequel
la lectura	text, reading		el taller (de literatura)	(writing) workshop
el libro de bolsillo	paperback		el tema	theme, topic
el libro de pasta dura	hardbound book		la traducción	translation
el libro electrónico	e-book		la trama	plot
el libro impreso	printed book			

Tipos de libros

biográfico(a)	biographical		didáctico(a)	educational, instructive
de autoayuda	self-help		infantil	children's (literature)
de consulta	reference		juvenil	young adult (literature)
de ficción	fiction			

Verbos

aportar	to contribute		publicar	to publish
catalogar	to catalog		superarse	to improve oneself
editar	to edit		tener lugar	to take place
imprimir	to print		traducir	to translate

Pronombres relativos

cuyo	whose		los (las) cuales	which, that which
donde	where		lo cual	which, that, the thing which/that
que	that, who			
quien(es)	who, whom, that		lo que	what, that, the thing which/that
el (la) cual	which, that which			

Adjetivos posesivos y pronombres posesivos tónicos

mío(s) / mía(s)	mine		nuestro(s) / nuestra(s)	ours
tuyo(s) / tuya(s)	yours		vuestro(s) / vuestra(s)	yours (plural, Spain)
suyo(s) / suya(s)	his, hers, its, yours (formal)		suyo(s) / suya(s)	theirs, yours (plural)

Julia de Burgos

Biografía

Julia de Burgos (1914–1953) nació en Carolina, Puerto Rico, en una familia humilde.
Aunque sus padres se preocuparon por la educación de sus 13 hijos ella fue la única
en terminar la escuela secundaria. Después asistió a la Universidad de Río Piedras,
donde obtuvo un Certificado de Maestra. Desde su llegada a la universidad empezó a
escribir poesía. En 1940 viajó a Nueva York, donde participó en recitales de poesía y dio
discursos (speeches) en eventos culturales. Un año después se fue a vivir a Cuba con su
pareja, el doctor Jimenes Grullón, pero regresó a Nueva York cuando su relación terminó,
y allí residió hasta su muerte. El tema principal de su poesía era el amor, supuestamente
inspirado por sus sentimientos hacia Jimenes Grullón. Otros de sus temas recurrentes
fueron el feminismo y la muerte, en particular la suya.

Investiguemos la literatura: La yuxtaposición

Juxtaposition comes from Latin and means "side by side". It is a technique in which an author
places two concepts or people near each other within a text, allowing the reader to compare
and contrast them.

Antes de leer

1. A veces una persona cambia su comportamiento (behavior) dependiendo de donde esté.
¿Dónde o en qué situaciones tienes que modificar tu comportamiento? ¿Cómo lo tienes
que modificar?

2. El título del poema es *A Julia de Burgos*. ¿Qué puede decir una poetisa que se escribe un
poema a sí misma?

A Julia de Burgos

enemy

Ya las gentes murmuran que yo soy tu **enemiga**
porque dicen que en verso doy al mundo mi yo.

Mienten, Julia de Burgos. Mienten, Julia de Burgos.

rises

La que **se alza** en mis versos no es tu voz: es mi voz
5 porque tú eres ropaje y la esencia soy yo; y el más

lies

profundo abismo **se tiende** entre las dos.

Tú eres fría muñeca de mentira social,

glimmer

y yo, viril **destello** de la humana verdad.

Tú, miel de cortesana hipocresías; yo no;

I bare

10 que en todos mis poemas **desnudo** el corazón.

Tú eres como tu mundo, egoísta;
yo no; que en todo me lo juego a ser lo que soy yo.

Tú eres sólo la grave señora señorona; yo no,
yo soy la vida, la fuerza, la mujer.

15   Tú eres de tu marido, de tu **amo**; yo no;   *master*
      yo de nadie, o de todos, porque a todos, a
      todos en mi limpio sentir y en mi pensar me doy.

      Tú **te rizas** el pelo y te pintas; yo no;   *curl*
      a mí me riza el viento, a mí me pinta el sol.

20   Tú eres dama **casera**, resignada, sumisa,   *homebody*
      atada a los prejuicios de los hombres; yo no;
      que yo soy **Rocinante** corriendo **desbocado**   *Don Quijote's horse / out of control*
      olfateando horizontes de justicia de Dios.   *smelling*

      Tú en ti misma no mandas;
25   a ti todos te mandan; en ti mandan tu esposo, tus
      padres, tus parientes, **el cura**, **el modista**,   *priest / dressmaker*
      el teatro, el casino, el auto,
      las alhajas, el banquete, el champán, **el cielo**   *jewelry / heaven*
      y **el infierno**, y el qué dirán social.   *hell*

30   En mí no, que en mí manda mi solo corazón,
      mi solo pensamiento; quien manda en mí soy yo.

      Tú, flor de aristocracia; y yo, la flor del pueblo.
      Tú en ti lo tienes todo y a todos se
      lo debes, mientras que yo, mi nada a nadie se la debo.

35   Tú, **clavada** al estático dividendo ancestral,   *devoted*
      y yo, un uno en la **cifra del divisor**   *denominator*
      social somos **el duelo** a muerte que se acerca fatal.   *duel*

      Cuando las multitudes corran **alborotadas**   *unruly*
      dejando atrás **cenizas** de injusticias   *ashes*
40   quemadas, y cuando con **la tea** de las siete **virtudes**,   *torch / virtues*
      tras los siete **pecados**, corran las multitudes,   *sins*
      contra ti, y contra todo lo injusto
      y lo inhumano, yo iré en medio de
      ellas con la tea en la mano.

"A Julia de Burgos" from Song of the Simple Truth: The Complete Poems of Julia de Burgos. Willimantic: Curbstone Press, 1997. Reprinted by permission of Northwestern University Press.

Después de leer

A. Comprensión

1. En la primera parte del poema, ¿qué adjetivos se usan para describir a la "tú"?

2. ¿Por qué la "tú" no tiene control de su vida? ¿Quién manda en la vida de la voz poética?

3. Julia de Burgos emplea la yuxtaposición para comparar las dos partes de sí misma. ¿Cómo se comparan las dos?

4. ¿Quién es la verdadera Julia de Burgos, la voz poética o la Julia a quién se le habla ("tú")?

5. Al final la voz poética critica a la "tú". ¿Por qué se asocia la "tú" con lo injusto y lo inhumano?

B. Conversemos

1. ¿Qué adjetivos usarías para describir a tu verdadero tú?

2. ¿Piensas que todos tenemos dos personalidades, la que somos y la que las otras personas ven? ¿Por qué?

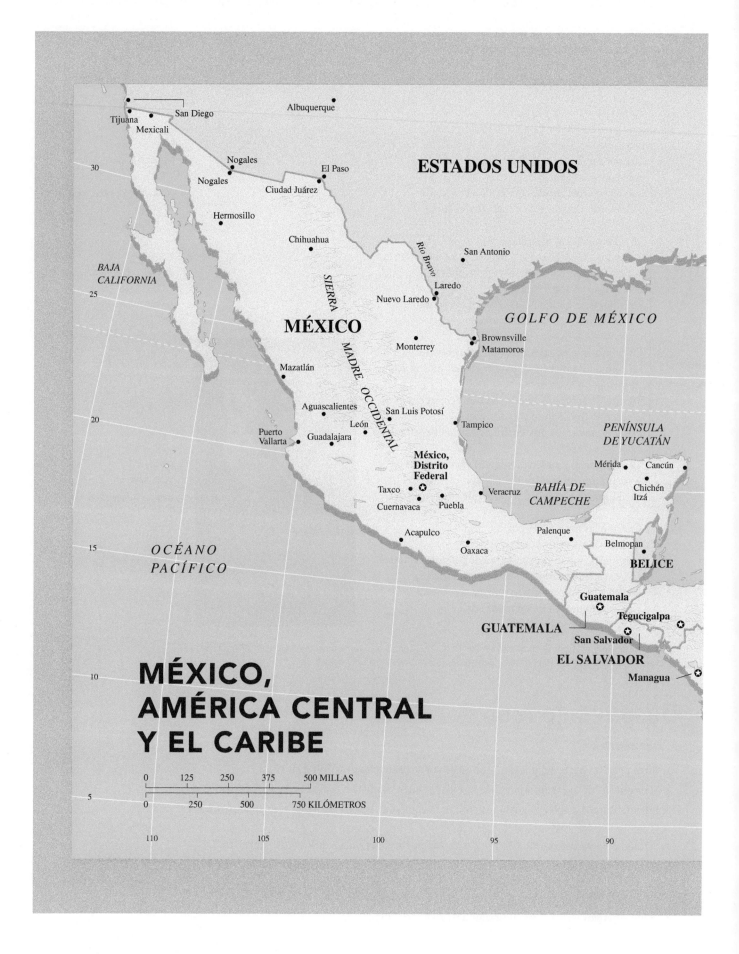

ESTADOS UNIDOS

Albuquerque

San Diego
Tijuana
Mexicali
Nogales
Nogales
El Paso
Ciudad Juárez

30

Hermosillo

Chihuahua

San Antonio

BAJA
CALIFORNIA

SIERRA

25

Río Bravo

Laredo
Nuevo Laredo

MÉXICO

GOLFO DE MÉXICO

Mazatlán

MADRE OCCIDENTAL

Monterrey

Brownsville
Matamoros

20

Aguascalientes

San Luis Potosí

León

Tampico

PENÍNSULA
DE YUCATÁN

Puerto
Vallarta

Guadalajara

México,
Distrito
Federal

Mérida
Cancún

Taxco

Veracruz

BAHÍA DE
CAMPECHE

Chichén
Itzá

Cuernavaca
Puebla

15

OCÉANO
PACÍFICO

Acapulco

Oaxaca

Palenque

Belmopan

BELICE

Guatemala

GUATEMALA

Tegucigalpa

10

San Salvador

EL SALVADOR

Managua

MÉXICO,
AMÉRICA CENTRAL
Y EL CARIBE

0   125   250   375   500 MILLAS

5

0   250   500   750 KILÓMETROS

110   105   100   95   90

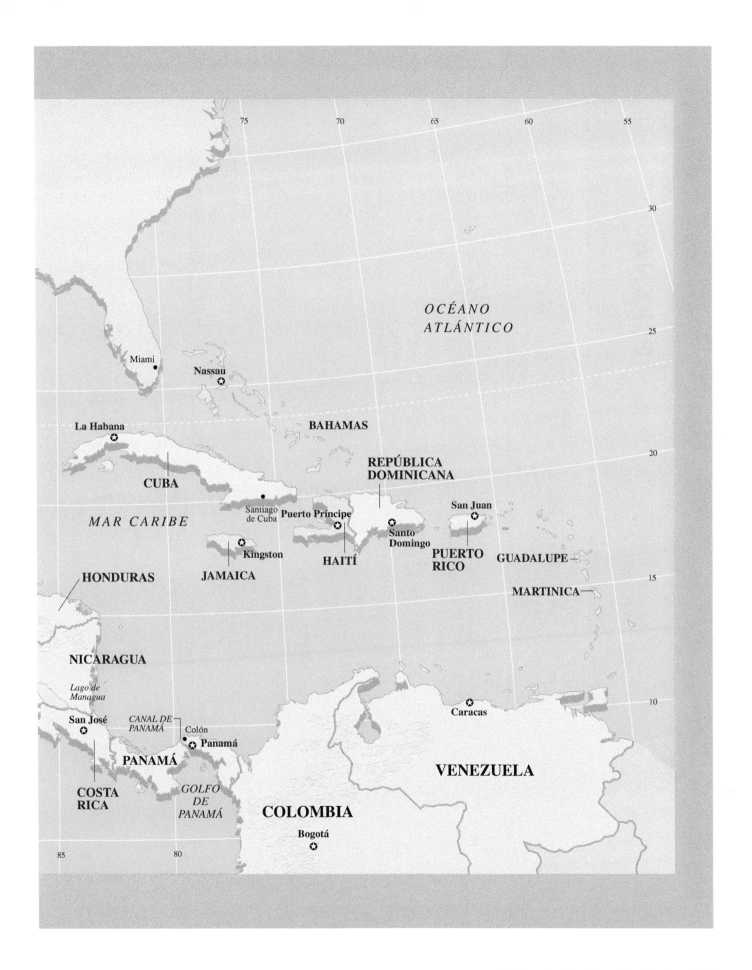

75

70

65

60

55

30

OCÉANO
ATLÁNTICO

25

Miami

Nassau

BAHAMAS

20

La Habana

CUBA

REPÚBLICA
DOMINICANA

MAR CARIBE

Santiago
de Cuba

Puerto Príncipe

San Juan

Santo
Domingo

Kingston

HONDURAS

JAMAICA

HAITÍ

PUERTO
RICO

GUADALUPE

15

MARTINICA

NICARAGUA

Lago de
Managua

10

Caracas

San José

CANAL DE
PANAMÁ

Colón

Panamá

PANAMÁ

VENEZUELA

COSTA
RICA

GOLFO
DE
PANAMÁ

COLOMBIA

85

80

Bogotá

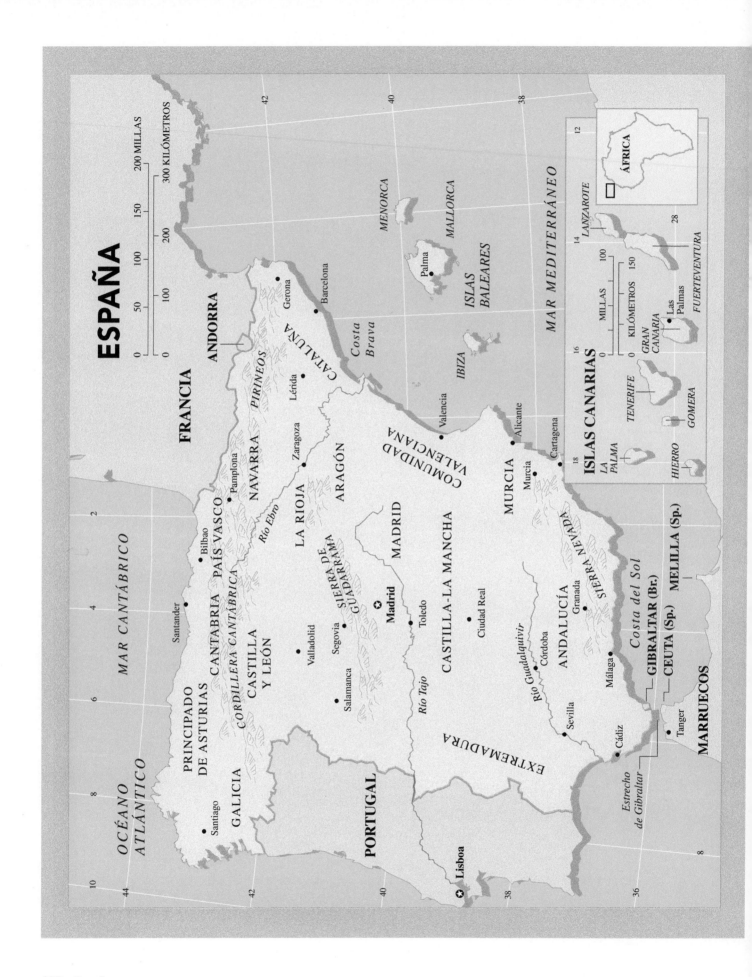

ESPAÑA

OCÉANO
ATLÁNTICO

MAR CANTÁBRICO

FRANCIA

ANDORRA

PIRINEOS

CATALUÑA

Gerona
Barcelona

Costa
Brava

MENORCA

MALLORCA

Palma

ISLAS
BALEARES

MAR MEDITERRÁNEO

IBIZA

Santander

GALICIA

Santiago

PRINCIPADO
DE ASTURIAS

CANTABRIA   PAÍS VASCO
Bilbao
CORDILLERA CANTÁBRICA
CASTILLA
Y LEÓN

Valladolid

Salamanca

NAVARRA
Pamplona

LA RIOJA

Río Ebro

Lérida

Zaragoza

ARAGÓN

SIERRA DE
GUADARRAMA

Segovia

Madrid

MADRID

Toledo

Río Tajo

Valencia

COMUNIDAD
VALENCIANA

Alicante

Cartagena

Murcia

MURCIA

CASTILLA-LA MANCHA

Ciudad Real

PORTUGAL

EXTREMADURA

Río Guadalquivir

Córdoba

Sevilla

ANDALUCÍA

Granada

SIERRA NEVADA

Málaga

Costa del Sol

Cádiz

Estrecho
de Gibraltar

GIBRALTAR (Br.)

CEUTA (Sp.)   MELILLA (Sp.)

Tánger

MARRUECOS

Lisboa

ISLAS CANARIAS

LA
PALMA

TENERIFE

GOMERA

HIERRO

GRAN
CANARIA

Las
Palmas

LANZAROTE

FUERTEVENTURA

MILLAS

KILÓMETROS

ÁFRICA

200 MILLAS

300 KILÓMETROS

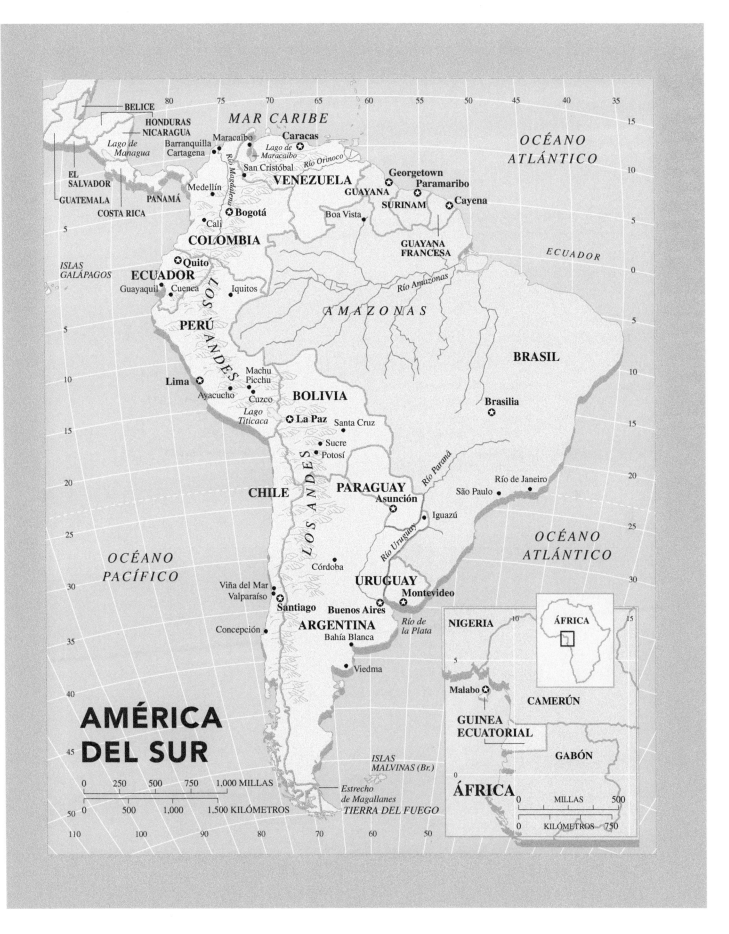

BELICE
HONDURAS
NICARAGUA
Lago de Managua
Barranquilla
Cartagena
Maracaibo
Caracas ✪
MAR CARIBE
EL SALVADOR
GUATEMALA
COSTA RICA
PANAMÁ
Lago de Maracaibo
San Cristóbal
Río Orinoco
Medellín
VENEZUELA
GUAYANA
Georgetown
Paramaribo
SURINAM
Cayena
OCÉANO ATLÁNTICO
✪ Bogotá
Boa Vista
Cali
COLOMBIA
GUAYANA FRANCESA
ECUADOR
Río Magdalena
✪ Quito
ISLAS GALÁPAGOS
ECUADOR
Guayaquil
Cuenca
Iquitos
Río Amazonas
LOS ANDES
AMAZONAS
PERÚ
BRASIL
Machu Picchu
Lima ✪
Ayacucho
Cuzco
BOLIVIA
Brasilia ✪
Lago Titicaca
✪ La Paz
Santa Cruz
Sucre
Potosí
Río Paraná
CHILE
PARAGUAY
Asunción ✪
Río de Janeiro
São Paulo
LOS ANDES
Iguazú
Río Uruguay
OCÉANO PACÍFICO
Córdoba
URUGUAY
Montevideo ✪
Viña del Mar
Valparaíso
Santiago ✪
Buenos Aires
Río de la Plata
Concepción
ARGENTINA
Bahía Blanca
Viedma

AMÉRICA
DEL SUR

| 0 | 250 | 500 | 750 | 1,000 MILLAS |
| 0 | 500 | 1,000 | 1,500 KILÓMETROS |

ISLAS MALVINAS (Br.)
Estrecho de Magallanes
TIERRA DEL FUEGO

NIGERIA
ÁFRICA
CAMERÚN
GUINEA ECUATORIAL
GABÓN
Malabo ✪
ÁFRICA

| 0 | MILLAS | 500 |
| 0 | KILÓMETROS | 750 |

OCÉANO ATLÁNTICO

Argentina ▶

INFORMACIÓN GENERAL

Nombre oficial: República Argentina

Nacionalidad: argentino(a)

Área: 2 780 400 km² (el país de habla hispana más grande del mundo, aproximadamente 2 veces el tamaño de Alaska)

Población: 43 432 000

Capital: Buenos Aires (f. 1580) (15 180 000 hab.)

Otras ciudades importantes: Córdoba, Rosario, Mendoza, Mar del Plata, San Miguel de Tucumán

Moneda: peso (argentino)

Idiomas: español (oficial), árabe, italiano, alemán

DEMOGRAFÍA

Alfabetismo: 97,2%

Religiones: católicos (92%), protestantes (2%), judíos (2%), otros (4%)

ARGENTINOS CÉLEBRES

Jorge Luis Borges
escritor, poeta (1899–1986)

Julio Cortázar
escritor (1914–1984)

Charly García
músico (1951–)

Ernesto "Che" Guevara
revolucionario (1928–1967)

Cristina Fernández
primera mujer presidente (1953–)

Lionel Messi
futbolista (1987–)

Adolfo Pérez Esquivel
activista, Premio Nobel de la Paz (1931–)

Eva Perón
primera dama (1919–1952)

Joaquín "Quino" Salvador Lavado
caricaturista (1932–)

© Pablo H Caridad/Shutterstock

Puerto Madero es el antiguo puerto de Buenos Aires. Fue remodelado y ahora es un barrio (*neighborhood*) moderno y popular entre los porteños (los habitantes de Buenos Aires).

Investiga en Internet

La geografía: las cataratas del Iguazú, Parque Nacional Los Glaciares, la Patagonia, las islas Malvinas, las pampas

La historia: la inmigración, los gauchos, la Guerra Sucia, la Guerra de las Islas Malvinas, José de San Martín

Películas: *Valentín, La historia oficial, Golpes a mi puerta, El secreto de sus ojos, Cinco amigas*

Música: el tango, la milonga, la zamba, la chacarera, Fito Páez, Soda Stereo, Carlos Gardel, Mercedes Sosa

Comidas y bebidas: el asado, los alfajores, las empanadas, el mate, los vinos cuyanos

Fiestas: Día de la Revolución (25 de mayo), Día de la Independencia (9 de julio)

El Obelisco, símbolo de la ciudad de Buenos Aires

El Glaciar Perito Moreno, en la Patagonia argentina, es el más visitado del país.

CURIOSIDADES

- Argentina es un país *(country)* de inmigrantes europeos. A finales del siglo *(century)* XIX hubo una fuerte inmigración, especialmente de Italia, España e Inglaterra. Estas culturas se mezclaron *(mixed)* y ayudaron a crear la identidad argentina.

- Argentina se caracteriza por la calidad de su carne vacuna *(beef)* y por ser uno de los principales exportadores de carne en el mundo *(world)*.

- El instrumento musical característico del tango, la música tradicional argentina, se llama *bandoneón* y es de origen alemán.

Bolivia ▶

INFORMACIÓN GENERAL

Nombre oficial: Estado Plurinacional de Bolivia

Nacionalidad: boliviano(a)

Área: 1 098 581 km² (aproximadamente 4 veces el área de Wyoming, o la mitad de México)

Población: 10 800 000

Capital: Sucre (poder judicial) (372 000 hab.) y La Paz (sede del gobierno) (f. 1548) (1 816 000 hab.)

Otras ciudades importantes: Santa Cruz de la Sierra, Cochabamba, El Alto

Moneda: peso (boliviano)

Idiomas: español, quechua, aymará (El español y las 36 lenguas indígenas son oficiales en Bolivia, según la Constitución de 2009.)

DEMOGRAFÍA

Alfabetismo: 86,7%

Religiones: católicos (95%), protestantes (5%)

BOLIVIANOS CÉLEBRES

Jaime Escalante
ingeniero, profesor de
matemáticas (1930–2010)

Evo Morales
primer indígena elegido
presidente de Bolivia (1959–)

María Luisa Pacheco
pintora (1919–1982)

Edmundo Paz Soldán
escritor (1967–)

© MP cz/Shutterstock

El Altiplano de Bolivia

Investiga en Internet

La geografía: el lago Titicaca, Tiahuanaco, el salar de Uyuni

La historia: los incas, los aymará, la hoja de coca, Simón Bolívar

Música: la música andina, las peñas, la lambada, Los Kjarkas, Ana Cristina Céspedes

Comidas y bebidas: las llauchas, la papa (más de dos mil variedades), la chicha

Fiestas: Día de la Independencia (6 de agosto), Carnaval de Oruro (febrero o marzo), Festival de la Virgen de Urkupiña (14 de agosto)

La ciudad de La Paz, una de las dos capitales

El Salar de Uyuni

CURIOSIDADES

- Bolivia tiene dos capitales. Una de ellas, La Paz, es la más alta del mundo a 3640 metros (11 900 pies) sobre el nivel del mar *(sea)*.
- El lago Titicaca es el lago *(lake)* navegable más alto del mundo con una altura de más de 3800 metros (12 500 pies) sobre el nivel del mar.
- El Salar de Uyuni es el desierto de sal más grande del mundo.
- En Bolivia se consumen las hojas secas *(dried leaves)* de la coca para soportar mejor los efectos de la altura extrema.
- Bolivia es uno de los dos países de Sudamérica que no tienen costa marina.

Chile ▶

INFORMACIÓN GENERAL

Nombre oficial: República de Chile

Nacionalidad: chileno(a)

Área: 756 102 km² (un poco más grande que Texas)

Población: 17 508 000

Capital: Santiago (f. 1541) (6 507 000 hab.)

Otras ciudades importantes: Valparaíso, Viña del Mar, Concepción

Moneda: peso (chileno)

Idiomas: español (oficial), mapuche, mapudungun, inglés

DEMOGRAFÍA

Alfabetismo: 95,7%

Religiones: católicos (70%), evangélicos (15%), testigos de Jehová (1%), otros (14%)

CHILENOS CÉLEBRES

Isabel Allende
escritora (1942–)

Michelle Bachelet
primera mujer presidente de Chile
(1951–)

Gabriela Mistral
poetisa, Premio Nobel de Literatura
(1889–1957)

Pablo Neruda
poeta, Premio Nobel de Literatura
(1904–1973)

Violeta Parra
poetisa, cantautora (1917–1967)

Ana Tijoux
cantante (1977–)

Santiago está situada muy cerca de los Andes.

© Tifonimages/Shutterstock

Investiga en Internet

La geografía: Antofagasta, el desierto de Atacama, la isla de Pascua, Parque Nacional Torres del Paine, Tierra del Fuego, el estrecho de Magallanes, los pasos andinos

La historia: los indígenas mapuches, Salvador Allende, Augusto Pinochet, Bernardo O'Higgins, Pedro de Valdivia

Películas: *Obstinate Memory, La nana*

Música: el Festival de Viña del Mar, Víctor Jara, Quilapayún, La Ley, Inti Illimani, Francisca Valenzuela

Comidas y bebidas: las empanadas, los pescados y mariscos, el pastel de choclo, los vinos chilenos

Fiestas: Día de la Independencia (18 de septiembre), Carnaval andino con la fuerza del sol (enero o febrero)

La pintoresca ciudad de Valparaíso es Patrimonio de la Humanidad.

Los famosos moais de la isla de Pascua

CURIOSIDADES

- Chile es uno de los países más largos del mundo, pero también es muy angosto *(narrow)*. Gracias a su longitud, en el sur de Chile hay glaciares y fiordos, mientras que en el norte está el desierto más seco *(dry)* del mundo: el desierto de Atacama. La cordillera *(mountain range)* de los Andes también contribuye a la gran variedad de zonas climáticas y geográficas de este país.

- Es un país muy rico en minerales, en particular el cobre *(copper)*, que se exporta a nivel mundial.

- En febrero del 2010 Chile sufrió uno de los terremotos *(earthquakes)* más fuertes registrados en el mundo, con una magnitud de 8,8. En 1960 Chile también sufrió el terremoto más violento en la historia del planeta, con una magnitud de 9,4.

Colombia ▷

INFORMACIÓN GENERAL

Nombre oficial: República de Colombia

Nacionalidad: colombiano(a)

Área: 1 139 914 km² (aproximadamente 4 veces el área de Arizona)

Población: 46 737 700

Capital: Bogotá D.C. (f. 1538) (9 765 000 hab.)

Otras ciudades importantes: Medellín, Cali, Barranquilla, Bucaramanga

Moneda: peso (colombiano)

Idiomas: español (oficial), chibcha, guajiro y aproximadamente 90 lenguas indígenas

DEMOGRAFÍA

Alfabetismo: 90,4%

Religiones: católicos (90%), otros (10%)

COLOMBIANOS CÉLEBRES

Fernando Botero
pintor, escultor (1932–)

Tatiana Calderón Noguera
automovilista (1994–)

Gabriel García Márquez
escritor, Premio Nobel de Literatura
(1928–2014)

Lucho Herrera
ciclista, ganador del Tour de Francia y la
Vuelta de España (1961–)

Shakira
cantante, benefactora (1977–)

Sofía Vergara
actriz (1972–)

Colombia tiene playas en el Caribe y en el océano Pacífico.

© rm/Shutterstock

Investiga en Internet

La geografía: los Andes, el Amazonas, Parque Nacional el Cocuy, las playas de Santa Marta y Cartagena

La historia: los araucanos, Simón Bolívar, la leyenda de El Dorado, el Museo del Oro, las FARC

Películas: *Mi abuelo, mi papá y yo*

Música: la cumbia, el vallenato, Juanes, Carlos Vives, Aterciopelados

Comidas y bebidas: el ajiaco, las arepas, la picada, el arequipe, las cocadas, el café

Fiestas: Día de la Independencia (20 de julio), Carnaval de Blancos y Negros en Pasto (enero), Carnaval del Diablo en Riosucio (enero, cada año impar)

Cartagena es una de las ciudades con más historia en Colombia.

Bogotá, capital de Colombia

CURIOSIDADES

- El 95% de la producción mundial de esmeraldas viene del subsuelo *(subsoil)* colombiano. Sin embargo *(However)*, la mayor riqueza *(wealth)* del país es su diversidad, ya que incluye culturas del Caribe, del Pacífico, del Amazonas y de los Andes.
- Colombia, junto con Costa Rica y Brasil, es uno de los principales productores de café en Latinoamérica.
- Colombia tiene una gran diversidad de especies de flores. Es el primer *(first)* productor de claveles *(carnations)* y el segundo exportador mundial de flores después de Holanda.
- Colombia es uno de los países con mayor biodiversidad del mundo.

Costa Rica ▶

INFORMACIÓN GENERAL

Nombre oficial: República de Costa Rica

Nacionalidad: costarricense

Área: 51 100 km² (aproximadamente 2 veces el área de Vermont)

Población: 4 814 100

Capital: San José (f. 1521) (1 170 000 hab.)

Otras ciudades importantes: Alajuela, Cartago

Moneda: colón

Idiomas: español (oficial)

DEMOGRAFÍA

Alfabetismo: 96,3%

Religiones: católicos (76,3%), evangélicos y otros protestantes (15,7%), otros (4,8%), ninguna (3,2%)

COSTARRICENCES CÉLEBRES

Óscar Arias
político y presidente, Premio Nobel de la Paz (1949–)

Franklin Chang Díaz
astronauta (1950–)

Laura Chinchilla
primera mujer presidente (1959–)

Carmen Naranjo
escritora (1928–2012)

Claudia Poll
atleta olímpica (1972–)

El Teatro Nacional en San José es uno de los edificios más famosos de la capital.

© Joe Ferrer/Shutterstock

Costa Rica se conoce por su biodiversidad y respeto al medio ambiente.

El Volcán Poás es un volcán activo de fácil acceso para el visitante.

CURIOSIDADES

- Costa Rica es uno de los pocos países del mundo que no tiene ejército *(army)*. En noviembre de 1949, 18 meses después de la Guerra *(War)* Civil, abolieron el ejército en la nueva constitución.

- Se conoce como un país progresista gracias a su apoyo *(support)* a la democracia, el alto nivel de vida de los costarricenses y la protección de su medio ambiente *(environment)*.

- Costa Rica posee una fauna y flora sumamente ricas. Aproximadamente una cuarta parte del territorio costarricense está protegido como reserva o parque natural.

- Costa Rica produce y exporta cantidades importantes de café, por lo que este producto es muy importante para su economía. Además, el café costarricense es de calidad reconocida *(recognized)* en todo el mundo.

INFORMACIÓN GENERAL

Nombre oficial: República de Cuba

Nacionalidad: cubano(a)

Área: 110 860 km² (aproximadamente el área de Tennessee)

Población: 11 031 400

Capital: La Habana (f. 1511) (2 137 000 hab.)

Otras ciudades importantes: Santiago, Camagüey

Moneda: peso (cubano)

Idiomas: español (oficial)

DEMOGRAFÍA

Alfabetismo: 99,8%

Religiones: católicos (85%), santería y otras religiones (15%)

CUBANOS CÉLEBRES

Alicia Alonso
bailarina, fundadora del Ballet
Nacional de Cuba (1920–)

Alejo Carpentier
escritor (1904–1980)

Nicolás Guillén
poeta (1902–1989)

Wifredo Lam
pintor (1902–1982)

José Martí
político, periodista, poeta (1853–1895)

Silvio Rodríguez
poeta, cantautor (1946–)

Juan Carlos Tabío
director de cine (1942–)

Catedral de la Habana

Investiga en Internet

La geografía: las cavernas de Bellamar, la Ciénaga de Zapata, la península de Guanahacabibes

La historia: los taínos, los ciboneyes, Fulgencio Batista, Bahía de Cochinos, la Revolución cubana, Fidel Castro

Películas: *Vampiros en La Habana*, *Fresa y chocolate*, *La última espera*, *Azúcar amargo*

Música: el son, Buena Vista Social Club, Celia Cruz, Pablo Milanés, Santiago Feliú, Alex Cuba

Comidas y bebidas: la ropa vieja, los moros y cristianos, el congrí, el café cubano

Fiestas: Día de la Independencia (10 de diciembre), Día de la Revolución (1° de enero)

Los autos viejos son una vista típica en toda la isla.

El Morro, construído en 1589, para proteger la isla de invasores

CURIOSIDADES

- Cuba se distingue por tener uno de los mejores sistemas de educación del mundo, por su sistema de salud *(health)* y por su apoyo *(support)* a las artes.

- La población de la isla es una mezcla *(mix)* de los habitantes nativos (taínos), de descendientes de esclavos africanos y de europeos, mezcla que produce una cultura única.

- A principios *(beginning)* de la década de 1980, la nueva trova cubana (un movimiento musical) presentó al mundo entero la música testimonial.

- La santería es una religión que se originó en las islas del Caribe, especialmente en Cuba, y mezcla elementos de la religión yorubá de los esclavos de África, y elementos de la religión católica. El nombre de "santería" viene de un truco *(trick)* que los esclavos usaron para continuar adorando a los dioses *(gods)* en los que creían, burlando *(outsmarting)* la prohibición de los españoles. Así los esclavos fingían *(pretended)* que adoraban a los santos *(saints)* católicos, pero en realidad les rezaban *(prayed)* a los dioses africanos.

Ecuador ▶

INFORMACIÓN GENERAL

Nombre oficial: República del Ecuador

Nacionalidad: ecuatoriano(a)

Área: 283 561 km² (aproximadamente el área de Colorado)

Población: 15 868 400

Capital: Quito (f. 1556) (1 726 000 hab.)

Otras ciudades importantes: Guayaquil, Cuenca

Moneda: dólar (estadounidense)

Idiomas: español (oficial), quechua y otros idiomas indígenas

DEMOGRAFÍA

Alfabetismo: 91%

Religiones: católicos (95%), otros (5%)

ECUATORIANOS CÉLEBRES

Rosalía Arteaga
abogada, política, ex vicepresidenta (1956–)

Jorge Carrera Andrade
escritor (1903–1978)

Sebastián Cordero
cineasta (1972–)

Oswaldo Guayasamín
pintor (1919–1999)

Jorge Icaza
escritor (1906–1978)

Iván Vallejo
escalador (1959–)

© Marcos Aspiazu/Shutterstock

Las Peñas es un barrio muy conocido *(well-known)* de la ciudad de Guayaquil.

Investiga en Internet

La geografía: La selva amazónica, las islas Galápagos, Parque Nacional Cotopaxi

La historia: José de Sucre, la Gran Colombia, los indígenas tagaeri, los incas

Música: música andina, la quena, la zampoña, Fausto Miño, Daniel Betancourt, Michelle Cordero

Comida: la papa, el plátano frito, el ceviche, la fanesca

Fiestas: Día de la Independencia (10 de agosto), Fiestas de Quito (6 de diciembre)

El parque nacional más famoso de Ecuador es el de las Islas Galápagos.

La Basílica en Quito

CURIOSIDADES

- Este país tiene una gran diversidad de zonas geográficas como costas, montañas y selva (*jungle*). Las famosas islas Galápagos son parte de Ecuador y presentan una gran diversidad biológica. A principios (*At the beginning*) del siglo XX, estas islas fueron usadas como prisión.

- Ecuador toma su nombre de la línea ecuatorial que divide el planeta en dos hemisferios: norte y sur.

- La música andina es tradicional en Ecuador, con instrumentos indígenas como el charango, el rondador y el bombo.

- Ecuador es famoso por sus tejidos (*weavings*) de lana (*wool*) de llama y alpaca, dos animales de la región andina.

El Salvador ▷

INFORMACIÓN GENERAL

Nombre oficial: República de El Salvador

Nacionalidad: salvadoreño(a)

Área: 21 041 km² (un poco más grande que Nueva Jersey)

Población: 6 141 400

Capital: San Salvador (f. 1524) (1 098 000 hab.)

Otras ciudades importantes: San Miguel, Santa Ana

Moneda: dólar (estadounidense)

Idiomas: español (oficial)

DEMOGRAFÍA

Alfabetismo: 84,5%

Religiones: católicos (57,1%), protestantes (21%), otros (22%)

SALVADOREÑOS CÉLEBRES

Claribel Alegría
escritora (nació en Nicaragua pero se considera salvadoreña) (1924–)

Óscar Arnulfo Romero
arzobispo, defensor de los derechos humanos (1917–1980)

Alfredo Espino
poeta (1900–1928)

Cristina López
atleta, medallista olímpica (1982–)

Salvador Salazar Arrué
artista, escritor (1899–1975)

El volcán de San Vicente

© moxelotle/iStockphoto

Investiga en Internet

La geografía: el bosque lluvioso (Parque Nacional Montecristo), el puerto de Acajutla, el volcán Izalco, los planes de Renderos

La historia: Tazumal, Acuerdos de Paz de Chapultepec, José Matías Delgado, FMLN, Ana María

Películas: *Romero, Voces inocentes*

Música: Taltipac, la salsa y la cumbia (fusión), Shaka y Dres

Comidas y bebidas: las pupusas, los tamales, la semita, el atole, la quesadilla

Fiestas: Día del Divino Salvador del Mundo (6 de agosto), Día de la Independencia (15 de septiembre)

Una de las numerosas cascadas en el área de Juayua

La catedral en San Salvador

CURIOSIDADES

- El Salvador es el país más pequeño de Centroamérica pero el más denso en población.
- Hay más de veinte volcanes y algunos están activos.
- El Salvador está en una zona sísmica, por eso ocurren terremotos *(earthquakes)* con frecuencia. Varios sismos han causado *(have caused)* muchos daños *(damage)* al país.
- Entre 1979 y 1992 El Salvador vivió una guerra *(war)* civil. Durante esos años muchos salvadoreños emigraron a los Estados Unidos.
- La canción de U2 "Bullet the Blue Sky" fue inspirada por el viaje a El Salvador que hizo el cantante Bono en los tiempos de la Guerra Civil.

España ▶

INFORMACIÓN GENERAL

Nombre oficial: Reino de España

Nacionalidad: español(a)

Área: 505 992 km² (aproximadamente 2 veces el área de Oregón)

Población: 48 146 100

Capital: Madrid (f. siglo X) (6 199 000 hab.)

Otras ciudades importantes: Barcelona, Valencia, Sevilla, Toledo, Zaragoza

Moneda: euro

Idiomas: español (oficial), catalán, vasco, gallego

DEMOGRAFÍA

Alfabetismo: 97,7%

Religiones: católicos (94%), otros (6%)

ESPAÑOLES CÉLEBRES

Pedro Almodóvar
director de cine (1949–)

Rosalía de Castro
escritora (1837–1885)

Miguel de Cervantes Saavedra
escritor (1547–1616)

Penélope Cruz
actriz (1974–)

Lola Flores
cantante, bailarina de flamenco (1923–1995)

Federico García Lorca
poeta (1898–1936)

Antonio Gaudí
arquitecto (1852–1926)

Rafael Nadal
tenista (1986–)

Pablo Picasso
pintor, escultor (1881–1973)

La Plaza Mayor es un lugar con mucha historia en el centro de Madrid.

Vinicius Tupinamba/Shutterstock.com

Arquitectura gótica en Barcelona

🌐 **Investiga en Internet**

La geografía: las islas Canarias, las islas Baleares, Ceuta y Melilla (África)

La historia: la conquista de América, la Guerra Civil, el rey Fernando y la reina Isabel, la Guerra de la Independencia Española, Carlos V, Francisco Franco

Películas: *Ay, Carmela, Mala educación, Hable con ella, Mar adentro, Volver, El orfanato*

Música: las tunas, el flamenco, Paco de Lucía, Mecano, David Bisbal, Joaquín Sabina, Ana Belén, La Oreja de Van Gogh, Plácido Domingo

Comidas y bebidas: la paella valenciana, las tapas, la tortilla española, la crema catalana, la horchata

Fiestas: Festival de la Tomatina (agosto), San Fermín (7 de julio), Semana Santa (marzo o abril)

El Alcázar en la ciudad de Toledo

CURIOSIDADES

- España se distingue por tener una gran cantidad de pintores y escritores. En el siglo XX se destacaron *(stood out)* los pintores Pablo Picasso, Salvador Dalí y Joan Miró. Entre los clásicos figuran Velázquez, El Greco y Goya.

- El Palacio Real de Madrid presenta una arquitectura hermosa *(beautiful)*. Contiene pinturas de algunos de los artistas mencionados arriba. Originalmente fue un fuerte *(fort)* construido por los musulmanes en el siglo IX. Más tarde los reyes de Castilla construyeron allí el Alcázar *(Castle)*. En 1738 el rey Felipe V ordenó la construcción del Palacio Real, que fue la residencia de la familia real hasta 1941.

- En Andalucía, una región al sur de España, se ve una gran influencia árabe porque los moros la habitaron de 711 a 1492, año en el que los reyes Católicos los expulsaron durante la Reconquista.

- Aunque *(Although)* el español se habla en todo el país, varias regiones de España mantienen viva su propia *(own)* lengua. De todos, el más interesante quizás sea el vasco, que es la única lengua de España que no deriva del latín y cuyo *(whose)* origen no se conoce.

- En la ciudad de Toledo se fundó la primera escuela de traductores *(translators)* en el año 1126.

INFORMACIÓN GENERAL

Nombre oficial: República de Guatemala

Nacionalidad: guatemalteco(a)

Área: 108 890 km² (un poco más grande que el área de Ohio)

Población: 14 919 000

Capital: Ciudad de Guatemala (f. 1524) (2 918 000 hab.)

Otras ciudades importantes: Mixco, Villa Nueva Quetzaltenango, Puerto Barrios

Moneda: quetzal

Idiomas: español (oficial), K'iche', Mam, Q'eqchi' (idiomas mayas)

DEMOGRAFÍA

Alfabetismo: 75,9%

Religiones: católicos (94%), protestantes (2%), otros (4%)

GUATEMALTECOS CÉLEBRES

Ricardo Arjona
cantautor (1964–)

Miguel Ángel Asturias
escritor (1899–1974)

Rigoberta Menchú
activista por los derechos humanos,
Premio Nobel de la Paz (1959–)

Carlos Mérida
pintor (1891–1984)

Augusto Monterroso
escritor (1921–2003)

© SUETONE Emilio/age fotostock

Mujer tejiendo *(weaving)* en la región del departamento de Sololá

Investiga en Internet

La geografía: el lago Atitlán, Antigua

La historia: los mayas, Efraín Ríos Mont, la matanza de indígenas durante la dictadura, quiché, el Popul Vuh, Tecun Uman

Películas: *El norte*

Música: punta, Gaby Moreno

Comida: los tamales, la sopa de pepino, el fiambre, pipián

Fiestas: Día de la Independencia (15 de septiembre), Semana Santa (marzo o abril), Día de los Muertos (1^{ero} de noviembre)

Tikal, ciudad construida por los mayas

Vista del lago Atitlán

CURIOSIDADES

- Guatemala es famosa por la gran cantidad de ruinas mayas y por las tradiciones indígenas, especialmente los tejidos *(weavings)* de vivos colores.
- Guatemala es el quinto exportador de plátanos en el mundo.
- Antigua es una famosa ciudad que sirvió como la tercera capital de Guatemala. Es reconocida *(recognized)* mundialmente por su bien preservada arquitectura renacentista *(Renaissance)* y barroca. También es reconocida como un lugar excelente para ir a estudiar español.
- En Guatemala se encuentra Tikal, uno de los más importantes conjuntos *(ensembles)* arqueológicos mayas.

INFORMACIÓN GENERAL

Nombre oficial: República de Guinea Ecuatorial

Nacionalidad: ecuatoguineano(a)

Área: 28 051 km² (aproximadamente el área de Maryland)

Población: 740 740

Capital: Malabo (f. 1827) (145 000 hab.)

Otras ciudades importantes: Bata, Ebebiyín

Moneda: franco CFA

Idiomas: español y francés (oficiales), fang, bubi

DEMOGRAFÍA

Alfabetismo: 94,2

Religiones: católicos y otros cristianos (95%), prácticas paganas (5%)

ECUATOGUINEANOS CÉLEBRES

Leoncio Evita
escritor (1929–1996)

Leandro Mbomio Nsue
escultor (1938–2012)

Eric Moussambani
nadador olímpico (1978–)

Donato Ndongo-Bidyogo
escritor (1950–)

María Nsué Angüe
escritora (1945–)

© Christine Nesbitt/AP Images

Niños jugando frente a una iglesia en Malabo

Niños en una escuela de Guinea Ecuatorial

Investiga en Internet

La geografía: la isla de Bioko, el río Muni

La historia: los bantúes, los igbo, los fang

Música: Las Hijas del Sol, Betty Akna, Anfibio

Comidas y bebidas: la sopa banga, el pescado a la plancha, el puercoespín, el antílope, la malamba

Fiestas: Día de la Independencia (12 de octubre)

El bosque *(forest)* de la isla de Bioko

CURIOSIDADES

- Se cree que los primeros habitantes de esta región fueron pigmeos.

- Guinea Ecuatorial obtuvo su independencia de España en 1968 y es el único país en África en donde el español es un idioma oficial.

- Parte de su territorio fue colonizado por los portugueses y por los ingleses.

- Macías Nguema fue dictador de Guinea Ecuatorial hasta 1979.

- El país tiene una universidad, la Universidad Nacional de Guinea Ecuatorial, situada en la capital.

- Con el descubrimiento de reservas de petróleo y gas en la década de los años 90 se fortaleció *(strengthened)* considerablemente la economía.

- Guinea Ecuatorial tiene el más alto ingreso per cápita en África: 19,998 dólares. Sin embargo *(However)*, la distribución del dinero se concentra en unas pocas familias.

Honduras ▶

INFORMACIÓN GENERAL

Nombre oficial: República de Honduras

Nacionalidad: hondureño(a)

Área: 112 090 km² (aproximadamente el área de Pennsylvania)

Población: 8 746 700

Capital: Tegucigalpa (f. 1762) (1 123 000 hab.)

Otras ciudades importantes: San Pedro Sula, El Progreso

Moneda: lempira

Idiomas: español (oficial), garífuna

DEMOGRAFÍA

Alfabetismo: 85,1%

Religiones: católicos (97%), protestantes (3%)

HONDUREÑOS CÉLEBRES

Ramón Amaya Amador
escritor (1916–1966)

Lempira
héroe indígena (1499–1537)

Maribel Lieberman
empresaria

Carlos Mencia
comediante (1967–)

David Suazo
futbolista (1979–)

José Antonio Velásquez
pintor (1906–1983)

Copán, declarado Patrimonio de la Humanidad (*World Heritage*) por la UNESCO

Investiga en Internet

La geografía: islas de la Bahía, Copán

La historia: los mayas, los garífunas, los misquitos, Ramón Villedas Morales, José Trinidad Cabañas

Música: punta, Café Guancasco, Delirium, Yerbaklan

Comidas y bebidas: el arroz con leche, los tamales, las pupusas, el atol de elote, la chicha, el ponche de leche

Fiestas: Día de la Independencia (15 de septiembre)

El esnórquel es popular en Honduras.

Vista aérea de la isla Roatán en el Caribe hondureño

CURIOSIDADES

- Los hondureños reciben el apodo *(nickname)* de "catrachos", palabra derivada del apellido Xatruch, un famoso general que combatió en Nicaragua contra el filibustero William Walker.

- El nombre original del país fue Comayagua, el mismo nombre que su capital. A mediados del siglo XIX adoptó el nombre República de Honduras, y en 1880 la capital se trasladó *(moved)* a Tegucigalpa.

- Honduras basa su economía en la agricultura, especialmente en las plantaciones de banana, cuya comercialización empezó en 1889 con la fundación de la Standard Fruit Company.

- Se dice que *(It is said that)* en la región de Yoro ocurre el fenómeno de la lluvia *(rain)* de peces, es decir que, literalmente, los peces caen del cielo *(fall from the sky)*. Por esta razón, desde 1998 se celebra en el Yoro el Festival de Lluvia de Peces.

- En 1998 el huracán Mitch golpeó *(hit)* severamente la economía nacional, destruyendo gran parte de la infraestructura del país y de los cultivos. Se calcula que el país retrocedió 25 años a causa del huracán.

México ▶

INFORMACIÓN GENERAL

Nombre oficial: Estados Unidos Mexicanos

Nacionalidad: mexicano(a)

Área: 1 964 375 km² (aproximadamente 4 1/2 veces el área de California)

Población: 121 736 800

Capital: Ciudad de México (f. 1521) (20 999 000 hab.)

Otras ciudades importantes: Guadalajara, Monterrey, Puebla, Tijuana

Moneda: peso (mexicano)

Idiomas: español (oficial), aproximadamente 280 otras lenguas amerindias

DEMOGRAFÍA

Alfabetismo: 93,5%

Religiones: católicos (90,4%), protestantes (3,8%), otros (5,8%)

MEXICANOS CÉLEBRES

Carmen Aristegui
periodista (1964–)

Gael García Bernal
actor (1978–)

Alejandro González Iñarritu
director de cine (1963–)

Frida Kahlo
pintora (1907–1954)

Armando Manzanero
cantautor (1935–)

Rafa Márquez
futbolista (1979–)

Octavio Paz
escritor, Premio Nobel de Literatura (1914–1998)

Elena Poniatowska
periodista, escritora (1932–)

Diego Rivera
pintor (1886–1957)

Guillermo del Toro
cineasta (1964–)

Emiliano Zapata
revolucionario (1879–1919)

Teotihuacán, ciudad precolombina declarada Patrimonio de la Humanidad *(World Heritage)* por la UNESCO.

© f9photos/Shutterstock

Investiga en Internet

La geografía: el cañón del Cobre, el volcán Popocatépetl, las lagunas de Montebello, Parque Nacional Cañón del Sumidero, la sierra Tarahumara, Acapulco

La historia: los mayas, los aztecas, los toltecas, la Conquista, la Colonia, Pancho Villa, Porfirio Díaz, Hernán Cortés, Miguel Hidalgo, los zapatistas

Películas: *Amores perros*, *Frida*, *Y tu mamá también*, *Babel*, *El laberinto del fauno*, *La misma luna*

Música: los mariachis, música ranchera, Pedro Infante, Vicente Fernández, Luis Miguel, Maná, Jaguares, Juan Gabriel, Thalía, Lucero, Julieta Venegas, Antonio Aguilar

Comidas y bebidas: los chiles en nogada, el mole poblano, el pozole, los huevos rancheros, (alimentos originarios de México: chocolate, tomate, vainilla)

Fiestas: Día de la Independencia (16 de septiembre), Día de los Muertos (1ero y 2 de noviembre)

La Torre Latinoamericana, en la Ciudad de México, fue el primer rascacielos *(skyscraper)* del mundo construído exitosamente en una zona sísmica.

Puerto Vallarta

CURIOSIDADES

- La Ciudad de México es una de las ciudades más pobladas *(populated)* del mundo. Los predecesores de los aztecas fundaron la Ciudad sobre el lago *(lake)* de Texcoco. La ciudad recibió el nombre de Tenochtitlán, y era más grande que cualquier *(any)* capital europea cuando ocurrió la Conquista.

- Millones de mariposas *(butterflies)* monarcas migran todos los años a los estados de Michoacán y México de los Estados Unidos y Canadá.

- La Pirámide de Chichén Itzá fue nombrada una de las siete maravillas del mundo moderno.

- Los olmecas (1200 a.C–400 a.C) desarrollaron *(developed)* el primer sistema de escritura en las Américas.

Nicaragua ▶

INFORMACIÓN GENERAL

Nombre oficial: República de Nicaragua

Nacionalidad: nicaragüense

Área: 130 370 km² (aproximadamente el área del estado de Nueva York)

Población: 5 907 900

Capital: Managua (f. 1522) (1 480 000 hab.)

Otras ciudades importantes: León, Chinandega

Moneda: córdoba

Idiomas: español (oficial), misquito

DEMOGRAFÍA

Alfabetismo: 78%

Religiones: católicos (58%), evangélicos (22%), otros (20%)

NICARAGÜENSES CÉLEBRES

Ernesto Cardenal
sacerdote, poeta (1925–)

Violeta Chamorro
periodista, presidente (1929–)

Rubén Darío
poeta, padre del Modernismo (1867–1916)

Bianca Jagger
activista de derechos humanos (1945–)

Ometepe, isla formada por dos volcanes

Catedral de Granada

🌐 Investiga en Internet

La geografía: el lago Nicaragua, la isla Ometepe

La historia: los misquitos, Anastasio Somoza, Augusto Sandino, Revolución sandinista, José Dolores Estrada

Películas: *Ernesto Cardenal*

Música: la polca, la mazurca, Camilo Zapata, Carlos Mejía Godoy, Salvador Cardenal, Luis Enrique Mejía Godoy, Perrozompopo

Comidas y bebidas: los tamales, la sopa de pepino, el triste, el tibio, la chicha

Fiestas: Día de la Independencia (15 de septiembre)

Isla del Maíz

CURIOSIDADES

- Nicaragua se conoce como tierra *(land)* de poetas y volcanes.
- La capital, Managua, fue destruída por un terremoto *(earthquake)* en 1972. A causa de la actividad sísmica no se construyen edificios altos.
- Las ruinas de León Viejo fueron declaradas Patrimonio de la Humanidad *(World Heritage)* en el año 2000. Es la ciudad más antigua de América Central.
- Es el país más grande de Centroamérica y tiene el lago más grande de la región, el lago Nicaragua, con más de 370 islas. La isla más grande, Ometepe, tiene dos volcanes.

Panamá ▷

INFORMACIÓN GENERAL

Nombre oficial: República de Panamá

Nacionalidad: panameño(a)

Área: 75 420 km² (aproximadamente la mitad del área de Florida)

Población: 3 657 000

Capital: Panamá (f. 1519) (1 673 000 hab.)

Otras ciudades importantes: San Miguelito, David

Moneda: balboa, dólar (estadounidense)

Idiomas: español (oficial), inglés

DEMOGRAFÍA

Alfabetismo: 94,1%

Religiones: católicos (85%), protestantes (15%)

PANAMEÑOS CÉLEBRES

Joaquín Beleño
escritor y periodista (1922–1988)

Rubén Blades
cantautor, actor, abogado, político (1948–)

Ana María Britton
novelista (1936–)

Ricardo Miró
escritor (1883–1940)

Olga Sinclair
pintora (1957–)

Omar Torrijos
militar, presidente (1929–1981)

© Manja/Shutterstock

El canal de Panamá es una de las principales fuentes *(sources)* de ingresos para el país.

Investiga en Internet

La geografía: el canal de Panamá

La historia: los Kuna Yala, la construcción del canal de Panamá, la dictadura de Manuel Noriega, Parque Nacional Soberanía, Victoriano Lorenzo

Películas: *El plomero, Los puños de una nación*

Música: salsa, Danilo Pérez, Edgardo Franco "El General", Nando Boom

Comidas y bebidas: el chocao panameño, el sancocho de gallina, las carimaolas, la ropa vieja, los jugos de fruta, el chicheme

Fiestas: Día de la Independencia (3 de noviembre)

Una isla en el archipiélago de San Blas, lugar donde habitan los Kuna Yala

La Ciudad de Panamá es famosa por sus rascacielos (*skyscrapers*).

CURIOSIDADES

- El canal de Panamá se construyó entre 1904 y 1914. Mide (*It measures*) 84 kilómetros de longitud y funciona con un sistema de esclusas (*locks*) que elevan y bajan los barcos (*boats*) porque los océanos Atlántico y Pacífico tienen diferentes elevaciones. Cada año cruzan unos 14 000 barcos o botes por el canal, el cual estuvo bajo control de los Estados Unidos hasta el 31 de diciembre de 1999. En promedio (*On average*), cada embarcación paga 54 000 dólares por cruzar el canal. La tarifa más baja la pagó un aventurero estadounidense, quien pagó 36 centavos por cruzar nadando en 1928.

- En junio del 2016 se inauguró una ampliación al canal que permite que transiten por él barcos hasta tres veces más grandes que la máxima capacidad del canal original.

- El territorio de los Kuna Yala se considera independiente. Para entrar a su territorio es necesario pagar una cuota (*fee*) y mostrar su pasaporte.

Paraguay ▶

INFORMACIÓN GENERAL

Nombre oficial: República del Paraguay

Nacionalidad: paraguayo(a)

Área: 406 750 km² (aproximadamente el área de California)

Población: 6 783 300

Capital: Asunción (f. 1537) (2 356 000 hab.)

Otras ciudades importantes: Ciudad del Este, San Lorenzo

Moneda: guaraní

Idiomas: español y guaraní (oficiales)

DEMOGRAFÍA

Alfabetismo: 93,9%

Religiones: católicos (90%), protestantes (6%), otros (4%)

PARAGUAYOS CÉLEBRES

Olga Blinder
pintora (1921–2008)

Arsenio Erico
futbolista (1915–1977)

Augusto Roa Bastos
escritor, Premio Cervantes de Literatura (1917–2005)

Berta Rojas
guitarrista (1966–)

© Lukasz Kurbiel/Shutterstock

Ruinas de Misiones Jesuitas en Trinidad

Investiga en Internet

La geografía: los ríos Paraguay y Paraná, Parque Nacional Cerro Corá, la presa Itaipú, el Chaco

La historia: guaraníes, misiones jesuitas, la Guerra de la Triple Alianza, Alfredo Stroessner, Carlos Antonio López, José Félix Estigarribia

Películas: *Nosotros*, *Hamacas paraguayas*, *7 cajas*

Música: la polca, el baile de la botella, el arpa paraguaya, Perla, Celso Duarte

Comidas y bebidas: el chipá paraguayo, el surubí, las empanadas, la sopa paraguaya, el mate, el tereré

Fiestas: Día de la Independencia (14 de mayo), Verbena de San Juan (24 de junio)

El palacio presidencial en Asunción

La presa de Itaipú es la central hidroeléctrica más grande del mundo.

CURIOSIDADES

- Por diversas razones históricas, Paraguay es un país bilingüe. Se calcula que el 90% de sus habitantes hablan español y guaraní, el idioma de sus habitantes antes de la llegada de los españoles. En particular, la llegada de los jesuitas tuvo importancia en la preservación del idioma guaraní. Actualmente se producen novelas y programas de radio en guaraní. Por otra parte, el guaraní ha influenciado notablemente el español de la región.

- Paraguay, igual que Bolivia, no tiene salida al mar *(sea)*.

- La presa *(dam)* de Itaipú es la mayor del mundo en cuanto a producción de energía. Está sobre el río Paraná y abastace *(provides)* el 90% del consumo de energía eléctrica de Paraguay y el 19% de Brasil.

Perú ▶

INFORMACIÓN GENERAL

Nombre oficial: República del Perú

Nacionalidad: peruano(a)

Área: 1 285 216 km² (aproximadamente 2 veces el área de Texas)

Población: 30 445 000

Capital: Lima (f. 1535) (9 897 000 hab.)

Otras ciudades importantes: Callao, Arequipa, Trujillo

Moneda: nuevo sol

Idiomas: español, quechua y aymará (oficiales), otras lenguas indígenas

DEMOGRAFÍA

Alfabetismo: 92,9%

Religiones: católicos (81,3%), evangélicos (12,5%), otros (3,3%)

PERUANOS CÉLEBRES

Gastón Acurio
chef (1967–)

Alberto Fujimori
político y presidente (1938–)

Tania Libertad
cantante (1952–)

Claudia Llosa
directora de cine (1976–)

María Julia Mantilla
empresaria y presentadora de
TV, ex Miss Universo (1984–)

Javier Pérez de Cuellar
secretario general de las
Naciones Unidas (1920–)

Fernando de Szyszlo
pintor (1925–)

Mario Testino
fotógrafo (1954–)

César Vallejo
poeta (1892–1938)

Mario Vargas Llosa
escritor, político, Premio
Nobel de Literatura (1936–)

© Mark Skalny/Shutterstock

Machu Picchu

Investiga en Internet

La geografía: los Andes, el Amazonas, el lago Titicaca

La historia: los incas, los aymará, el Inti Raymi, los uros, José de San Martín, Machu Picchu, Nazca

Películas: *Todos somos estrellas*, *Madeinusa*

Música: música andina, los valses peruanos, las jaranas, Gian Marco

Comidas y bebidas: la papa (más de 2000 variedades), la yuca, la quinoa, el ceviche, el pisco, anticuchos

Fiestas: Día de la Independencia (28 de julio)

Las calles de Cuzco

La Plaza de Armas en Lima

CURIOSIDADES

- En Perú vivieron muchas civilizaciones diferentes que se desarrollaron *(developed)* entre el año 4000 a.C hasta principios *(beginning)* del siglo XVI. La más importante fue la civilización de los incas, que dominaba la región a la llegada de los españoles.

- Otra civilización importante fueron los nazcas, quienes trazaron figuras de animales que solo se pueden ver desde el aire. Hay más de 2000 km de líneas. Su origen es un misterio y no se sabe por qué las hicieron *(made)*.

- Probablemente la canción folclórica más famosa del Perú es "El Cóndor Pasa".

Puerto Rico ▶

INFORMACIÓN GENERAL

Nombre oficial: Estado Libre Asociado de Puerto Rico
(*Commonwealth of Puerto Rico*)

Nacionalidad: puertorriqueño(a)

Área: 13.790 km² (un poco menos que el área de Connecticut)

Población: 3 598 400

Capital: San Juan (f. 1521) (2 463 000 hab.)

Otras ciudades importantes: Ponce, Caguas

Moneda: dólar (estadounidense)

Idiomas: español, inglés (oficiales)

DEMOGRAFÍA

Alfabetismo: 94,1%

Religiones: católicos (85%), protestantes y otros (15%)

PUERTORRIQUEÑOS CÉLEBRES

Roberto Clemente
beisbolista (1934–1972)

Rosario Ferré
escritora (1938–2016)

Raúl Juliá
actor (1940–1994)

Ricky Martin
cantante, benefactor (1971–)

Rita Moreno
actriz (1931–)

Francisco Oller y Cestero
pintor (1833–1917)

Esmeralda Santiago
escritora (1948–)

Una calle en el Viejo San Juan

Investiga en Internet

La geografía: el Yunque, Vieques, El Morro, Parque Nacional Cavernas del Río Camuy

La historia: los taínos, Juan Ponce de León, la Guerra Hispanoamericana, Pedro Albizu Campos

Películas: *Lo que le pasó a Santiago, 12 horas, Talento de barrio*

Música: la salsa, la bomba y plena, Gilberto Santa Rosa, Olga Tañón, Daddy Yankee, Tito Puente, Calle 13, Carlos Ponce, Ivy Queen

Comidas y bebidas: el lechón asado, el arroz con gandules, el mofongo, los bacalaítos, la champola de guayaba, el coquito, la horchata de ajonjolí

Fiestas: Día de la Independencia de EE.UU. (4 de julio), Día de la Constitución de Puerto Rico (25 de julio)

La cascada de La Mina en el Bosque Nacional El Yunque

Una playa en Fajardo

CURIOSIDADES

- A los puertorriqueños también se los conoce como *(known as)* "boricuas", ya que antes de *(before)* la llegada de los europeos la isla se llamaba Borinquen.

- A diferencia de otros países, los puertorriqueños también son ciudadanos *(citizens)* estadounidenses, pero no pueden votar en elecciones presidenciales de los Estados Unidos si no son residentes de un estado.

- El gobierno de Puerto Rico está encabezado por *(headed by)* un gobernador.

- El fuerte *(fort)* de El Morro fue construido en el siglo XVI para defender el puerto de los piratas. Gracias a esta construcción, San Juan fue el lugar mejor defendido del Caribe.

República Dominicana ▶

INFORMACIÓN GENERAL

Nombre oficial: República Dominicana

Nacionalidad: dominicano(a)

Área: 48 670 km² (aproximadamente 2 veces el área de Vermont)

Población: 10 478 800

Capital: Santo Domingo (f. 1492) (2 945 000 hab.)

Otras ciudades importantes: Santiago de los Caballeros, La Romana

Moneda: peso (dominicano)

Idiomas: español

DEMOGRAFÍA

Alfabetismo: 90,1%

Religiones: católicos (95%), otros (5%)

DOMINICANOS CÉLEBRES

Juan Bosch
escritor (1909–2001)

Charytín
cantante y presentadora (1949–)

Juan Pablo Duarte
héroe de la independencia (1808–1876)

Juan Luis Guerra
músico (1957–)

Óscar de la Renta
diseñador (1932–2014)

David Ortiz
beisbolista (1975–)

© e2dan/Shutterstock

La plaza principal en Santo Domingo

Un vendedor de cocos en Boca Chica

Construido en 1976, Altos de Chavón es una recreación de un pueblo medieval de Europa.

CURIOSIDADES

- La isla que comparten *(share)* la República Dominicana y Haití, La Española, estuvo bajo control español hasta 1697, cuando la parte oeste *(western)* pasó a ser territorio francés.

- La República Dominicana tiene algunas de las construcciones más antiguas dejadas *(left)* por los españoles.

- Se cree que los restos de Cristóbal Colón están enterrados *(buried)* en Santo Domingo, pero Colón también tiene una tumba en Sevilla, España.

- En Santo Domingo se construyeron la primera catedral, el primer hospital, la primera aduana *(customs office)* y la primera universidad del Nuevo Mundo.

- Santo Domingo fue declarada Patrimonio de la Humanidad *(World Heritage)* por la UNESCO.

Uruguay ▶

INFORMACIÓN GENERAL

Nombre oficial: República Oriental del Uruguay

Nacionalidad: uruguayo(a)

Área: 176 215 km² (casi exactamente igual al estado de Washington)

Población: 3 341 900

Capital: Montevideo (f. 1726) (1 703 000 hab.)

Otras ciudades importantes: Salto, Paysandú, Punta del Este

Moneda: peso (uruguayo)

Idiomas: español (oficial)

DEMOGRAFÍA

Alfabetismo: 98%

Religiones: católicos (47,1%), protestantes (11%), otros (42%)

URUGUAYOS CÉLEBRES

Delmira Agustini
poetisa (1886–1914)

Mario Benedetti
escritor (1920–2009)

Jorge Drexler
músico, actor, médico (1964–)

Amalia Dutra
científica (1958–)

Diego Forlán
futbolista (1979–)

José "Pepe" Mujica
presidente (1935–)

Julio Sosa
cantor de tango (1926–1964)

Horacio Quiroga
escritor (1878–1937)

Alfredo Zitarrosa
compositor (1936–1989)

© VojtechVlk/Shutterstock

Plaza Independencia, Montevideo (Palacio Salvo)

Carnaval de Montevideo

Colonia del Sacramento

CURIOSIDADES

- En guaraní, "Uruguay" significa "río *(river)* de las gallinetas". La gallineta es un pájaro de esta región.

- La industria ganadera *(cattle)* es una de las más importantes del país. La bebida más popular es el mate. Es muy común ver a los uruguayos caminando con el termo *(thermos)* bajo el brazo, listo para tomar mate en cualquier lugar *(anywhere)*.

- Los descendientes de esclavos africanos que vivieron en esa zona dieron origen a *(gave rise to)* la música típica de Uruguay: el candombe.

- Uruguay fue el anfitrión *(host)* y el primer campeón de la Copa Mundial de Fútbol en 1930.

Venezuela ▷

INFORMACIÓN GENERAL

Nombre oficial: República Bolivariana de Venezuela

Nacionalidad: venezolano(a)

Área: 912 050 km² (2800 km de costas) (aproximadamente 6 veces el área de Florida)

Población: 29 275 500

Capital: Caracas (f. 1567) (2 916 000 hab.)

Otras ciudades importantes: Maracaibo, Valencia, Maracay Barquisimeto

Moneda: bolívar

Idiomas: español (oficial), guajiro, wayuu y otras lenguas amerindias

DEMOGRAFÍA

Alfabetismo: 95,5%

Religiones: católicos (96%), protestantes (2%), otros (2%)

VENEZOLANOS CÉLEBRES

Andrés Eloy Blanco
escritor (1897–1955)

Simón Bolívar
libertador (1783–1830)

Hugo Chávez
militar, presidente (1954–2013)

María Conchita Alonso
actriz, cantante (1957–)

Gustavo Dudamel
músico, director de
orquesta (1981–)

Lupita Ferrer
actriz (1947–)

Rómulo Gallegos
escritor (1884–1969)

Carolina Herrera
diseñadora (1939–)

El Salto Ángel, la catarata (*waterfall*) más alta del mundo

Investiga en Internet

La geografía: El Salto Ángel, la isla Margarita, el Amazonas, Parque Nacional Canaima

La historia: los yanomami, el petróleo, Simón Bolívar, Francisco de la Miranda

Películas: *Punto y Raya*, *Secuestro Express*

Música: el joropo, Ricardo Montaner, Franco de Vita, Chino y Nacho, Carlos Baute, Óscar de León

Comidas y bebidas: el ceviche, las hallacas, las arepas, el carato de guanábana, el guarapo de papelón

Fiestas: Día de la Independencia (5 de julio), Nuestra Señora de la Candelaria (2 de febrero)

El Obelisco, en el centro de Plaza Francia en la ciudad de Caracas, fue en su momento la construcción más alta de la ciudad.

Isla Margarita, popular destino turístico

CURIOSIDADES

- El nombre de Venezuela ("pequeña Venecia") se debe al descubridor italiano Alonso de Ojeda, quien llamó así a una de las islas costeras *(coastal islands)* en 1499, debido a su aspecto veneciano.

- La isla Margarita es un lugar turístico muy popular. Cuando los españoles llegaron hace más de 500 años *(more than 500 years ago)*, los indígenas de la isla, los guaiqueríes, pensaron *(thought)* que eran dioses *(gods)* y les dieron *(gave)* regalos y una ceremonia de bienvenida. Gracias a esto, los guaiqueríes fueron los únicos indígenas del Caribe que tuvieron el estatus de "vasallos libres" *(free vassals)*.

- En la época moderna Venezuela se destaca *(stands out)* por sus concursos *(contests)* de belleza y por su producción internacional de telenovelas.

- En Venezuela hay tres sitios considerados Patrimonio de la Humanidad *(World Heritage)* por la UNESCO: Coro y su puerto, el Parque Nacional de Canaima, y la Ciudad Universitaria de Caracas.

- En Venezuela habita un roedor *(rodent)* llamado chigüire que llega a pesar hasta 60 kilos.

INFORMACIÓN GENERAL

Nombre oficial: Estados Unidos de América

Nacionalidad: estadounidense

Área: 9 826 675 km² (aproximadamente el área de China o 3,5 veces el área de Argentina)

Población: 321 368 900 (aproximadamente el 15% se consideran de origen hispano)

Capital: Washington, D.C. (f. 1791) (4 955 000 hab.)

Otras ciudades importantes: Nueva York, Los Ángeles, Chicago, Miami

Moneda: dólar (estadounidense)

Idiomas: inglés (oficial), español y más de otras 200 lenguas

DEMOGRAFÍA

Alfabetismo: 99%

Religiones: protestantes (51,3%), católicos (23,9%), mormones (1,7%), judíos (1,7%) y otros

HISPANOS CÉLEBRES DE ESTADOS UNIDOS

Christina Aguilera
cantante (1980–)

Julia Álvarez
escritora (1950–)

Marc Anthony
cantante (1969–)

César Chávez
activista (1927–1993)

Sandra Cisneros
escritora (1954–)

Junot Díaz
escritor (1968–)

Eva Longoria
actriz (1975–)

Soledad O'Brien
periodista, presentadora (1966–)

Ellen Ochoa
astronauta (1958–)

Edward James Olmos
actor (1947–)

Sonia Sotomayor
Juez Asociada de la Corte Suprema de Justicia de EE.UU. (1954–)

La Pequeña Habana en Miami, Florida

© Jeff Greenberg/The Image Works

Un mural de Benito Juárez en Chicago, Illinois

 Investiga en Internet

La geografía: regiones que pertenecieron a México, lugares con arquitectura de estilo español, Plaza Olvera, Calle 8, La Pequeña Habana

La historia: el Álamo, la Guerra Mexicoamericana, la Guerra Hispanoamericana, Antonio López de Santa Anna

Películas: *A Day without Mexicans, My Family, Stand and Deliver, Tortilla Soup*

Música: la salsa, tejano (Tex-Mex), el merengue, el hip hop en español, Jennifer López, Selena

Comidas y bebidas: los tacos, las enchiladas, los burritos, los plátanos fritos, los frijoles, el arroz con gandules

Fiestas: Día de la Batalla de Puebla (5 de mayo)

El Álamo, donde Santa Anna derrotó *(defeated)* a los tejanos en una batalla de la Revolución de Texas.

CURIOSIDADES

- Los latinos son la minoría más grande de los Estados Unidos (más de 46 millones). Este grupo incluye personas que provienen de los veintiún países de habla hispana y a los hijos y nietos de estas que nacieron *(were born)* en los Estados Unidos. Muchos hablan español perfectamente y otros no lo hablan. El grupo más grande de hispanos es el de mexicanoamericanos, ya que territorios como Texas, Nuevo México, Utah, Nevada, California, Colorado y Oregón eran parte de México.

- Actualmente todas las culturas latinoamericanas están representadas en los Estados Unidos.

Acentuación

In Spanish, as in English, all words of two or more syllables have one syllable that is stressed more forcibly than the others. In Spanish, written accents are frequently used to show which syllable in a word is the stressed one.

Words without written accents

Words without written accents are pronounced according to the following rules:

A. Words that end in a vowel (**a, e, i, o, u**) or the consonants **n** or **s** are stressed on the next to last syllable.

tardes	capi**ta**les	**gran**de	es**tu**dia	**no**ches	**co**men

B. Words that end in a consonant other than **n** or **s** are stressed on the last syllable.

bus**car**	ac**triz**	espa**ñol**	liber**tad**	ani**mal**	come**dor**

Words with written accents

C. Words that do not follow the two preceding rules require a written accent to indicate where the stress is placed.

ca**fé**	sim**pá**tico	fran**cés**	na**ción**	Jo**sé** **Pé**rez

Words with a strong vowel (a, o, u) next to a weak vowel (e, i)

D. Diphthongs, the combination of a weak vowel (**i, u**) and a strong vowel (**e, o, a**), or two weak vowels, next to each other, form a single syllable. A written accent is required to separate diphthongs into two syllables. Note that the written accent is placed on the weak vowel.

s**ei**s	estu**dia**	inter**ior**	**ai**re	**au**to	c**iu**dad
re**ír**	**dí**a	**rí**o	ma**íz**	ba**úl**	veint**iún**

Monosyllable words

E. Words with only one syllable never have a written accent unless there is a need to differentiate it from another word spelled exactly the same. The following are some of the most common words in this category.

Unaccented	Accented	Unaccented	Accented
como (*like, as*)	cómo (*how*)	que (*that*)	qué (*what*)
de (*of*)	dé (*give*)	si (*if*)	sí (*yes*)
el (*the*)	él (*he*)	te (*you D.O., to you*)	té (*tea*)
mas (*but*)	más (*more*)	tu (*your*)	tú (*you informal*)
mi (*my*)	mí (*me*)		

F. Keep in mind that in Spanish, the written accents are an extremely important part of spelling since they not only change the pronunciation of a word, but may change its meaning and/or its tense.

publico (*I publish*)	**público** (*public*)	**publicó** (*he/she/you published*)

Los verbos regulares

Simple tenses

	Present Indicative	Imperfect	Preterite	Future	Conditional	Present Subjunctive	Past Subjunctive	Commands
hablar (to speak)	hablo	hablaba	hablé	hablaré	hablaría	hable	hablara	
	hablas	hablabas	hablaste	hablarás	hablarías	hables	hablaras	habla (no hables)
	habla	hablaba	habló	hablará	hablaría	hable	hablara	hable
	hablamos	hablábamos	hablamos	hablaremos	hablaríamos	hablemos	habláramos	hablemos
	habláis	hablabais	hablasteis	hablaréis	hablaríais	habléis	hablarais	hablad (no habléis)
	hablan	hablaban	hablaron	hablarán	hablarían	hablen	hablaran	hablen
aprender (to learn)	aprendo	aprendía	aprendí	aprenderé	aprendería	aprenda	aprendiera	
	aprendes	aprendías	aprendiste	aprenderás	aprenderías	aprendas	aprendieras	aprende (no aprendas)
	aprende	aprendía	aprendió	aprenderá	aprendería	aprenda	aprendiera	aprenda
	aprendemos	aprendíamos	aprendimos	aprenderemos	aprenderíamos	aprendamos	aprendiéramos	aprendamos
	aprendéis	aprendíais	aprendisteis	aprenderéis	aprenderíais	aprendáis	aprendierais	aprended (no aprendáis)
	aprenden	aprendían	aprendieron	aprenderán	aprenderían	aprendan	aprendieran	aprendan
vivir (to live)	vivo	vivía	viví	viviré	viviría	viva	viviera	
	vives	vivías	viviste	vivirás	vivirías	vivas	vivieras	vive (no vivas)
	vive	vivía	vivió	vivirá	viviría	viva	viviera	viva
	vivimos	vivíamos	vivimos	viviremos	viviríamos	vivamos	viviéramos	vivamos
	vivís	vivíais	vivisteis	viviréis	viviríais	viváis	vivierais	vivid (no viváis)
	viven	vivían	vivieron	vivirán	vivirían	vivan	vivieran	vivan

Compound tenses

Present progressive	estoy / estás / está / estamos / estáis / están	hablando	aprendiendo	viviendo
Present perfect indicative	he / has / ha / hemos / habéis / han	hablado	aprendido	vivido
Past perfect indicative	había / habías / había / habíamos / habíais / habían	hablado	aprendido	vivido

Los verbos con cambios en la raíz

Infinitive / Present Participle / Past Participle	Present Indicative	Imperfect	Preterite	Future	Conditional	Present Subjunctive	Past Subjunctive	Commands
pensar *to think* e → ie pensando pensado	pienso piensas piensa pensamos pensáis piensan	pensaba pensabas pensaba pensábamos pensabais pensaban	pensé pensaste pensó pensamos pensasteis pensaron	pensaré pensarás pensará pensaremos pensaréis pensarán	pensaría pensarías pensaría pensaríamos pensaríais pensarían	piense pienses piense pensemos penséis piensen	pensara pensaras pensara pensáramos pensarais pensaran	piensa (no pienses) piense pensemos pensad (no penséis) piensen
acostarse *to go to bed* o → ue acostándose acostado	me acuesto te acuestas se acuesta nos acostamos os acostáis se acuestan	me acostaba te acostabas se acostaba nos acostábamos os acostabais se acostaban	me acosté te acostaste se acostó nos acostamos os acostasteis se acostaron	me acostaré te acostarás se acostará nos acostaremos os acostaréis se acostarán	me acostaría te acostarías se acostaría nos acostaríamos os acostaríais se acostarían	me acueste te acuestes se acueste nos acostemos os acostéis se acuesten	me acostara te acostaras se acostara nos acostáramos os acostarais se acostaran	acuéstate (no te acuestes) acuéstese acostémonos acostaos (no os acostéis) acuéstense
sentir *to feel* e → ie, i sintiendo sentido	siento sientes siente sentimos sentís sienten	sentía sentías sentía sentíamos sentíais sentían	sentí sentiste sintió sentimos sentisteis sintieron	sentiré sentirás sentirá sentiremos sentiréis sentirán	sentiría sentirías sentiría sentiríamos sentiríais sentirían	sienta sientas sienta sintamos sintáis sientan	sintiera sintieras sintiera sintiéramos sintierais sintieran	siente (no sientas) sienta sintamos (no sintáis) sentid sientan
pedir *to ask for* e → i, i pidiendo pedido	pido pides pide pedimos pedís piden	pedía pedías pedía pedíamos pedíais pedían	pedí pediste pidió pedimos pedisteis pidieron	pediré pedirás pedirá pediremos pediréis pedirán	pediría pedirías pediría pediríamos pediríais pedirían	pida pidas pida pidamos pidáis pidan	pidiera pidieras pidiera pidiéramos pidierais pidieran	pide (no pidas) pida pidamos pedid (no pidáis) pidan
dormir *to sleep* o → ue, u durmiendo dormido	duermo duermes duerme dormimos dormís duermen	dormía dormías dormía dormíamos dormíais dormían	dormí dormiste durmió dormimos dormisteis durmieron	dormiré dormirás dormirá dormiremos dormiréis dormirán	dormiría dormirías dormiría dormiríamos dormiríais dormirían	duerma duermas duerma durmamos durmáis duerman	durmiera durmieras durmiera durmiéramos durmierais durmieran	duerme (no duermas) duerma durmamos dormid (no durmáis) duerman

Los verbos con cambios de ortografía

Infinitive / Present Participle / Past Participle	Present Indicative	Imperfect	Preterite	Future	Conditional	Present Subjunctive	Past Subjunctive	Commands
comenzar (e → ie) *to begin* z → c before e comenzando comenzado	comienzo comienzas comienza comenzamos comenzáis comienzan	comenzaba comenzabas comenzaba comenzábamos comenzabais comenzaban	**comencé** comenzaste comenzó comenzamos comenzasteis comenzaron	comenzaré comenzarás comenzará comenzaremos comenzaréis comenzarán	comenzaría comenzarías comenzaría comenzaríamos comenzaríais comenzarían	**comience** **comiences** **comience** **comencemos** **comencéis** **comiencen**	comenzara comenzaras comenzara comenzáramos comenzarais comenzaran	comienza (**no comiences**) **comience** **comencemos** comenzad (**no comencéis**) **comiencen**
conocer *to know* c → zc before a, o conociendo conocido	**conozco** conoces conoce conocemos conocéis conocen	conocía conocías conocía conocíamos conocíais conocían	conocí conociste conoció conocimos conocisteis conocieron	conoceré conocerás conocerá conoceremos conoceréis conocerán	conocería conocerías conocería conoceríamos conoceríais conocerían	**conozca** **conozcas** **conozca** **conozcamos** **conozcáis** **conozcan**	conociera conocieras conociera conociéramos conocierais conocieran	conoce (**no conozcas**) **conozca** **conozcamos** conoced (**no conozcáis**) **conozcan**
pagar *to pay* g → gu before e pagando pagado	pago pagas paga pagamos pagáis pagan	pagaba pagabas pagaba pagábamos pagabais pagaban	**pagué** pagaste pagó pagamos pagasteis pagaron	pagaré pagarás pagará pagaremos pagaréis pagarán	pagaría pagarías pagaría pagaríamos pagaríais pagarían	**pague** **pagues** **pague** **paguemos** **paguéis** **paguen**	pagara pagaras pagara pagáramos pagarais pagaran	paga (**no pagues**) **pague** **paguemos** pagad (**no paguéis**) **paguen**
seguir (e → i, i) *to follow* gu → g before a, o siguiendo seguido	**sigo** sigues sigue seguimos seguís siguen	seguía seguías seguía seguíamos seguíais seguían	seguí seguiste siguió seguimos seguisteis siguieron	seguiré seguirás seguirá seguiremos seguiréis seguirán	seguiría seguirías seguiría seguiríamos seguiríais seguirían	**siga** **sigas** **siga** **sigamos** **sigáis** **sigan**	siguiera siguieras siguiera siguiéramos siguierais siguieran	sigue (**no sigas**) **siga** **sigamos** seguid (**no sigáis**) **sigan**
tocar *to play, to touch* c → qu before e tocando tocado	toco tocas toca tocamos tocáis tocan	tocaba tocabas tocaba tocábamos tocabais tocaban	**toqué** tocaste tocó tocamos tocasteis tocaron	tocaré tocarás tocará tocaremos tocaréis tocarán	tocaría tocarías tocaría tocaríamos tocaríais tocarían	**toque** **toques** **toque** **toquemos** **toquéis** **toquen**	tocara tocaras tocara tocáramos tocarais tocaran	toca (**no toques**) **toque** **toquemos** tocad (**no toquéis**) **toquen**

Los verbos irregulares

Infinitive / Present Participle / Past Participle	Present Indicative	Imperfect	Preterite	Future	Conditional	Present Subjunctive	Past Subjunctive	Commands
andar / to walk / andando / andado	ando	andaba	anduve	andaré	andaría	ande	anduviera	
	andas	andabas	anduviste	andarás	andarías	andes	anduvieras	anda (no andes)
	anda	andaba	anduvo	andará	andaría	ande	anduviera	ande
	andamos	andábamos	anduvimos	andaremos	andaríamos	andemos	anduviéramos	andemos
	andáis	andabais	anduvisteis	andaréis	andaríais	andéis	anduvierais	andad (no andéis)
	andan	andaban	anduvieron	andarán	andarían	anden	anduvieran	anden
*dar / to give / dando / dado	doy	daba	di	daré	daría	dé	diera	
	das	dabas	diste	darás	darías	des	dieras	da (no des)
	da	daba	dio	dará	daría	dé	diera	dé
	damos	dábamos	dimos	daremos	daríamos	demos	diéramos	demos
	dais	dabais	disteis	daréis	daríais	deis	dierais	dad (no deis)
	dan	daban	dieron	darán	darían	den	dieran	den
*decir / to say, tell / diciendo / dicho	digo	decía	dije	diré	diría	diga	dijera	
	dices	decías	dijiste	dirás	dirías	digas	dijeras	di (no digas)
	dice	decía	dijo	dirá	diría	diga	dijera	diga
	decimos	decíamos	dijimos	diremos	diríamos	digamos	dijéramos	digamos
	decís	decíais	dijisteis	diréis	diríais	digáis	dijerais	decid (no digáis)
	dicen	decían	dijeron	dirán	dirían	digan	dijeran	digan
*estar / to be / estando / estado	estoy	estaba	estuve	estaré	estaría	esté	estuviera	
	estás	estabas	estuviste	estarás	estarías	estés	estuvieras	está (no estés)
	está	estaba	estuvo	estará	estaría	esté	estuviera	esté
	estamos	estábamos	estuvimos	estaremos	estaríamos	estemos	estuviéramos	estemos
	estáis	estabais	estuvisteis	estaréis	estaríais	estéis	estuvierais	estad (no estéis)
	están	estaban	estuvieron	estarán	estarían	estén	estuvieran	estén
haber / to have / habiendo / habido	he	había	hube	habré	habría	haya	hubiera	
	has	habías	hubiste	habrás	habrías	hayas	hubieras	he (no hayas)
	ha [hay]	había	hubo	habrá	habría	haya	hubiera	haya
	hemos	habíamos	hubimos	habremos	habríamos	hayamos	hubiéramos	hayamos
	habéis	habíais	hubisteis	habréis	habríais	hayáis	hubierais	habed (no hayáis)
	han	habían	hubieron	habrán	habrían	hayan	hubieran	hayan
*hacer / to make, to do / haciendo / hecho	hago	hacía	hice	haré	haría	haga	hiciera	
	haces	hacías	hiciste	harás	harías	hagas	hicieras	haz (no hagas)
	hace	hacía	hizo	hará	haría	haga	hiciera	haga
	hacemos	hacíamos	hicimos	haremos	haríamos	hagamos	hiciéramos	hagamos
	hacéis	hacíais	hicisteis	haréis	haríais	hagáis	hicierais	haced (no hagáis)
	hacen	hacían	hicieron	harán	harían	hagan	hicieran	hagan

*Verbs with irregular yo forms in the present indicative

(continued)

Infinitive Present Participle Past Participle	Present Indicative	Imperfect	Preterite	Future	Conditional	Present Subjunctive	Past Subjunctive	Commands
ir	voy	iba	fui	iré	iría	vaya	fuera	
to go	vas	ibas	fuiste	irás	irías	vayas	fueras	ve (no vayas)
yendo	va	iba	fue	irá	iría	vaya	fuera	vaya
ido	vamos	íbamos	fuimos	iremos	iríamos	vayamos	fuéramos	vamos (no vayamos)
	vais	ibais	fuisteis	iréis	iríais	vayáis	fuerais	id (no vayáis)
	van	iban	fueron	irán	irían	vayan	fueran	vayan
*oír	oigo	oía	oí	oiré	oiría	oiga	oyera	
to hear	oyes	oías	oíste	oirás	oirías	oigas	oyeras	oye (no oigas)
oyendo	oye	oía	oyó	oirá	oiría	oiga	oyera	oiga
oído	oímos	oíamos	oímos	oiremos	oiríamos	oigamos	oyéramos	oigamos
	oís	oíais	oísteis	oiréis	oiríais	oigáis	oyerais	oíd (no oigáis)
	oyen	oían	oyeron	oirán	oirían	oigan	oyeran	oigan
poder	**puedo**	podía	pude	podré	podría	pueda	pudiera	
(o → ue)	**puedes**	podías	pudiste	podrás	podrías	puedas	pudieras	puede (no puedas)
can, to be able	**puede**	podía	pudo	podrá	podría	pueda	pudiera	pueda
pudiendo	podemos	podíamos	pudimos	podremos	podríamos	podamos	pudiéramos	podamos
podido	podéis	podíais	pudisteis	podréis	podríais	podáis	pudierais	poded (no podáis)
	pueden	podían	pudieron	podrán	podrían	puedan	pudieran	puedan
*poner	**pongo**	ponía	puse	pondré	pondría	ponga	pusiera	
to place, to put	pones	ponías	pusiste	pondrás	pondrías	pongas	pusieras	pon (no pongas)
poniendo	pone	ponía	puso	pondrá	pondría	ponga	pusiera	ponga
puesto	ponemos	poníamos	pusimos	pondremos	pondríamos	pongamos	pusiéramos	pongamos
	ponéis	poníais	pusisteis	pondréis	pondríais	pongáis	pusierais	poned (no pongáis)
	ponen	ponían	pusieron	pondrán	pondrían	pongan	pusieran	pongan
querer	**quiero**	quería	quise	querré	querría	quiera	quisiera	
(e → ie)	**quieres**	querías	quisiste	querrás	querrías	quieras	quisieras	quiere (no quieras)
to like	**quiere**	quería	quiso	querrá	querría	quiera	quisiera	quiera
queriendo	queremos	queríamos	quisimos	querremos	querríamos	queramos	quisiéramos	queramos
querido	queréis	queríais	quisisteis	querréis	querríais	queráis	quisierais	quered (no queráis)
	quieren	querían	quisieron	querrán	querrían	quieran	quisieran	quieran
*saber	**sé**	sabía	supe	sabré	sabría	sepa	supiera	
to know	sabes	sabías	supiste	sabrás	sabrías	sepas	supieras	sabe (no sepas)
sabiendo	sabe	sabía	supo	sabrá	sabría	sepa	supiera	sepa
sabido	sabemos	sabíamos	supimos	sabremos	sabríamos	sepamos	supiéramos	sepamos
	sabéis	sabíais	supisteis	sabréis	sabríais	sepáis	supierais	sabed (no sepáis)
	saben	sabían	supieron	sabrán	sabrían	sepan	supieran	sepan

*Verbs with irregular *yo* forms in the present indicative

(continued)

Infinitive Present Participle Past Participle	Present Indicative	Imperfect	Preterite	Future	Conditional	Present Subjunctive	Past Subjunctive	Commands
*salir to go out saliendo salido	salgo sales sale salimos salís salen	salía salías salía salíamos salíais salían	salí saliste salió salimos salisteis salieron	saldré saldrás saldrá saldremos saldréis saldrán	saldría saldrías saldría saldríamos saldríais saldrían	salga salgas salga salgamos salgáis salgan	saliera salieras saliera saliéramos salierais salieran	sal (no salgas) salga salgamos salid (no salgáis) salgan
ser to be siendo sido	soy eres es somos sois son	era eras era éramos erais eran	fui fuiste fue fuimos fuisteis fueron	seré serás será seremos seréis serán	sería serías sería seríamos seríais serían	sea seas sea seamos seáis sean	fuera fueras fuera fuéramos fuerais fueran	sé (no seas) sea seamos sed (no seáis) sean
*tener (e → ie) to have teniendo tenido	tengo tienes tiene tenemos tenéis tienen	tenía tenías tenía teníamos teníais tenían	tuve tuviste tuvo tuvimos tuvisteis tuvieron	tendré tendrás tendrá tendremos tendréis tendrán	tendría tendrías tendría tendríamos tendríais tendrían	tenga tengas tenga tengamos tengáis tengan	tuviera tuvieras tuviera tuviéramos tuvierais tuvieran	ten (no tengas) tenga tengamos tened (no tengáis) tengan
*traer to bring trayendo traído	traigo traes trae traemos traéis traen	traía traías traía traíamos traíais traían	traje trajiste trajo trajimos trajisteis trajeron	traeré traerás traerá traeremos traeréis traerán	traería traerías traería traeríamos traeríais traerían	traiga traigas traiga traigamos traigáis traigan	trajera trajeras trajera trajéramos trajerais trajeran	trae (no traigas) traiga traigamos traed (no traigáis) traigan
*venir (e → ie, i) to come viniendo venido	vengo vienes viene venimos venís vienen	venía venías venía veníamos veníais venían	vine viniste vino vinimos vinisteis vinieron	vendré vendrás vendrá vendremos vendréis vendrán	vendría vendrías vendría vendríamos vendríais vendrían	venga vengas venga vengamos vengáis vengan	viniera vinieras viniera viniéramos vinierais vinieran	ven (no vengas) venga vengamos venid (no vengáis) vengan
ver to see viendo visto	veo ves ve vemos veis ven	veía veías veía veíamos veíais veían	vi viste vio vimos visteis vieron	veré verás verá veremos veréis verán	vería verías vería veríamos veríais verían	vea veas vea veamos veáis vean	viera vieras viera viéramos vierais vieran	ve (no veas) vea veamos ved (no veáis) vean

*Verbs with irregular yo forms in the present indicative

Grammar references

1. Formal commands

A. To form formal commands, drop the **-o** from the present tense first person (**yo** form) and add the opposite ending [-**e(n)** for **-ar** verbs, and -**a(n)** for **-er** and **-ir** verbs].

present tense first person	formal command
hablo	→ habl**e**(**n**)
hago	→ hag**a**(**n**)
sirvo	→ sirv**a**(**n**)

*Notice that verbs that have a stem change or are irregular in the present tense follow the same pattern in formal commands.

B. Infinitives that end in -**car, -gar,** and -**ger** have spelling changes in order to maintain the same sound as the infinitive. Infinitives that end in -**zar** also have a spelling change.

-**car**	buscar	→	bus**que**(**n**)
-**gar**	llegar	→	lle**gue**(**n**)
-**ger**	escoger	→	esco**ja**(**n**)
-**zar**	empezar	→	empie**ce**(**n**)

C. The following verbs have irregular command forms.

dar	**dé (den)**
estar	**esté(n)**
ir	**vaya(n)**
saber	**sepa(n)**
ser	**sea(n)**

2. Informal commands

A. To form the affirmative informal commands, use the third person singular (**él/ella**) of the present tense.

infinitive	affirmative **tú** command
bajar	**baja**
correr	**corre**
subir	**sube**

*Notice that stem-changing verbs keep their changes in the informal command forms.

B. The following verbs have irregular forms for the affirmative informal commands.

decir	**di**	salir	**sal**
hacer	**haz**	ser	**sé**
ir	**ve**	tener	**ten**
poner	**pon**	venir	**ven**

C. When forming negative informal commands use the formal **usted** commands and add an **-s.**

infinitive	*usted* command	negative *tú* command
ayudar	ayude	no ayudes
poner	ponga	no pongas
conducir	conduzca	no conduzcas
decir	diga	no digas
ir	vaya	no vayas

D. In Spain, the **ustedes** commands are formal. To give commands to two or more friends or family members, they use the informal **vosotros** commands. **Vosotros** affirmative commands are formed by dropping the **-r** from the infinitive and replacing it with a **-d**. Negative commands are formed by using the base of the **usted** commands and adding the **vosotros** ending (**-éis, -áis**).

infinitive	affirmative *vosotros* command	negative *vosotros* command
cerrar	cerrad	no cerréis
hacer	haced	no hagáis
ir	id	no vayáis

3. Preterite verbs with spelling changes

A. **-Ir** verbs that have stem changes in the present tense also have stem changes in the preterite. The third person singular and plural (**él, ella, usted, ellos, ellas,** and **ustedes**) change **e → i** and **o → u**.

pedir	
pedí	pedimos
pediste	pedisteis
pidió	pidieron

dormir	
dormí	dormimos
dormiste	dormisteis
durmió	durmieron

Other common verbs with stem changes: conseguir, divertirse, mentir, morir, preferir, reír, repetir, seguir, servir, sonreír, sugerir, vestir(se)

B. Similar to the imperative and the subjunctive, verbs ending in **-car**, **-gar,** and **-zar** have spelling changes in the first person singular (**yo**) in the preterite. Notice that the spelling changes preserve the original sound of the infinitive for **-car** and **-gar** verbs.

-car	c → qué	tocar	yo **toqué**
-gar	g → gué	jugar	yo j**ugué**
-zar	z → cé	empezar	yo **empecé**

C. An unaccented **i** always changes to **y** when it appears between two vowels; therefore, the third person singular and plural of **leer** and **oír** also have spelling changes. Notice the use of accent marks on all forms except the third person plural.

leer	
leí	leímos
leíste	leísteis
leyó	**leyeron**

oír	
oí	oímos
oíste	oísteis
oyó	**oyeron**

D. There are a number of verbs that are irregular in the preterite.

The verbs **ser** and **ir** are identical in this tense, and **dar** and **ver** are similar.

ser/ir		dar		ver	
fui	fuimos	di	dimos	vi	vimos
fuiste	fuisteis	diste	disteis	viste	visteis
fue	fueron	dio	dieron	vio	vieron

Other irregular verbs can be divided into three groups. Notice that they all take the same endings and that there are no accents on these verbs.

poner		hacer		decir	
puse	pusimos	hice	hicimos	dije	dijimos
pusiste	pusisteis	hiciste	hicisteis	dijiste	dijisteis
puso	pusieron	hizo	hicieron	dijo	dijeron

Other verbs like **poner** with **u** in the stem: **andar (anduv-)**, **estar (estuv-)**, **poder (pud-)**, **saber (sup-)**, **tener (tuv-)**

Other verbs like **hacer** with **i** in the stem: **querer (quis-)**, **venir (vin-)**

Other verbs like **decir** with **j** in the stem: **conducir (conduj-)**, **producir (produj-)**, **traducir (traduj-)**, **traer (traj-)**

E. The preterite of **hay** is **hubo** *(there was, there were)*. There is only one form in the preterite regardless of whether it is used with a plural or singular noun.

4. Past participles

A. To form the regular past participles, you need to add **–ado** to the end of the stem of **–ar** verbs, and **–ido** to the stem of **–er** and **–ir** verbs. The past participles of verbs with changes in the stem in either the present tense or the preterite, do not have stem changes.

hablar	habl**ado**
beber	beb**ido**
vivir	viv**ido**

B. The following verbs have accents in the past participles:

creer	**creído**
leer	**leído**
oír	**oído**
traer	**traído**

C. The following are the irregular past participles:

abrir	**abierto**	morir	**muerto**
decir	**dicho**	romper	**roto**
devolver	**devuelto**	poner	**puesto**
escribir	**escrito**	ver	**visto**
hacer	**hecho**	volver	**vuelto**

5. Past subjunctive and Conditional *Si* clauses

The past subjunctive of *all* verbs is formed by removing the **-ron** ending from the **ustedes** form of the preterite and adding the past subjunctive verb endings: **-ra, -ras, -ra, -ramos, -rais, -ran.** Thus, any irregularities in the **ustedes** form of the preterite will be reflected in all forms of the past subjunctive. Note that the **nosotros** form requires a written accent.

comprar	
compraron	
comprara	compráramos
compraras	comprarais
comprara	compraran

tener	
tuvieron	
tuviera	tuviéramos
tuvieras	tuvierais
tuviera	tuvieran

ser	
fueron	
fuera	fuéramos
fueras	fuerais
fuera	fueran

An alternate form of the past subjunctive uses the verb endings **-se, -ses, -se, -semos, -seis, -sen.** This form is used primarily in Spain and in literary writing.

A. The past subjunctive has the same uses as the present subjunctive, except that it generally applies to past events or actions.

Insistieron en que **fuéramos.**	*They insisted that we go.*
Era imposible que lo **terminaran** a tiempo.	*It was impossible for them to finish it on time.*

B. In Spanish, as in English, conditional sentences express hypothetical conditions usually with an *if*-clause: *I would go if I had the money.* Since the actions are hypothetical and one does not know if they will actually occur, the past subjunctive is used in the *if*-clause.

Iría a Perú si **tuviera** el dinero.	*I would go to Peru if I had the money.*
Si **fuera** necesario, pediría un préstamo.	*If it were necessary, I would ask for a loan.*

C. Conditional sentences in the present use either the present indicative or the future tense. The present subjunctive is never used in *if*-clauses.

Si me **invitas,** iré contigo.	*If you invite me, I'll go with you.*

Grammar Guide

For more detailed explanations of these grammar points, consult the Index on pages I-1–I-4 to find the places where these concepts are presented.

ACTIVE VOICE (La voz activa) A sentence written in the active voice identifies a subject that performs the action of the verb.

Juan	cantó	la canción.
Juan	*sang*	*the song.*
subject	verb	direct object

In the sentence above Juan is the performer of the verb **cantar.**

(*See also* **Passive Voice.**)

ADJECTIVES (Los adjetivos) are words that modify or describe **nouns** or **pronouns** and agree in **number** and generally in **gender** with the nouns they modify.

Las casas **azules** son **bonitas.**
*The **blue** houses are **pretty.***

Esas mujeres **mexicanas** son mis **nuevas** amigas.
*Those **Mexican** women are my **new** friends.*

- **Demonstrative adjectives (Los adjetivos demostrativos)** point out persons, places, or things relative to the position of the speaker. They always agree in **number** and **gender** with the **noun** they modify. The forms are: **este, esta, estos, estas / ese, esa, esos, esas / aquel, aquella, aquellos, aquellas.** There are also neuter forms that refer to generic ideas or things, and hence have no gender: **esto, eso, aquello.**

Este libro es fácil.	***This** book is easy.*
Esos libros son difíciles.	***Those** books are hard.*
Aquellos libros son pesados.	***Those** books **(over there)** are boring.*
Eso es importante.	***That** is important.*

Demonstratives may also function as **pronouns,** replacing the **noun** but still agreeing with it in **number** and **gender:**

Me gustan esas blusas verdes.	*I like those green blouses.*
¿Cuáles? **¿Estas?**	*Which ones, **these?***
No. Me gustan **esas.**	*No. I like **those.***

- **Stressed possessive adjectives (Los adjetivos posesivos tónicos)** are used for emphasis and follow the noun that they modifiy. These adjectives may also function as pronouns and always agree in **number** and in **gender.** The forms are: **mío, tuyo, suyo, nuestro, vuestro, suyo.** Unless they are directly preceded by the verb **ser,** stressed possessives must be preceded by the **definite article.**

Ese perro pequeño es **mío.**	*That little dog is **mine.***
Dame el **tuyo;** el **nuestro** no funciona.	*Give me **yours; ours** doesn't work.*

- **Possessive adjectives (Los adjetivos posesivos)** demonstrate ownership and always precede the **noun** that they modify.

La señora Elman es **mi** profesora.	*Mrs. Elman is **my** professor.*
Debemos llevar **nuestros** libros a clase.	*We should take **our** books to class.*

ADVERBS (Los adverbios) are words that modify **verbs, adjectives,** or other adverbs and, unlike **adjectives,** do not have **gender** or **number.** Here are examples of different classes of adverbs:

Practicamos **diariamente.**	*We practice **daily.** (adverb of frequency)*
Ellos van a salir **pronto.**	*They will leave **soon.** (adverb of time)*
Jennifer está **afuera.**	*Jennifer is **outside.** (adverb of place)*
No quiero ir **tampoco.**	*I don't want to go **either.** (adverb of negation)*
Paco habla **demasiado.**	*Paco talks **too much.** (adverb of quantity)*
Esta clase es **extremadamente** difícil.	*This class is **extremely** difficult. (modifies adjective)*
Ella habla **muy** poco.	*She speaks **very** little. (modifies adverb)*

AGREEMENT (La concordancia) refers to the correspondence between parts of speech in terms of **number, gender,** and **person.** Subjects agree with their verbs; articles and adjectives agree with the nouns they modify, etc.

Todas las lenguas son interesantes.	*All languages are interesting.* (number)
Ella es bonita.	*She is pretty.* (gender)
Nosotros somos de España.	*We are from Spain.* (person)

ARTICLES (Los artículos) precede nouns and indicate whether they are definite or indefinite persons, places, or things.

- **Definite articles (Los artículos definidos)** refer to particular members of a group and are the equivalent of *the* in English. The definite articles are: **el, la, los, las.**

El hombre guapo es mi padre.	*The handsome man is my father.*
Las chicas de esta clase son inteligentes.	*The girls in this class are intelligent.*

- **Indefinite articles (Los artículos indefinidos)** refer to any unspecified member(s) of a group and are the equivalent of *a(n)* and *some.* The indefinite articles are: **un, una, unos, unas.**

Un hombre vino a nuestra casa anoche.	*A man came to our house last night.*
Unas niñas jugaban en el parque.	*Some girls were playing in the park.*

CLAUSES (Las cláusulas) are subject and verb combinations; for a sentence to be complete it must have at least one main clause.

- **Main clauses** (Independent clauses) **(Las cláusulas principales)** communicate a complete idea or thought.

Mi hermana va al hospital.	*My sister goes to the hospital.*

- **Subordinate clauses** (Dependent clauses) **(Las cláusulas subordinadas)** depend upon a main clause for their meaning to be complete.

main clause	**subordinate clause**
Mi hermana va al hospital	cuando está enferma.
My sister goes to the hospital	*when she is ill.*

In the sentence above, *when she is ill* is not a complete idea without the information supplied by the main clause.

COMMANDS (Los mandatos) (*See* **Imperatives.**)

COMPARISONS (Las comparaciones) are statements that describe one person, place, or thing relative to another in terms of quantity, quality, or manner.

- **Comparisons of equality (Las formas comparativas de igualdad)** demonstrate an equal share of a quantity or degree of a particular characteristic. These statements use a form of **tan** or **tanto(a)(s)** and **como.**

Ella tiene **tanto** dinero **como** Elena.	*She has **as much** money **as** Elena.*
Fernando trabaja **tanto como** Felipe.	*Fernando works **as much as** Felipe.*
Jim baila **tan** bien **como** Anne.	*Jim dances **as well as** Anne.*

- **Comparisons of inequality (Las formas comparativas de desigualdad)** indicate a difference in quantity, quality, or manner between the compared subjects. These statements use **más/menos... que** or comparative **adjectives** such as **mejor / peor, mayor / menor.**

México tiene **más** playas **que** España.	*Mexico has **more** beaches **than** Spain.*
Tú hablas español **mejor que** yo.	*You speak Spanish **better than** I.*

(*See also* **Superlative statements.**)

CONJUGATIONS (Las conjugaciones) are the forms of the verb as they agree with a particular subject or person.

Yo bailo los sábados.	*I dance on Saturdays.* (1st-person singular)
Tú bailas los sábados.	*You dance on Saturdays.* (2nd-person singular)
Ella baila los sábados.	*She dances on Saturdays.* (3rd-person singular)
Nosotros bailamos los sábados.	*We dance on Saturdays.* (1st-person plural)
Vosotros bailáis los sábados.	*You dance on Saturdays.* (2nd-person plural)
Ellos bailan los sábados.	*They dance on Saturdays.* (3rd-person plural)

CONJUNCTIONS (**Las conjunciones**) are linking words that join two independent clauses together.

Fuimos al centro **y** mis amigos compraron muchas cosas.
*We went downtown, **and** my friends bought a lot of things.*

Yo quiero ir a la fiesta, **pero** tengo que estudiar.
*I want to go to the party, **but** I have to study.*

CONTRACTIONS (**Las contracciones**) in Spanish are limited to preposition/article combinations, such as **de + el = del** and **a + el = al,** or preposition/pronoun combinations such as **con + mí = conmigo** and **con + ti = contigo.**

DIRECT OBJECTS (**Los objetos directos**) in sentences are the direct recipients of the action of the verb. Direct objects answer the questions *What?* or *Whom?*

Ella hizo **la tarea.**   *She did her **homework.***
Después llamó **a su amiga.**   *Afterwards called **her friend.***

(*See also* **Pronoun, Indirect Object, Personal *a*.**)

EXCLAMATORY WORDS (**Las palabras exclamativas**) communicate surprise or strong emotion. Like interrogative words, exclamatory words also carry accents.

¡**Qué** sorpresa!   ***What** a surprise!*
¡**Cuántas** personas hay en la fiesta!   *There are a lot of people at the party! (Literally: How many people there are at the party!)*

(*See also* **Interrogatives.**)

GERUNDS (**El gerundio**) in Spanish refer to the present participle. In English gerunds are verbals (based on a verb and expressing an action or a state of being) that function as nouns. In most instances where the gerund is used in English, the infinitive is used in Spanish.

(El) **Ser** cortés no cuesta nada.   ***Being** polite is not hard.*
Mi pasatiempo favorito es **viajar.**   *My favorite pasttime is **traveling.***
Después de **desayunar** salió de la casa.   *After **eating** breakfast, he left the house.*

(*See also* **Present Participle.**)

IDIOMATIC EXPRESSIONS (**Las frases idiomáticas**) are phrases in Spanish that do not have a literal English equivalent.

Cuesta un ojo de la cara.   *It costs a lot. (It costs an arm and a leg.)*

IMPERATIVES (**Los imperativos**) represent the mood used to express requests or commands. It is more direct than the **subjunctive** mood. Imperatives are commonly called commands and fall into two categories: affirmative and negative. Spanish speakers must also choose between using formal commands and informal commands based upon whether one is addressed as **usted** (formal) or **tú** (informal).

Habla conmigo.   **Talk** to me. (informal, singular, affirmative)
No me hables.   **Don't talk to me.** (informal, singular, negative)
Hable con la policía.   **Talk** to the police. (formal, singular, affirmative)
No hable con la policía.   **Don't talk** to the police. (formal, singular, negative)
Hablen con la policía.   **Talk** to the police. (formal, plural, affirmative)
No hablen con la policía   **Don't talk** to the police. (formal, plural, negative)
Hablad con la policía.   **Talk** to the police. (informal [Spain], plural, affirmative)
No habléis con la policía.   **Don't talk** to the police. (informal [Spain], plural, negative)

(*See also* **Mood.**)

IMPERFECT (**El imperfecto**) The imperfect tense is used to make statements about the past when the speaker wants to convey the idea of 1) habitual or repeated action, 2) two actions in progress simultaneously, or 3) an event that was in progress when another action interrupted. The imperfect tense is also used to emphasize the ongoing nature of the middle of the event, as opposed to its beginning or end. Age and clock time are always expressed using the imperfect.

Cuando María **era** joven **cantaba** en el coro.
*When María **was** young, she **used to sing** in the choir.*

Aquel día **llovía** mucho y el cielo **estaba** oscuro.
*That day **it was raining** a lot and the sky **was** dark.*

Juan **dormía** cuando sonó el teléfono.
*Juan **was sleeping** when the phone rang.*

(*See also* **Preterite.**)

IMPERSONAL EXPRESSIONS (**Las expresiones impersonales**) are statements that contain the impersonal subjects of *it* or *one*.

Es necesario estudiar.	***It is necessary** to study.*
Se necesita estudiar.	***One needs** to study.*

(*See also* **Passive Voice.**)

INDEFINITE WORDS (**Las palabras indefinidas**) are **articles, adjectives, nouns** or **pronouns** that refer to unspecified members of a group.

Un hombre vino.	***A** man came.* (indefinite article)
Alguien vino.	***Someone** came.* (indefinite noun)
Algunas personas vinieron.	***Some** people came.* (indefinite adjective)
Algunos vinieron.	***Some** came.* (indefinite pronoun)

(*See also* **Articles.**)

INDICATIVE (**El indicativo**) The indicative is a mood, rather than a tense. The indicative is used to express ideas that are considered factual or certain and, therefore, not subject to speculation, doubt, or negation.

Josefina **es** española. (present indicative)	*Josefina **is** Spanish.*
Ella **vivió** en Argentina. (preterite indicative)	*She **lived** in Argentina.*

(*See also* **Mood.**)

INDIRECT OBJECTS (**Los objetos indirectos**) are the indirect recipients of an action in a sentence and answer the questions *To whom?* or *For whom?* In Spanish it is common to include an indirect object **pronoun** along with the indirect object.

Yo **le** di el libro **a Sofía.**	*I gave the book **to Sofía.***
Sofía **les** guardó el libro **a sus padres.**	*Sofía kept the book **for her parents.***

(*See also* **Direct Objects** *and* **Pronouns.**)

INFINITIVES (**Los infinitivos**) are verb forms that are uninflected or **not conjugated** according to a specific **person.** In English, infinitives are preceded by *to: to talk, to eat, to live.* Infinitives in Spanish end in **-ar (hablar), -er (comer),** and **-ir (vivir).**

INTERROGATIVES (**Las formas interrogativas**) are used to pose questions and carry accent marks to distinguish them from other uses. Basic interrogative words include: **quién(es), qué, cómo, cuánto(a)(s), cuándo, por qué, dónde, cuál(es).**

¿**Qué** quieres?	***What** do you want?*
¿**Cuándo** llegó ella?	***When** did she arrive?*
¿De **dónde** eres?	***Where** are you from?*

(*See also* **Exclamatory Words.**)

MOOD (**El modo**) is like the word *mode*, meaning *manner* or *way*. It indicates the way in which the speaker views an action, or his/her attitude toward the action. Besides the **imperative** mood, which is simply giving commands, there are two moods in Spanish: the **subjunctive** and the **indicative.** Basically, the subjunctive mood communicates an attitude of uncertainty toward the action, while the indicative indicates that the action is certain or factual. Within each of these moods there are many **tenses.** Hence you have the present indicative and the present subjunctive, the present perfect indicative and the present perfect subjunctive, etc.

- **Indicative mood** (**El indicativo**) is used to talk about actions that are regarded as certain or as facts: things that happen all the time, have happened, or will happen. It is used in contrast to situations where the speaker is voicing an opinion, doubts, or desires.

(Yo) **Quiero** ir a la fiesta.	***I want** to go to the party.*
¿**Quieres** ir conmigo?	***Do you want** to go with me?*

- **Subjunctive mood (El subjuntivo)** indicates a recommendation, a statement of uncertainty, or an expression of opinion, desire or emotion.

Recomiendo que tú **vayas** a la fiesta.	*I recommend that **you go** to the party.*
Dudo que **vayas** a la fiesta.	*I doubt that **you'll go** to the party.*
Me alegra que **vayas** a la fiesta.	*I am happy that **you'll go** to the party.*
Si **fueras** a la fiesta, te divertirías.	*If **you were to go** to the party, you would have a good time.*

- **Imperative mood (El imperativo)** is used to make a command or request.

¡**Ven** conmigo a la fiesta!	***Come** with me to the party!*

(*See also* **Mood, Indicative, Imperative,** *and* **Subjunctive.**)

NEGATION (La negación) takes place when a negative word, such as **no,** is placed before an affirmative sentence. In Spanish, double negatives are common.

Yolanda va a cantar esta noche.	*Yolanda will sing tonight.* (affirmative)
Yolanda **no** va a cantar esta noche.	*Yolanda will **not** sing tonight.* (negative)
Ramón quiere algo.	*Ramón wants something.* (affirmative)
Ramón **no** quiere **nada.**	*Ramón **doesn't** want **anything.*** (negative)

NOUNS (Los sustantivos) are persons, places, things, or ideas. Names of people, countries, and cities are proper nouns and are capitalized.

Alberto	*Albert* (person)
la amistad	*friendship* (idea, concept)
el pueblo	*town* (place)
el diccionario	*dictionary* (thing)

ORTHOGRAPHY (La ortografía) refers to the spelling of a word or anything related to spelling, such as accentuation.

PASSIVE VOICE (La voz pasiva), as compared to **active voice (la voz activa),** places emphasis on the action itself rather than the subject (the person or thing that is responsible for doing the action). The passive **se** is used when there is no apparent subject.

Luis vende los coches.	*Luis sells the cars.* (active voice)
Los coches **son vendidos por** Luis.	*The cars **are sold by** Luis.* (passive voice)
Se venden los coches.	*The cars **are sold.*** (passive voice)

(*See also* **Active Voice.**)

PAST PARTICIPLES (Los participios pasados) are verb forms used in compound tenses such as the **present perfect.** Regular past participles are formed by dropping the **-ar** or **-er/-ir** from the **infinitive** and adding -ado or -ido. Past participles are generally the equivalent of verb forms ending in *-ed* in English. They may also be used as **adjectives,** in which case they agree in **number** and **gender** with their nouns. Irregular past participles include: **escrito, roto, dicho, hecho, puesto, vuelto, muerto, cubierto.**

Marta ha **subido** la montaña.	*Marta has **climbed** the mountain.*
Los vasos están **rotos.**	*The glasses are **broken.***
La novela **publicada** en 1995 es su mejor novela.	*The novel **published** in 1995 is her best novel.*

PERFECT TENSES (Los tiempos perfectos) communicate the idea that an action has taken place before now or began in the past and continues into the present (present perfect) or before a particular moment in the past (past perfect). The perfect tenses are compound tenses consisting of the auxiliary verb **haber** plus the **past participle** of a second verb.

Yo ya **he comido.**	***I have** already **eaten.*** (present perfect indicative)
Antes de la fiesta, yo ya **había comido.**	*Before the party **I had** already **eaten.*** (past perfect indicative)
Yo espero que **hayas comido.**	*I hope that **you have eaten.*** (present perfect subjunctive)
Yo esperaba que **hubieras comido.**	*I hoped that **you had eaten.*** (past perfect subjunctive)

PERSON (La persona) refers to changes in the subject pronouns that indicate if one is speaking (first person), if one is spoken to (second person), or if one is spoken about (third person).

Yo hablo.	*I speak.* (1st-person singular)
Tú hablas.	*You speak.* (2nd-person singular)
Ud./Él/Ella habla.	*You/He/She speak(s).* (3rd-person singular)
Nosotros(as) hablamos.	*We speak.* (1st-person plural)
Vosotros(as) habláis.	*You speak.* (2nd-person plural)
Uds./Ellos/Ellas hablan.	*They speak.* (3rd-person plural)

PERSONAL A (La *a* personal) The personal **a** refers to the placement of the preposition **a** before a person or a pet when it is the **direct object** of the sentence.

Voy a llamar **a** María.	*I'm going to call María.*
El veterinario curó **al** perro.	*The veterinarian treated the dog.*

PREPOSITIONS (Las preposiciones) are linking words indicating spatial or temporal relations between two words.

Ella nadaba **en** la piscina.	*She was swimming **in** the pool.*
Yo llamé **antes de** las nueve.	*I called **before** nine o'clock.*
El libro es **para** ti.	*The book is **for** you.*
Voy **a** la oficina.	*I'm going **to** the office.*
Jorge es **de** Paraguay.	*Jorge is **from** Paraguay.*

PRESENT PARTICIPLE (El participio del presente) is the Spanish equivalent of the *-ing* verb form in English. Regular participles are created by replacing the infinitive endings (**-ar, -er/-ir**) with **-ando** or **-iendo**. They are often used with the verb **estar** to form the present progressive tense. The present progressive tense places emphasis on the continuing or progressive nature of an action. In Spanish, the participle form is referred to as a gerund.

Miguel está **cantando** en la ducha.	*Miguel is **singing** in the shower.*
Los niños están **durmiendo** ahora.	*The children are **sleeping** now.*

(*See also* **Gerunds**)

PRETERITE (El pretérito) The preterite tense, as compared to the **imperfect tense,** is used to talk about past events with specific emphasis on the beginning or the end of the action, or emphasis on the completed nature of the action as a whole.

Anoche yo **empecé** a estudiar a las once y **terminé** a la una.
*Last night I **began** to study at eleven o'clock and **finished** at one o'clock.*

Esta mañana **me desperté** a las siete, **desayuné, me duché** y **llegué** a la escuela a las ocho.
*This morning **I woke up** at seven, **I ate breakfast, I showered,** and **I arrived** at school at eight.*

PRONOUNS (Los pronombres) are words that substitute for **nouns** in a sentence.

Yo quiero **este.**	*I want **this one.*** (demonstrative—points out a specific person, place, or thing)
¿**Quién** es tu amigo?	***Who** is your friend?* (interrogative—used to ask questions)
Yo voy a llamar**la.**	*I'm going to call **her.*** (direct object—replaces the direct object of the sentence)
Ella va a dar**le** el reloj.	*She is going to give **him** the watch.* (indirect object—replaces the indirect object of the sentence)
Juan **se** baña por la mañana.	*Juan bathes **himself** in the morning.* (reflexive—used with reflexive verbs to show that the agent of the action is also the recipient)
Es la mujer **que** conozco.	*She is the woman **that** I know.* (relative—used to introduce a clause that describes a noun)
Nosotros somos listos.	***We** are clever.* (subject—replaces the noun that performs the action or state of a verb)

SUBJECTS (Los sujetos) are the persons, places, or things which perform the action of a verb, or which are connected to a description by a verb. The **conjugated** verb always agrees with its subject.

Carlos siempre baila solo.	***Carlos** always dances alone.*
Colorado y **California** son mis estados preferidos.	***Colorado** and **California** are my favorite states.*
La cafetera hace el café.	*The **coffee maker** makes the coffee.*

(*See also* **Active Voice.**)

SUBJUNCTIVE (El subjuntivo) The subjunctive mood is used to express speculative, doubtful, or hypothetical situations. It also communicates a degree of subjectivity or influence of the main clause over the subordinate clause.

No creo que **tengas** razón.	*I don't think that **you're** right.*
Si yo **fuera** el jefe les pagaría más a mis empleados.	*If I **were** the boss, I would pay my employees more.*
Quiero que **estudies** más.	*I want **you to study** more.*

(*See also* **Mood, Indicative.**)

SUPERLATIVE STATEMENTS (Las frases superlativas) are formed by adjectives or adverbs to make comparisons among three or more members of a group. To form superlatives, add a definite article **(el, la, los, las)** before the comparative form.

Juan es **el más alto** de los tres.	*Juan is **the tallest** of the three.*
Este coche es **el más rápido** de todos.	*This car is **the fastest** of them all.*
En mi opinión, ella es **la mejor** cantante.	*In my opinion, she is **the best** singer.*

(*See also* **Comparisons.**)

TENSES (Los tiempos) refer to the manner in which time is expressed through the verb of a sentence.

Yo estudio.	*I study.* (present tense)
Yo estoy estudiando.	*I am studying.* (present progressive)
Yo he estudiado.	*I have studied.* (present perfect)
Yo había estudiado.	*I had studied.* (past perfect)
Yo estudié.	*I studied.* (preterite tense)
Yo estudiaba.	*I was studying.* (imperfect tense)
Yo estudiaré.	*I will study.* (future tense)

VERBS (Los verbos) are the words in a sentence that communicate an action or state of being.

Helen **es** mi amiga y ella **lee** muchas novelas.	*Helen **is** my friend and she **reads** a lot of novels.*

- **Auxiliary verbs (Los verbos auxiliares)** or helping verbs **haber, ser,** and **estar** are used to form the passive voice, compound tenses, and verbal periphrases.

Estamos estudiando mucho para el examen mañana.	***We are** studying a lot for the exam tomorrow. (verbal periphrases)*
Helen **ha** trabajado mucho en este proyecto.	*Helen **has** worked a lot on this project. (compound tense)*
La ropa **fue** hecha en Guatemala.	*The clothing **was** made in Guatemala. (passive voice)*

- **Reflexive verbs (Los verbos reflexivos)** use reflexive **pronouns** to indicate that the person initiating the action is also the recipient of the action.

Yo **me afeito** por la mañana.	*I shave (myself) in the morning.*

- **Stem-changing verbs (Los verbos con cambios de raíz)** undergo a change in the main part of the verb when conjugated. To find the stem, drop the **-ar, -er,** or **-ir** from the **infinitive: dorm-, empez-, ped-.** There are three types of stem-changing verbs in the present indicative: **o** to **ue, e** to **ie** and **e** to **i.**

dormir: Yo d**ue**rmo en un hotel.	*I sleep in an hotel. (**o** to **ue**)*
empezar: Ella siempre emp**ie**za a trabajar temprano.	*She always starts working early. (**e** to **ie**)*
pedir: ¿Por qué no p**i**des ayuda?	*Why don't you ask for help? (**e** to **i**)*

Functional Glossary

Asking questions
Question words

¿Adónde? To where?
¿Cómo? How?
¿Cuál(es)? Which? What?
¿Cuándo? When?
¿Cuánto/¿Cuánta? How much?
¿Cuántos/¿Cuántas? How many?
¿Dónde? Where?
¿Por qué? Why?
¿Qué? What?
¿Quién(es)? Who? Whom?

Requesting information

¿Cómo es su (tu) profesor(a) favorito(a)? What's your favorite professor like?
¿Cómo se (te) llama(s)? What's your name?
¿Cómo se llama? What's his/her name?
¿Cuál es su (tu) número de teléfono? What's your telephone number?
¿De dónde es (eres)? Where are you from?
¿Dónde hay...? Where is/are there . . .?
¿Qué estudia(s)? What are you studying?

Asking for descriptions

¿Cómo es...? What is . . . like?
¿Cómo son...? What are . . . like?

Asking for clarification

¿Cómo? What?
Dígame (Dime) una cosa. Tell me something.
Más despacio. More slowly.
No comprendo./No entiendo. I don't understand.
¿Perdón? Pardon me?
¿Cómo? Otra vez, por favor. What? One more time, please.
Repita (Repite), por favor. Please repeat.
¿Qué significa...? What does . . . mean?

Asking about and expressing likes and dislikes

¿Te (le) gusta(n)? Do you like it (them)?
No me gusta(n). I don't like it (them).
Sí, me gusta(n). Yes, I like it (them).

Asking for confirmation

... ¿de acuerdo? . . . agreed? (*Used when some type of action is proposed.*)
... ¿no? . . . isn't that so? (*Not used with negative sentences.*)
... ¿no es así? . . . isn't that right?
... ¿vale? . . . OK?
... ¿verdad? ¿cierto? . . . right?
... ¿está bien? . . . OK?

Complaining

Es demasiado caro/cara (costoso/ costosa). It's too expensive.
No es justo. It isn't fair.
No puedo esperar más. I can't wait anymore.
No puedo más. I can't take this anymore.

Expressing belief

Es cierto/verdad. That's right./That's true.
Estoy seguro/segura. I'm sure.
Lo creo. I believe it.
No cabe duda de que... There can be no doubt that . . .
No lo dudo. I don't doubt it.
Tiene(s) razón. You're right.

Expressing disbelief

Hay dudas. There are doubts.
Es poco probable. It's doubtful/unlikely.
Lo dudo. I doubt it.
No lo creo. I don't believe it.
Estás equivocado(a). You're wrong.
Tengo mis dudas. I have my doubts.

Expressing frequency of actions and length of activities

¿Con qué frecuencia...? How often . . .?
de vez en cuando from time to time
durante la semana during the week
frecuentemente frequently
los fines de semana on the weekends
nunca never
por la mañana/por la tarde/por la noche in the morning/afternoon/ evening
siempre always
todas las tardes/todas las noches every afternoon/evening
todos los días every day
Hace un año/dos meses/tres semanas que... for a year/two months/three weeks

Listening for instructions in the classroom

Abran los libros en la página... Open your books to page . . .
Cierren los libros. Close your books.
Complete (Completa) (Completen) la oración. Complete the sentence.
Conteste (Contesta) (Contesten) en español. Answer in Spanish.
Escriban en la pizarra. Write on the board.
Formen grupos de... estudiantes. Form groups of . . . students.
Practiquen en parejas. Practice in pairs.
¿Hay preguntas? Are there any questions?
Lea (Lee) en voz alta. Read aloud.
Por ejemplo... For example . . .
Preparen... para mañana. Prepare . . . for tomorrow.
Repita (Repite), (Repitan) por favor. Please repeat.
Saquen el libro (el cuaderno, una hoja de papel). Take out the book (the notebook, a piece of paper).

Greeting and conversing
Greetings

Bien, gracias. Fine, thanks.
Buenas noches. Good evening.
Buenas tardes. Good afternoon.
Buenos días. Good morning.
¿Cómo está(s)? How are you?
¿Cómo le (te) va? How is it going?
Hola. Hi.
Mal. Bad./Badly.
Más o menos. So so.
Nada. Nothing.
No muy bien. Not too well.
¿Qué hay de nuevo? What's new?
¿Qué tal? How are things?
Regular. Okay.
¿Y usted (tú)? And you?

Introducing people

¿Cómo se (te) llama(s)? What is your name?
¿Cómo se llama(n) él/ella/usted(es)/ellos/ ellas? What is (are) his/her, your, their name(s)?
¿Cuál es su (tu) nombre? What is your name?
El gusto es mío. The pleasure is mine.
Encantado(a). Delighted.
Igualmente. Likewise.
Me llamo... My name is . . .
Mi nombre es... My name is . . .
Mucho gusto. Pleased to meet you.
Quiero presentarle(te) a... I want to introduce you to . . .
Se llama(n)... His/Her/Their name(s) is/are . . .

Entering into a conversation

Escuche (Escucha). Listen.
(No) Creo que... I (don't) believe that . . .
(No) Estoy de acuerdo porque... I (don't) agree because . . .
Pues, lo que quiero decir es que... Well, what I want to say is . . .
Quiero decir algo sobre... I want to say something about . . .

Saying goodbye

Adiós. Goodbye.
Chao. Goodbye.
Hasta la vista. Until we meet again.
Hasta luego. See you later.
Hasta mañana. Until tomorrow.
Hasta pronto. See you soon.

Chatting

(Bastante) bien. (Pretty) well, fine.
¿Cómo está la familia? How's the family?
¿Cómo le (te) va? How's it going?
¿Cómo van las clases? How are classes going?
Fenomenal. Phenomenal.
Horrible. Horrible.
Mal. Bad(ly).
No hay nada de nuevo. There's nothing new.
¿Qué hay de nuevo? What's new?
¿Qué tal? How's it going?

Reacting to comments

¡A mí me lo dice(s)! You're telling me!
¡Caray! Oh! Oh no!
¿De veras?/¿De verdad? Really? Is that so?
¡Dios mío! Oh, my goodness!
¡En serio? Seriously? Are you serious?
¡Estupendo! Stupendous!
¡Fabuloso! Fabulous!
¡No me diga(s)! You don't say!
¡Qué barbaridad! How unusual! Wow! That's terrible!
¡Qué bien! That's great!
¡Qué desastre! That's a disaster!
¿Qué dijo (dijiste)? What did you say?
¡Qué gente más loca! What crazy people!
¿Qué hizo (hiciste)? What did you do?
¡Qué horrible! That's horrible!
¡Qué increíble! That's amazing!
¡Qué lástima! That's a pity! That's too bad!
¡Qué mal! That's really bad!
¡Qué maravilla! That's marvelous!
¡Qué pena! That's a pain! That's too bad!
¡Ya lo creo! I (can) believe it!

Extending a conversation using fillers and hesitations

A ver... Let's see . . .
Buena pregunta... That's a good question . . .
Bueno... Well . . .
Es que... It's that . . .
Pues... no sé. Well . . . I don't know.
Sí, pero... Yes, but . . .
No creo. I don't think so.

Expressing worry

¡Ay, Dios mío! Good grief!
¡Es una pesadilla! It's a nightmare!
¡Eso debe ser horrible! That must be horrible!
¡Pobre! Poor thing!
¡Qué espanto! What a scare!
¡Qué horror! How horrible!
¡Qué lástima! What a pity!
¡Qué mala suerte/pata! What bad luck!
¡Qué terrible! How terrible!
¡Qué triste! How sad!
¡Qué pena! What a shame!

Expressing agreement

Así es. That's so.
Cierto./Claro (que sí)./Seguro. Certainly. Sure(ly).
Cómo no./Por supuesto. Of course.
Correcto. That's right.
Es cierto/verdad. It's true.
Eso es. That's it.
(Estoy) de acuerdo. I agree.
Exacto. Exactly.
Muy bien. Very good. Fine.
Perfecto. Perfect.
Probablemente. Probably.

Expressing disagreement

Al contrario. On the contrary.
En absoluto. Absolutely not. No way.
Es poco probable. It's doubtful/not likely.
Incorrecto. Incorrect.
No es así. That's not so.
No es cierto. It's not so.
No es verdad. It's not true.
No es eso. That's not it.
No está bien. It's not good/not right.
No estoy de acuerdo. I don't agree.
Todo lo contrario. Just the opposite./ Quite the contrary.

Expressing sympathy

Es una pena. It's a pity.
Lo siento mucho. I'm very sorry.
Mis condolencias. My condolences.
¡Qué lástima! What a pity!

Expressing obligation

Necesitar + *infinitive* To need to . . .
(No) es necesario + *infinitive* It's (not) necessary to . . .
(No) hay que + *infinitive* One must(n't) . . . , One does(n't) have to . . .
(Se) debe + *infinitive* (One) should (ought to) . . .
Tener que + *infinitive* To have to . . .

In the hospital
Communicating instructions

Lavar la herida. Wash the wound.
Llamar al médico. Call the doctor.
Pedir información. Ask for information.
Poner hielo. Put on ice.
Poner una curita/una venda. Put on a Band-Aid®/a bandage.
Quedarse en la cama. Stay in bed.
Sacar la lengua. Stick out your tongue.
Tomar la medicina/las pastillas después de cada comida (dos veces al día/antes de acostarse). Take the medicine/the pills after each meal (two times a day/ before going to bed).

Describing symptoms

Me duele la cabeza/la espalda, etc. I have a headache/backache, etc.
Me tiemblan las manos. My hands are shaking.
Necesito pastillas (contra fiebre, mareos, etc.). I need pills (for fever, dizziness, etc.).
Necesito una receta (unas aspirinas, un antibiótico, unas gotas, un jarabe). I need a prescription (aspirin, antibiotics, drops, cough syrup).

Invitations
Extending invitations

¿Le (Te) gustaría ir a... conmigo? Would you like to go to . . . with me?
¿Me quiere(s) acompañar a...? Do you want to accompany me to . . .?
¿Quiere(s) ir a...? Do you want to go to . . .?
Si tiene(s) tiempo, podemos ir a... If you have time, we could go to . . .

Accepting invitations

Sí, con mucho gusto. Yes, with pleasure.
Sí, me encantaría. Yes, I'd love to.
Sí, me gustaría mucho. Yes, I'd like to very much.

Declining invitations

Lo siento mucho, pero no puedo. I'm very sorry, but I can't.

Me gustaría, pero no puedo porque... I'd like to, but I can't because . . .

Making reservations and asking for information

¿Dónde hay...? Where is/are there . . .?
¿El precio incluye...? Does the price include . . .?
Quisiera reservar una habitación... I would like to reserve a room . . .

Opinons
Asking for opinions

¿Cuál prefiere(s)? Which (one) do you prefer?
¿Le (Te) gusta(n)...? Do you like . . .?
¿Le (Te) interesa(n)...? Are you interested in . . .?
¿Qué opina(s) de...? What's your opinion about . . .?
¿Qué piensa(s)? What do you think?
¿Qué le (te) parece(n)? How does/do . . . seem to you?

Giving opinions

Creo que... I believe that . . .
Es bueno. It's good.
Es conveniente. It's convenient.
Es importante. It's important.
Es imprescindible. It's indispensable.
Es mejor. It's better.
Es necesario./Es preciso. It's necessary.
Es preferible. It's preferable.
Me gusta(n)... I like . . .
Me interesa(n)... I am interested in . . .
Me parece(n)... It seems . . . to me. (They seem . . . to me.)
Opino que... It's my opinion that . . .
Pienso que... I think that . . .
Prefiero... I prefer . . .

Adding information

A propósito/De paso... By the way . . .
Además... In addition . . .
También... Also . . .

Making requests

¿Me da(s)...? Will you give me . . .?
¿Me hace(s) el favor de...? Will you do me the favor of . . .?
¿Me pasa(s)...? Will you pass me . . .?
¿Me puede(s) dar...? Can you give me . . .?
¿Me puede(s) traer...? Can you bring me . . .?
¿Quiere(s) darme...? Do you want to give me . . .?
Sí, cómo no. Yes, of course.

In a restaurant
Ordering a meal

¿Está incluida la propina? Is the tip included?
Me falta(n)... I need . . .
¿Me puede traer..., por favor? Can you please bring me . . .?
¿Puedo ver la carta/el menú? May I see the menu?
¿Qué recomienda usted? What do you recommend?
¿Qué tarjetas de crédito aceptan? What credit cards do you accept?
Quisiera hacer una reservación para... I would like to make a reservation for . . .
¿Se necesitan reservaciones? Are reservations needed?
¿Tiene usted una mesa para...? Do you have a table for . . .?
Tráigame la cuenta, por favor. Please bring me the check/bill.

Shopping
Asking how much something costs and bargaining

¿Cuánto cuesta...? How much is . . .?
El precio es... The price is . . .
Cuesta alrededor de... It costs around . . .
¿Cuánto cuesta(n)? How much does it (do they) cost?
De acuerdo. Agreed. All right.

Es demasiado. It's too much.
Es una ganga. It's a bargain.
No más. No more.
No pago más de... I won't pay more than . . .
solo only
última oferta final offer

Describing how clothing fits

Me queda(n) bien/mal. It fits (They fit) me well/badly.
Te queda(n) bien/mal. It fits (They fit) you well/badly.
Le queda(n) bien/mal. It fits (They fit) him/her/you well/badly.

Getting someone's attention

Con permiso. Excuse me.
Discúlpeme. Excuse me.
Oiga (Oye). Listen.
Perdón. Pardon.

Expressing satisfaction and dissatisfaction

El color es horrible. The color is horrible.
El modelo es aceptable. The style is acceptable.
Es muy barato(a). It's very cheap.
Es muy caro(a). It's very expensive.
Me gusta el modelo. I like the style.

Thanking

De nada./Por nada./No hay de qué. It's nothing. You're welcome.
¿De verdad le (te) gusta? Do you really like it?
Estoy muy agradecido(a). I'm very grateful.
Gracias. Thanks./Thank you.
Me alegro de que le (te) guste. I'm glad you like it.
Mil gracias. Thanks a lot.
Muchas gracias. Thank you very much.
Muy amable de su (tu) parte. You're very kind.

This vocabulary includes all the words and expressions listed as active vocabulary in **Exploremos.** The number following the definition refers to the chapter in which the word or phrase was first used actively. Chapter numbers with an asterisk indicate that the entries are from the **Vocabulario útil** in the Explorer and **Video-viaje** sections. Also, included are some of the high-frequency terms.

Nouns that end in **-o** are masculine and in **-a** are feminine unless otherwise indicated.

All words are alphabetized according to the 1994 changes made by the Real Academia: **ch** and **ll** are no longer considered separate letters of the alphabet.

A

a to, in, at
   a fin de que in order that, so that
   a menos que unless
abeja bee
abrazar to hug; to embrace
aburrirse to become bored
acabar (con) to finish; to run out of; to get rid of (4) (5)*
aconsejar to advise
actitud *f.* attitude
acto act (1)
actuación *f.* performance (1)
actual current
actuar to act (1)
adelgazar to lose weight
adjuntar to attach
adopción *f.* adoption
aficionado(a) fan (1)
afueras outskirts (3)
aglomeración *f.* crowd (3)
agradable pleasant (3)*
agricultura agriculture (3)
aguafiestas *m., f. sing.* party pooper (1)
ahuyentar to scare away (3)
álbum *m.* album (4)
alegrar to make happy; **alegrarse** to become happy
alimento food
altruista selfless
altura height
ambiente *m.* atmosphere
ambos(as) both
amistad *f.* friendship
ancianos: asilo de ancianos retirement home
anfitrión/anfitriona host (1)
anochecer, al at nightfall (1)*
antepasados ancestors
antes (de) que before

antigüedad *f.* age (of an object)
antología anthology (5)
añadir (que) to add (that) (1)
apagar to turn off; to shut down (4)
aportar to contribute (5)
apoyar to support
apreciación *f.* appreciation (4)
archivo file
armonía harmony (4)
arriesgado(a) risky (3)
artesanías handicrafts
asado barbecue
asar to grill
asfalto asphalt (3)
asilo de ancianos retirement home
asustar to scare; **asustarse** to get scared
atraer to attract (3)
aumentar to increase
autoayuda, de self-help (5)
autor(a) author (5)

B

bailable danceable (1)*
baile *m.* dance (1)
bajar (archivos) to download (files)
bajo bass (4)
balada ballad (1) (4)
banda sonora soundtrack (1)
barrio district, neighborhood (3)
barroco(a) baroque (1)*
batería drum set (4)
billete *m.* bill (money) (2)
biográfico(a) biographical (5)
bisabuelo(a) great-grandparent
bisnieto(a) great-grandchild
blog *m.* / **bitácora** blog
blues *m.* blues (4)

bolsa bag; **bolsa (de valores)** stock market (2)
bono bonus (2)
borrar to delete; to erase
botella bottle
brecha generacional generation gap
burlarse (de) to make fun of
butaca seat (at a theater or movie theater) (1)

C

caballo horse (1)*
caer to fall; to drop (4)
caja service window (2)
cajero cashier (2); **cajero automático** ATM (2)
callejero(a) from the streets, stray (3)
calorías calories
cámara funeraria burial chamber
cambiar to change
cambio change; **cambio climático** climate change (1)*;
　　cambio de moneda extranjera foreign currency
　　exchange (2)
campaña campaign (3)*
canción *f.* song (1) (4)
cantante *m., f.* singer (1)
cantautor *m.* singer-songwriter (4)
canto singing (4)
capítulo chapter (5)
carbohidratos carbohydrates
cárcel *f.* jail
carencia lack, shortage, scarcity (3)
cargar to charge (to a credit/debit card) (2)
Carnaval *m.* Carnival (a celebration similar to Mardi Gras)
cartelera billboard (1)
casado(a) married
casarse (con) to marry
caso: en caso de que in case
catalogar to catalog (5)
causa cause
cavar to excavate
cazar to hunt down
celebración *f.* celebration
celebrar to celebrate
cercano(a) near (3)
cereales *m.* grains
certeza: con certeza with certainty
chatear to chat online
cheque *m.* check (2)
chévere cool, awesome (2)*

chiste *m.* joke (1)
científico: conocimiento científico scientific knowledge
cima top, summit (2)*
circo circus (1)
círculo de lectura book club (5)
cita date, appointment
clarinete *m.* clarinet (4)
clase baja/media/alta lower/middle/upper class
cliente *m., f.* client (2)
cobarde cowardly
cobrar to charge (*for merchandise, for work, a fee, etc.*) (2)
cocina cuisine
colesterol *m.* cholesterol
colonia residential subdivision (3)
comediante *m., f.* comedian (1)
comentar (que) to comment (that) (1)
comida chatarra junk food
componer to compose (4)
comprometerse to make a commitment, to agree formally,
　　to promise
compromiso engagement, commitment
computadora portátil laptop
con tal (de) que as long as; in order that, so that
concierto concert (4)
conexión *f.* connection (2)*
conflicto conflict
congelado(a) frozen
conmemorar to commemorate
conmover (ue) to move (emotionally) (1)
conocimiento científico scientific knowledge
conquista conquest
conseguir (i, i) to get; to obtain
conservatorio conservatory (4)
constar to be apparent (having witnessed
　　something)
consulta, de reference (5)
consumir to consume
contar (ue) (que) to tell (someone) (that) (1)
contemporáneo(a) contemporary
contestar (que) to answer (that) (1)
contraseña password
contratar to hire (2)
contrato contract (2)
convencional conventional
convenio agreement
coreografía choreography (4)
coro choir (4)

correo electrónico e-mail

cosechar to harvest (3)

cosmopolita cosmopolitan (3)

costumbre *f.* habit, tradition, custom

crecer to grow up

creencia belief

criar to raise; to bring up

crimen *m.* crime (3)

criminal *m., f.* criminal

crítica film review (1)

crítico(a) critic (1)

cuadro painting (4)*

cual: el (la) cual / los (las) cuales which, that which (5);
   lo cual which, that, the thing

cuando when

cuanto: en cuanto as soon as

cuenta bill (statement showing amount owed) (2); **cuenta
   corriente** checking account (2); **cuenta de ahorros**
   savings account (2)

cuento short story (fictional) (5)

cultivar to cultivate (3)

cultivo crop (3)

culto(a) educated, cultured (4)

cumbre *f.* summit, peak (of mountain, hill) (4)*

cuñado(a) brother/sister-in-law

curriculum vitae *m.* resumé (2)

cuyo whose (5)

D

darse cuenta (de) to realize; **darse por vencido** to
   give up (2)*

datos data

débil weak

decir (que) to say (that) (1)

declive: en declive in decline

dedicado(a) dedicated

dejar to allow

democracia democracy

depositar to deposit (2)

depósito deposit (2)

depredador *m.* predator

derecho legal right

derrocar to overthrow

derrota defeat

desafinado(a) out of tune (4)

desarrollar to develop (1)*; to evolve; to unfold

desarrollo development

descargar (archivos) to download (files)

descifrar to decipher

descomponer to break down *(a machine)* (4)

descremado(a) skimmed

descubridor(a) discoverer (3)*

descubrimiento discovery

desear to desire

desembocadura mouth (of a river) (3)*

desempleo unemployment (2)

desenlace *m.* ending (5)

desfile *m.* parade

despedir (i) to fire (2); **despedirse (i)** to say good-bye

después (de) que after

Día *m.* **de los Muertos** Day of the Dead

dictadura dictatorship

didáctico(a) educational, instructive (5)

dieta diet

dinero money (2)

diócesis *f.* diocese (1)*

director(a) director (1)

dirigir to conduct; to lead (4)

disco compacto (CD) compact disc (4)

disco record (4)

disfraz *m.* costume

disfrazarse to put on a costume; to disguise oneself

disfrutar to enjoy

disgustar to dislike; to upset

divertirse (ie) to have fun

divorciado(a) divorced

divorciarse (de) to get divorced (from)

divorcio divorce

documental *m.* documentary (1)

donar to donate

donde where (5)

dormirse (uw) to fall asleep

drama *m.* drama (5)

dramática dramatic (1)

dudar to doubt

dulce sweet

durar to last

E

edificio building (4)*

editar to edit (5)

editorial *f.* publisher (5)

efectos especiales special effects (1)

egoísta selfish

ejercer to exercise (*a right, an influence*); to practice (*a profession*)

ejército army

elecciones *f.* elections

elegir (i, i) to elect

eliminar to eliminate

embotellado(a) bottled

embotellamiento traffic jam (3)

emocionante exciting, thrilling (1)

emocionar to thrill; to excite

empapado(a) de sudor soaking with sweat (2)*

empeorar to get worse; to deteriorate

empleado(a) employee (2)

empleo job, employment

empresa company (2)

enamorarse (de) to fall in love (with)

encantar to love

enfermarse to get sick

enfrentar to confront

engordar to gain weight

enlatado(a) canned

enojar to make angry; **enojarse** to become angry

enriquecer to enrich

ensayar to rehearse (4)

ensayo rehearsal, practice; essay (4) (5)

enterarse to find out

entonado(a) in tune (4)

entrenar to train

entretener to entertain (1)

envejecer to age, get old

época time period (3)*

escalones *m.* steps

escena scene (1)

esfuerzo effort (3)*

especies *f.* species

espectáculo show, performance (1)

esperar to hope; to wish

estabilidad *f.* stability

estorbar to obstruct; to disturb

estratégico strategic

estrella star

estrenar to premiere; to show (or use something) for the first time (1)

estreno premiere (1)

estribillo chorus, refrain (4)

etapa stage, phase (1)*

ética ethics

evitar to avoid

excavación *f.* excavation site

exhibir to show (*a movie*) (1)

éxito success; musical hit (1) (4)

exitoso(a) successful (4)

explicar (que) to explain (that) (1)

F

fábrica factory (3)

faro lighthouse (3)*

feminismo feminism

festejar to celebrate

fibra fiber

ficción, de fiction (5)

fiesta holiday

filmar to film (1)

final *m.* ending (1)

financiero(a) financial (4)*

firmar to sign (2)

flauta flute (4)

folclor *m.* folklore

fortalecimiento strengthening

fracaso failure (1)

frasco jar

freír (i) to fry

fresco(a) fresh

frustrar to frustrate; **frustrarse** to become frustrated

fuego fire (2)*

fuente *f.* fountain (3)

fuentes *f.* **de ingresos** income sources (3)*

fuerte strong

función *f.* show (1)

fundado(a) founded (3)*

G

ganadería cattle raising (3)

ganado cattle (3)

ganancias earnings (2)

gaucho cowboy from Argentina and Uruguay

generación *f.* generation

generacional: brecha generacional generation gap

género genre (4)

gente *f.* people (3)

geotérmico geothermic, related to the internal heat of the Earth (2)*

gerente *m., f.* manager (2)

gira tour (4)

globalización *f.* globalization

gobierno government

golosinas sweets, snacks (1)

golpe *m.* **de estado** coup d'état

grabación *f.* recording (4)

grabar to record; to burn (a DVD or CD)

gracioso(a) funny (1)

gramo gram

granja farm (3)

grasa fat

guerra war; **guerra civil** civil war (1)*; Segunda Guerra Mundial **World War II**

guión *m.* screenplay (5)

guionista *m., f.* screenplay writer (5)

H

habitar to inhabit (3)

hábito habit

hacer to do; to make; **hacer clic (en)** to click (on); **hacer fila/cola** to form a line (2); **hacerse** to become

harina flour

hasta que until

hembra female (3)*

heredar to inherit

herencia cultural cultural heritage

hermanastro(a) stepbrother/stepsister

hermoso(a) beautiful (3)

héroe *m.* hero

heroico(a) heroic

heroína heroine

hijastro(a) stepson/stepdaughter

hip hop *m.* hip hop (4)

hirviente boiling (2)*

hispanohablante Spanish-speaking (3)

historia story, history (5)

hornear to bake

horrible: es horrible it's horrible

huelga (de hambre) (hunger) strike

huérfano(a) orphan

huerto vegetable garden, orchard (3)

humano: ser *m.* **humano** human being

humilde humble

humor *m.*: **sentido del humor** sense of humor

I

idea: es buena/mala idea it's a good/bad idea

identidad *f.* identity

igualitario(a) egalitarian

imperio empire

importar to be important

imposible: es imposible it's impossible

imprimir to print (5)

impuesto tax

increíble: es increíble it's incredible

indomable untameable

industria (pesquera) (fishing) industry

infantil children's *(literature)* (5)

inherente inherent (5)*

injusticia injustice

innato innate, natural (5)*

innovación *f.* innovation

insistir (en) to insist (on)

instrumento de cuerda/percusión/viento string/percussion/wind instrument (4)

intermedio intermission (1)

interpretar to perform; to interpret; to play (a role) (4)

invernal wintry

invertir (ie) to invest (2)

involucrarse (en) to get involved (in)

irse to go away; to leave

J

jazz *m.* jazz (4)

jerarquía hierarchy, power structure (5)*

jubilación *f.* retirement (2)

jubilarse to retire (2)

juego de mesa board game (3)*

justicia justice

justo(a) fair; **es justo** it's fair

juvenil young adult *(literature)* (5)

K

kilo kilo

L

lácteos dairy

lástima: es una lástima it's a shame

lata can

lazos bonds

leal loyal

lector *m.* **electrónico** e-book reader

lector(a) reader (5)

lectura text, reading (5); **círculo de lectura** book club (5)

legado legacy

legumbres *f.* legumes

lenguaje *m.* language

letra lyrics (4)

ley *f.* law

libertad *f.* **(de prensa)** freedom (of press)

libra pound

libro book; **libro de bolsillo** paperback (5); **libro de pasta dura** hardbound book (5); **libro electrónico** e-book (5); **libro impreso** printed book (5)

líder *m., f.* leader

liderazgo leadership

limitar to limit

litro liter

llevarse (bien/mal/regular) to get along (well/poorly/okay)

lo que what, that, the thing which/that (5)

lograr to achieve

luchar to struggle; to work hard in order to achieve something

M

machismo chauvinism

madrastra stepmother

magro(a) lean

mandar to order

manifestación *f.* demonstration

mano *f.* **de obra** work force (3)

marcha march (protest)

mariscos seafood

más... que more . . . than (3)

matar to kill (2)*

mate *m.* a tea popular in Argentina and other South American countries

matrimonio marriage; married couple

mayor older (3)

medio tiempo half time (1)

mejor better (3); **es mejor** it's better

mejorar to improve

mencionar (que) to mention (that) (1)

menor younger (3)

menos... que less . . . than (3)

merienda light snack or meal

meta-comunidad *f.* metacommunity, a set of interacting communities or interacting species (4)*

mientras que as long as

migración *f.* migration; **ruta de migración** migration route

mío(s) / mía(s) mine (5)

mitad *f.* half

modernidad *f.* modernity

moderno(a) modern

molestar to bother

monarca *m., f.* monarch

moneda coin (2)

monumento monument (3)

muchedumbre *f.* crowd

mudarse to move (residences)

muestreo sampling (4)*

mundial: Segunda Guerra Mundial World War II

murciélago bat (4)*

música music; **música clásica** classical music (4); **música country** country music (4); **música folclórica** traditional folk music (4); **música pop** pop music (4)

musulmán (musulmana) Muslim

N

nacer to be born

nacionalismo nationalism

nacionalización *f.* nationalization

narrador(a) narrator (5)

narrativa narrative (5)

necesario: es necesario it's necessary

necesitar to need

negar (ie) to deny

negocio(s) business (2) (4)*

niebla fog (2)*

Noche *f.* **de Brujas** Halloween

novela novel (5)

noviazgo courtship

novio(a) boyfriend/girlfriend

nuera daughter-in-law

nuestro(s) / nuestra(s) our (5)

nunca never

O

obra work (of art or literature) (5)

odiar to hate

ofrenda offering (altar)

oído ear (for music) (4)

Ojalá (que) Hopefully, Let's hope that

olvidar to forget (4)

ópera opera (4)

opinión *f.* **pública** public opinion

organización *f.* **no-gubernamental (ONG)** non-governmental organization (NGO) (1)*

ornitología ornithology, the study of birds

orquesta orchestra (4)

ortografía spelling (5)

P

padrastro stepfather
pago payment (2)
país *m.* country
paisaje landscape, scenery (1)*
palomitas (de maíz) popcorn (1)
pantalla screen (1)
papel *m.* role
paquete *m.* packet, box
para que in order that, so that
paraíso paradise (3)*
parásito parasite (4)*
parecer (bien/mal) to seem (good/bad)
pareja couple, partner
parque *m.* **de diversiones** amusement park (1)
participación *f.* participation, involvement
partido (político) (political) party
partido game (sport), match (1)
pasársela bien/mal to have a good/bad time (1)
patria homeland (4)*
patrón *m.* pattern
payaso clown (1)
pedir (i) que to ask that (1); **pedir** to ask for; to request
pegajoso(a) catchy (4)
película movie, film (1)
    animada / de animación animated (1)
    clásica classic (1)
    cómica funny (1)
    de acción action (1)
    de aventuras adventure (1)
    de ciencia ficción science fiction (1)
    de horror horror (1)
    de misterio mystery (1)
    de suspenso suspense (1)
peligro danger
pensar (ie) to think
peor worse (3)
perder (ie) to lose (4)
perdido(a) lost
peregrino(a) pilgrim (religious)
perezoso sloth
permitir to permit; to allow
personaje *m.* character (1) (5)
pesca fishing (3)
petición *f.* petition
picante spicy
pintoresco(a) picturesque (3)

plano(a) flat (2)*
población *f.* population (3)
poder *m.* power (2)*
poderoso(a) powerful
poemario book of poems (5)
ponerse + (feliz, triste, nervioso, furioso, etc.) to become (happy, sad, nervous, furious, etc.); **ponerse a dieta** to put oneself on a diet
popular popular (4)
por ciento percent (2)
porcentaje *m.* percentage (2)
porque because
portada cover (5)
posible: es posible it's possible
posiblemente possibly
potente powerful
práctica practice
preferir (ie) to prefer
preguntar si (cuándo, dónde, qué, etc.) to ask if (when, where, what, etc.) (1)
premio prize, award (1)
preocupar to worry
presa dam (2)*
presentarse to perform (4)
préstamo loan (2)
probable: es probable it's probable
probar (ue) to taste
producir to produce (1)
progreso progress
prohibir to prohibit; to forbid
pronto: tan pronto (como) as soon as
protagonista *m., f.* protagonist (1)
proteínas proteins
publicación *f.* publication (5)
publicar to publish (5)
público audience (1) (4)
pueblo town (3)
puede (ser) que it might be
puesto position, job (2)
puesto que since, as
punto de vista point of view

Q

que that, who (5)
quedar to remain (behind); to be left (4); **quedarse** to stay
quejarse (de) to complain (about)

querer (a) to love (a person)
quien(es) who, whom, that (5)
quiosco kiosk, stand (3)
quizá(s) maybe

R

radio *m., f.* radio (device) / radio (transmission) (4)
rana frog
rancho small farm, ranch (3)
rap *m.* rap (4)
raro: es raro it's rare
rascacielos *m. sing.* skyscraper (3)
rastreador *m.* tracker
realmente truly (5)*
receta recipe (4)*
recibo receipt (2)
recientemente recently
recomendable: es recomendable it's recommended
recomendar (ie) to recommend
reconciliarse (con) to make up (with)
recordar (ue) to remember
recursos resources (1)*
redes *f.* **sociales** social networks
reducir to reduce
reggaetón *m.* reggaeton (4)
reírse (de) (i) to laugh (at)
relaciones *f.* relationships
relato story, tale (5)
renunciar to quit (2)
respetar to respect
responder (que) to respond (that) (1)
retirar fondos to withdraw funds (2)
reto challenge
reunirse to get together
revista magazine (5)
rico(a) delicious
ridículo: es ridículo it's ridiculous
romántica romantic (1)
romper to break up
ruido noise (3)
rural rural (3)
ruta de migración migration route

S

sabor *m.* flavor
salado(a) salty
salir con (una persona) to go out with
salón *m.* **de baile** ballroom (1)

saludable healthy (*food, activity*)
salvar to save (a person, an animal)
santuario sanctuary
saqueador *m.* looter
secuela sequel (5)
sede *f.* seat / branch (of government) (4)*
Segunda Guerra Mundial World War II
sembrar (ie) to sow (3)
sentarse (ie) to sit down
sentir (ie) to be sorry; to regret; **sentirse (ie, i) (bien, mal, triste, feliz, etc.)** to feel (good, bad, sad, happy, etc.)
separado(a) separated
separarse (de) to separate (from)
ser (cierto/verdad/obvio/evidente) to be (certain/true/obvious/evident)
ser *m.* **humano** human being
sereno(a) serene
siempre y cuando as long as, provided that
siglo century
sin que without
sistema *m.* **de transporte** *f.* **público** public transportation system (3)
sitio site
sobrevivir to survive
sodio sodium
solicitar to apply; to request (2)
solicitud *f.* **de trabajo** job application (2)
soltero(a) single
sonido sound (4)
sorprender to surprise; **sorprenderse** to be surprised
sostenido(a) sustained
subir (archivos) to upload (files)
subsistir to survive
suegro(a) father-in-law/mother-in-law
sueldo salary (2)
sugerir (ie) to suggest
superarse to improve oneself (5)
suponer to suppose
sustentable sustainanble (1)*
suyo(s) / suya(s) his, hers, its, yours (*formal*) (5)
suyo(s) / suya(s) theirs, yours (*plural*) (5)

T

tal vez maybe
talento talent (1)
taller *m.* **(de literatura)** (writing) workshop (5)
tamaño size (2)*
tan... como as . . . as (3); **tan pronto (como)** as soon as

tanto(a)... como as many/much . . . as (3)
taquilla box office, ticket office (1)
tararear to hum (4)
tarjeta de débito debit card (2)
teleférico cable railway (4)*
tema *m.* theme, topic (5)
temer to fear
tendencia tendency, trend (4)*
tener lugar to take place (5)
terrible: es terrible it's terrible
tesoro treasure
tocar to play (an instrument) (4)
todavía still; **todavía no** not yet
tortuga Baula leatherback turtle (3)*
trabajo work; **trabajo de campo** field work (or field study) (4)*; **trabajo de tiempo completo** full-time job (2); **trabajo de tiempo parcial** part-time job (2)
tradicional traditional
traducción *f.* translation (5)
traducir to translate (5)
tráfico traffic (3)
traidor(a) traitorous
trama plot (1) (5)
tranquilo(a) calm, peaceful, quiet (3)
transmisión por demanda streaming
triunfo victory, triumph (4)*
trompeta trumpet (4)
tumba tomb (3)*
tuyo(s) / tuya(s) yours (5)

U

unido(a) tight, close (family)
urbanización *f.* urbanization, housing development (3)

urbanizar to develop, to urbanize (3)
urbano(a) urban (3)
urgente: es urgente it's urgent

V

valiente brave
valor *m.* value; bravery
valorar to value
vaquero cowboy
vasija cooking pot (3)*
vecino(a) neighbor (3)
vegetariano(a) vegetarian
vejez *f.* old age
vela candle
vencer to defeat
vendedor(a) ambulante street vendor
venta, de for sale (1)*
vez: alguna vez ever; **tal vez** maybe
vida life
villano(a) villain
violento(a) violent
violín *m.* violin (4)
vista: punto de vista point of view
vitamina vitamin
viudo(a) widower/widow
volverse to become
votar to vote
voz *f.* voice (4)
vuestro(s) / vuestra(s) yours *(plural, Spain)* (5)

Y

ya already; **ya que** since, as
yerno son-in-law

English-Spanish Vocabulary

A

account: checking account cuenta corriente (2); **savings account** cuenta de ahorros (2)

act acto (1); **to act** actuar (1)

add (that), to añadir (que) (1)

agriculture agricultura (3)

album álbum *m.* (4)

amusement park parque *m.* de diversiones (1)

answer (that), to contestar (que) (1)

anthology antología (5)

apply, to solicitar (2)

appreciation apreciación *f.* (4)

as . . . as tan... como (3)

as many/much . . . as tanto(a)... como (3)

ask if (when, where, what, etc.), to preguntar si (cuándo, dónde, qué, etc.) (1); **to ask that** pedir (i) que (1)

asphalt asfalto (3)

ATM cajero automático (2)

attract, to atraer (3)

audience público (1) (4)

author autor(a) (5)

award premio (1)

awesome chévere (2)*

B

ballad balada (1) (4)

ballroom salón *m.* de baile (1)

baroque barroco(a) (1)*

bass bajo (4)

bat murciélago (4)*

be left, to quedar (4)

beautiful hermoso(a) (3)

better mejor (3)

bill (money) billete *m.* (2); **(statement showing amount owed)** cuenta (2)

billboard cartelera (1)

biographical biográfico(a) (5)

blues blues *m.* (4)

board game juego de mesa (3)*

boiling hirviente (2)*

bonus bono (2)

book: book club círculo de lectura (5); **e-book** libro electrónico (5); **book of poems** poemario (5); **hardbound book** libro de pasta dura (5); **paperback** libro de bolsillo (5); **printed book** libro impreso (5)

box office taquilla (1)

branch (of government) sede *f.* (4)*

break down, to (a machine) descomponer (4)

building edificio (4)*

business negocio(s) (2) (4)*

C

cable railway teleférico (4)*

calm tranquilo(a) (3)

campaign campaña (3)*

cashier cajero (2)

catalog, to catalogar (5)

catchy pegajoso(a) (4)

cattle ganado (3); **cattle raising** ganadería (3)

chapter capítulo (5)

character personaje *m.* (1) (5)

charge, to (for merchandise, for work, a fee, etc.) cobrar (2); **(to a credit/debit card)** cargar (2)

check cheque *m.* (2)

children's (literature) literatura infantil (5)

choir coro (4)

choreography coreografía (4)

chorus estribillo (4)

circus circo (1)

civil war guerra civil (1)*

clarinet clarinete *m.* (4)

client cliente *m., f.* (2)

climate change cambio climático (1)*

clown payaso (1)

coin moneda (2)

comedian comediante *m., f.* (1)

comment, to (that) comentar (que) (1)

compact disc disco compacto (CD) (4)

company empresa (2)

compose, to componer (4)

concert concierto (4)

conduct, to dirigir (4)

connection conexión *f.* (2)*

conservatory conservatorio (4)

contract contrato (2)

contribute, to aportar (5)

cooking pot vasija (3)*

cool chévere (2)*

cosmopolitan cosmopolita (3)

cover portada (5)

crime crimen *m.* (3)

critic crítico(a) (1)

crop cultivo (3)

crowd aglomeración *f.* (3)

cultivate, to cultivar (3)

cultured culto(a) (4)

currency: foreign currency exchange cambio de moneda extranjera (2)

D

dam presa (2)*

dance baile *m.* (1)

danceable bailable (1)*

debit card tarjeta de débito (2)

deposit depósito (2)

deposit, to depositar (2)

develop, to desarrollar (1)*; urbanizar (3)

diocese diócesis *f.* (1)*

director director(a) (1)

discoverer descubridor(a) (3)*

district barrio (3)

documentary documental *m.* (1)

drama drama *m.* (5)

dramatic dramática (1)

drop, to caer (4)

drum set batería (4)

E

ear (for music) oído (musical) (4)

earnings ganancias (2)

edit, to editar (5)

educated culto(a) (4)

educational didáctico(a) (5)

effort esfuerzo (3)*

employee empleado(a) (2)

ending final *m.* (1); desenlace *m.* (5)

entertain, to entretener (1)

essay ensayo (4) (5)

exchange: foreign currency exchange cambio de moneda extranjera (2)

exciting emocionante (1)

explain, to (that) explicar (que) (1)

F

factory fábrica (3)

failure fracaso (1)

fall, to caer (4)

fan aficionado(a) (1)

farm granja (3); **small farm** rancho (3)

female hembra (3)*

fiction de ficción (5)

film, to filmar (1); **film review** crítica (1)

financial financiero(a) (4)*

finish, to acabar (con) (4) (5)*

fire, to despedir (i) (2); **fire** fuego (2)*

fishing pesca (3)

flat plano(a) (2)*

flute flauta (4)

fog niebla (2)*

foreign currency exchange cambio de moneda extranjera (2)

forget, to olvidar (4)

form a line, to hacer fila/cola (2)

founded fundado(a) (3)*

fountain fuente *f.* (3)

funny gracioso(a) (1)

G

game (sport) partido (1)

genre género (4)

geothermal (related to the internal heat of the Earth) geotérmico (2)*

geothermic geotérmico (2)*

get rid of, to acabar (con) (4) (5)*

give up, to darse por vencido (2)*

H

half time medio tiempo (1)

harmony armonía (4)

harvest, to cosechar (3)

have a good/bad time, to pasársela bien/mal (1)

hers suyo(s) / suya(s) (5)

hierarchy jerarquía (5)*

hip hop hip hop *m.* (4)

hire, to contratar (2)

his suyo(s) / suya(s) (5)

history historia (5)

homeland patria (4)*

horse caballo (1)*

host anfitrión/anfitriona (1)

housing development urbanización *f.* (3)

hum, to tararear (4)

I

improve oneself, to superarse (5)

income sources fuentes *f.* de ingresos (3)*

inhabit, to habitar (3)

inherent inherente (5)*

innate innato (5)*

instructive didáctico(a) (5)

intermission intermedio (1)

interpret, to interpretar (4)

invest, to invertir (ie) (2)

its suyo(s) / suya(s) (5)

J

jazz jazz *m.* (4)

job puesto (2); **application** solicitud *f.* de trabajo (2); **full-time job** trabajo de tiempo completo (2); **part-time job** trabajo de tiempo parcial (2)

joke chiste *m.* (1)

K

kill, to matar (2)*
kiosk quiosco (3)

L

lack carencia (3)
landscape paisaje (1)*
lead, to dirigir (4)
less . . . than menos... que (3)
lighthouse faro (3)*
loan préstamo (2)
lose, to perder (ie) (4)
lyrics letra (4)

M

magazine revista (5)
manager gerente *m., f.* (2)
match partido (1)
mention, to (that) mencionar (que) (1)
metacommunity (a set of interacting communities or interacting species) meta-comunidad *f.* (4)*
mine mío(s) / mía(s) (5)
money dinero (2)
monument monumento (3)
more . . . than más... que (3)
mouth (of a river) desembocadura (3)*
move, to (emotionally) conmover (ue) (1)
movie, film película (1)
    action película de acción (1)
    adventure película de aventuras (1)
    animated película animada / de animación (1)
    classic película clásica (1)
    funny película cómica (1)
    horror película de horror (1)
    mystery película de misterio (1)
    science fiction película de ciencia ficción (1)
    suspense película de suspenso (1)
music
    classical music música clásica (4)
    country music música country (4)
    pop music música pop (4)
    traditional folk music música folclórica (4)
musical hit éxito (1) (4)

N

narrative narrativa (5)
narrator narrador(a) (5)
natural innato (5)*
near cercano(a) (3)
neighbor vecino(a) (3)

neighborhood barrio (3)
nightfall, at al anochecer (1)*
noise ruido (3)
non-governmental organization (NGO) organización *f.* no-gubernamental (ONG) (1)*
novel novela (5)

O

older mayor (3)
opera ópera (4)
orchard huerto (3)
orchestra orquesta (4)
our nuestro(s) / nuestra(s) (5)
outskirts las afueras (3)

P

painting cuadro (4)*
paradise paraíso (3)*
parasite parásito (4)*
party pooper aguafiestas *m., f. sing.* (1)
payment pago (2)
peaceful tranquilo(a) (3)
peak (of mountain, hill) cumbre *f.* (4)*
people gente *f.* (3)
percent por ciento (2)
percentage porcentaje *m.* (2)
perform, to interpretar, presentarse (4)
performance actuación *f.*; espectáculo (1)
phase etapa (1)*
picturesque pintoresco(a) (3)
play, to (an instrument) tocar (4); **to play (a role)** interpretar (4)
pleasant agradable (3)*
plot trama (1) (5)
popcorn palomitas (de maíz) (1)
popular popular (4)
population población *f.* (3)
position puesto (2)
power poder *m.* (2)*; **power structure** jerarquía (5)*
practice ensayo (4) (5)
premiere estreno (1)
premiere, to estrenar (1)
print, to imprimir (5)
prize premio (1)
produce, to producir (1)
protagonist protagonista *m., f.* (1)
public transportation system sistema *m.* de transporte *f.* público (3)
publication publicación *f.* (5)
publish, to publicar (5)
publisher editorial *f.* (5)

Q

quiet tranquilo(a) (3)
quit, to renunciar (2)

R

radio (device) / radio (transmission) radio *m., f.* (4)
ranch rancho (3)
rap rap *m.* (4)
reader lector(a) (5)
reading lectura (5)
receipt recibo (2)
recipe receta (4)*
record disco (4)
recording grabación *f.* (4)
reference consulta, de (5)
refrain estribillo (4)
reggaeton reggaetón *m.* (4)
rehearsal ensayo (4) (5)
rehearse, to ensayar (4)
remain (behind), to quedar (4)
request, to solicitar (2)
residential subdivision colonia (3)
resources recursos (1)*
respond (that), to responder (que) (1)
resumé curriculum vitae *m.* (2)
retire, to jubilarse (2)
retirement jubilación *f.* (2)
review: film review crítica (1)
risky arriesgado(a) (3)
romantic romántica (1)
run out of, to acabar (con) (4) (5)*
rural rural (3)

S

salary sueldo (2)
sale: for sale de venta (1)*
sampling muestreo (4)*
say, to (that) decir (que) (1)
scarcity carencia (3)
scare away, to ahuyentar (3)
scene escena (1)
scenery paisaje *m.* (1)*
screen pantalla (1)
screenplay guión *m.* (5)
screenplay writer guionista *m., f.* (5)
seat sede *f.* (4)*; **(at a theater or movie theater)** butaca (1)
self-help autoayuda, de (5)
sequel secuela (5)
service window caja (2)
shell caparazón *m.* (3)*
shortage carencia (3)

show espectáculo, función *f.* (1); **to show (or use something) for the first time** estrenar (1); **(a movie)** exhibir (1)
shut down, to apagar (4)
sign, to firmar (2)
singer cantante *m., f.* (1); **singer-songwriter** cantautor *m.* (4)
singing canto (4)
size tamaño (2)*
skyscraper rascacielos *m. sing.* (3)
snacks golosinas (1)
soaking with sweat empapado(a) de sudor (2)*
song canción *f.* (1) (4)
sound sonido (4)
soundtrack banda sonora (1)
sow, to sembrar (ie) (3)
Spanish-speaking hispanohablante *m., f.* (3)
special effects efectos especiales (1)
spelling ortografía (5)
stage etapa (1)*
stand quiosco (3)
stock market bolsa (de valores) (2)
story historia, relato (5); **short story (fictional)** cuento (5)
stray callejero(a) (3)
streets: from the streets callejero(a) (3)
string/percussion/wind instrument instrumento de cuerda/percusión/viento (4)
success éxito (1) (4)
successful exitoso(a) (4)
summit cima (2)*; cumbre *f.* (4)*
sustainanble sustentable (1)*
sweets golosinas (1)

T

take place, to tener lugar (5)
tale relato (5)
talent talento (1)
tell (someone) (that), to contar (ue) (que) (1)
tendency tendencia (4)*
text lectura (5)
that lo cual, que, lo que, quien(es) (5); **that which** el (la) cual (5); los (las) cuales (5); **the thing which/that** lo que (5)
theirs suyo(s) / suya(s) (5)
theme tema *m.* (5)
thrilling emocionante (1)
ticket office taquilla (1)
time period época (3)*
tomb tumba (3)*
top cima (2)*
topic tema *m.* (5)
tour gira (4)
town pueblo (3)
traffic tráfico (3); **traffic jam** embotellamiento (3)

translate, to traducir (5)
translation traducción *f.* (5)
trend tendencia (4)*
triumph triunfo (4)*
truly realmente(5)*
trumpet trompeta (4)
tune: in tune entonado(a) (4); **out of tune** desafinado(a) (4)
turn off, to apagar (4)
turtle: leatherback turtle tortuga Baula (3)*

U

unemployment desempleo (2)
urban urbano(a) (3)
urbanization urbanización *f.* (3)
urbanize, to urbanizar (3)

V

vegetable garden huerto (3)
victory triunfo (4)*
violin violín *m.* (4)
voice voz *f.* (4)

W

what lo que (5)
where donde (5)
which el (la) cual (5); lo cual (5); los (las) cuales (5)
who que (5); quien(es) (5)
whom quien(es) (5)
whose cuyo (5)
withdraw funds, to retirar fondos (2)
work (of art or literature) obra (5)
work trabajo; **field work (or field study)** trabajo de campo (4)*; **work force** mano *f.* de obra (3)
workshop (writing) taller *m.* (de literatura) (5)
worse peor (3)

Y

young adult (literature) literatura juvenil (5)
younger menor (3)
yours (formal) (plural) suyo(s) / suya(s) (5); **(familiar)** tuyo(s) / tuya(s) (5); vuestro(s) / vuestra(s) (*plural, Spain*) (5)